BIBLIOTHÈQUE GIDIENNE
sous la direction de Peter Schnyder
5

André Gide ou l'art de la fugue

Ouvrage publié avec le concours de l'Institut de recherche en Langues
et Littératures Européennes (ILLE, EA 4363) de l'université de Haute-Alsace
et avec le soutien de la Fondation Catherine Gide.
Ce volume présente les actes du colloque « André Gide et la musique »,
organisé à l'université de Haute-Alsace les 13, 14 et 15 octobre 2014.

André Gide ou l'art de la fugue

Musique et littérature

Sous la direction de Greta Komur-Thilloy
et Pierre Thilloy

PARIS
CLASSIQUES GARNIER
2017

Greta Komur-Thilloy est l'auteure de nombreuses études en linguistique et d'une monographie intitulée *Presse écrite et discours rapporté* (Paris, 2010). Professeure en Sciences du langage à l'université de Haute-Alsace, ses recherches portent sur l'analyse linguistique et discursive des médias et sur la didactique des langues. Chanteuse lyrique, elle est passionnée par les liens entre musique et littérature.

Pierre Thilloy est compositeur, illustrateur, auteur, éditeur de musique. Auteur d'un catalogue de plus de 200 œuvres à ce jour, il est cofondateur du collectif d'arts numériques KORDS, directeur général du festival *Les Deux mondes* et de *La Route des Vins Amoureux*. Il est lauréat européen de la Rockefeller Foundation de New York avec sa 5e symphonie *L'Arche d'alliance* (2001).

ISBN 978-2-406-06453-4 (livre broché)
ISBN 978-2-406-06454-1 (livre relié)

INTRODUCTION

Il est étonnant de découvrir qu'un auteur comme André Gide a su créer dans son univers littéraire un univers parallèle, telle une distorsion temporelle et fonctionnelle de son art au bénéfice de la musique. Il va sans dire que si tout un chacun reconnaît au Prix Nobel de littérature d'immenses qualités dans le domaine du verbe, peu lui connaissent et reconnaissent, en dehors de « sa » vision musicale, une haute compétence attachée à cet art. Il en va de même de ses contemporains, lecteurs, spectateurs, gens du monde. Qu'en est-il de la compétence qui viserait à livrer une analyse sociologique et anthropologique de son environnement, une étude ethnographique rigoureuse du milieu qui était le sien et de l'interprète ? Comme on le verra, l'écrivain s'y essaiera au fil des pages, en premier lieu dans les *Notes sur Chopin*, tout en donnant des développements indirects dans *Les Faux-Monnayeurs*[1].

La musique dont parle Gide se passe presque exclusivement dans un salon, espace circonscrit, et ceci vaut pour l'œuvre musicale qu'il place au-dessus de tout – celle de Frédéric Chopin –, à l'exception des deux concertos pour piano, seules œuvres jamais écrites par Chopin pour l'orchestre. La notion d'événement « mondain » s'en trouve alors renforcée. Entrent en considération, dans le jugement de la performance et du discours, un certain nombre de paramètres extérieurs à la discipline, mais propres aux principes, mondains, de faire et défaire les réputations. Étrange constat que celui qui consiste à comprendre que Gide dénonce une emprise insupportable du superficiel et des convenances dans le monde de la musique, quand il y participe activement et fatalement de par son rang et sa position sociale dans le domaine de la littérature… À moins de lire justement les *Notes sur Chopin* comme une méta-métaphore donnant raison à la formule interrogative chère à Aragon : « Inventer ou mentir-vrai ? » Si l'on tient compte de sa réflexion, au regard d'un

1 Les auteurs remercient Peter Schnyder de ses conseils avisés pour la préparation de cet ouvrage ainsi que pour sa sagesse et son précieux savoir.

événement et de l'idée que nous nous en faisons sur l'instant ou dans un temps décalé qui serait l'« après » (ou « le lendemain », bref, le « plus tard »), la métaphore devient un mode d'illusion, à l'égal de la mise en abyme, procédé sur lequel André Gide, dans son *Journal* de 1893, note :

> J'aime assez qu'en une œuvre d'art on retrouve ainsi transposé, à l'échelle des personnages, le sujet même de cette œuvre par comparaison avec ce procédé du blason qui consiste, dans le premier, à mettre le second en abyme[2].

Lui qui aime créer l'illusion en aurait ainsi construit une en réussissant à faire avec la littérature ce que le compositeur fait avec la musique : « Dire sans mot dit. »

Le geste ne serait-il pas absolument génial… ? La preuve nous en est donnée dans *Les Faux-Monnayeurs*, où l'auteur nous offre un système narratif qui a plus à voir avec la récursivité mathématique qu'avec la chronologie ordonnée. Tout comme Shakespeare, qui enchasse avec génie dans sa pièce une autre pièce de théâtre – comme dans *Hamlet* par exemple –, Gide écrit un roman dont le sujet principal est justement ledit roman. La profusion de personnages est ici encore digne d'un grand magicien passé maître dans l'art de l'illusion, multipliant intrigues et protagonistes pour ne plus voir le principal, l'unique, le vrai, pourtant livré humblement dans chaque ligne de cet ouvrage. *Les Faux-Monnayeurs* devient alors un indice supplémentaire où un espace vaste et infini est mis en branle pour en masquer un autre minuscule et intime, un espace absolu résidant dans l'unicité, une vision égotiste et sincère finement incrustée dans une fresque sociale d'une grande ampleur. Ne s'agit-il pas, ici d'un reflet de l'amour de Gide pour les espaces intimes, qu'ils soient réels – les salons – ou virtuels – la musique pour piano de Chopin ? Cette fresque n'est faite que pour distraire ceux qui doivent être distraits, pour éloigner d'une certaine vérité et d'un certain message ceux qui doivent en être éloignés… Par ricochet, il est étrange de constater que Gide affiche lui-même peu d'enthousiasme pour les grands morceaux de Chopin, tout comme pour les grands virtuoses dont la grande assurance dépouillerait la musique de son plus précieux attrait.

Selon l'écrivain, la partition est le témoignage vivant, la trace vibrante d'un geste sonore. Or, le livre-texte ne serait-il pas lui-même une trace

2 André Gide, *Journal*, t. I : *1887-1925*, Éric Marty (éd.), Paris, Gallimard, « Bibliothèque de la Pléiade », 1996, p. 171.

équivalente, livrée sans limites aux interprètes et interprétations multiples, parfois bien éloignées de la vérité de son auteur ? Passant de la micro-structure à la macro-structure, il continue de nous guider dans sa vision en abyme, insérant dans l'interprétation qu'il nous livre de la musique un *contrepoint* tout aussi puissant, mais sans jamais être contradictoire quand beaucoup l'auraient été. En effet, sa compréhension de la musique pure nous ramène, par de nombreuses allusions, au *Grand Œuvre* que symbolise *L'Art de la fugue* de Jean-Sébastien Bach. Gide en use adroitement, en particulier par une citation directe dans *Les Faux-Monnayeurs*, rappelant ainsi l'auditeur-spectateur à la *Règle* (juste ?) – que tous ceux ayant étudié et le contrepoint et la fugue comprendront aisément – et semant encore une fois un indice pour nous faire comprendre que tout ici n'est qu'illusion. Jusque dans son titre, *Les Faux-Monnayeurs*, le romancier joue au grand illusionniste, observant un public jouant à être savant et étranger même à sa propre ignorance. En effet, il n'est pas inutile de rappeler[3] que la fausse monnaie était surtout repérable au tintement sonore juste qu'elle renvoie quand on la teste… et que tout l'art de faire une fausse monnaie de qualité résidait dans le fait qu'« *elle sonne bien* », comme l'explique Bernard à Saas-Fée, montrant à ses amis une fausse pièce de dix francs obtenue chez un épicier du village[4].

Gide souhaite une musique pure… Doit-on déceler sous la plume du grand écrivain une nouvelle métaphore, exprimant la volonté d'une littérature pure, qui lui évite ainsi de blesser ses pairs ? Cette idée pourrait alors accentuer une recherche d'harmonie, au-delà des compromissions de la vie. Dans le même ordre d'idée, les *Notes sur Chopin* deviendraient alors le réceptacle d'indices similaires, une espèce de clé mystique : sa *Tabula smaragdina*[5], totalement invisible aux non-initiés, ou plus simplement, aux « chercheurs de rien ». De la mise en abyme, l'homme passe

3 Peter Schnyder le fait très justement dans son article « Gide et la musique dans *Les Faux-Monnayeurs* », dans *Lectures des Faux-Monnayeurs*, Frank Lestringant (dir.), Rennes, PUR, « Didact-Français », 2012, p. 129-140.

4 André Gide, *Les Faux-Monnayeurs*, dans *Romans et récits*, t. II, Pierre Masson (éd.), Paris, Gallimard, « Bibliothèque de la Pléiade », p. 317.

5 *Livre des secrets de la Création*. Traité alchimique, dont l'original grec est perdu, connu par une traduction arabe transmise par une version courte et une version longue. Le texte latin a été traduit à partir de la recension courte par Hugo de Santalla au XIIe s. contenant le texte arabe de la « *Tabula smaragdina* ». – Ms. arabe, recension courte : Biblioteca nacional, Madrid (Gg 153, XVe s.) ; ms. latin : BNF, Paris (Lat. 13951, XIIe s., parchemin).

définitivement maître dans l'art de l'illusion, usant de l'appogiature qu'il admire tant dans son interprétation et son analyse de la *1re Ballade* de Chopin – toujours dans *Notes sur Chopin* – comme d'un phénomène central voire névralgique, comme le relève justement Michaël Levinas dans son avant-propos de la nouvelle édition de l'œuvre chez Gallimard en 2010[6].

Il est ici séduisant de rappeler que l'appogiature (de l'italien *appogiare*, soutenir) est un ornement mélodique d'anticipation, retardant volontairement l'objet mélodique principal pour insister justement sur sa valeur et son importance, tout en pouvant être étrangère même au discours (l'appogiature harmonique). Et quand Gide cite la puissance dominante de l'appogiature du thème en décidant de sa hardiesse incantatoire, n'est-il pas en train de laisser un indice supplémentaire au lecteur-interprète pour le mettre en garde contre la confusion trop facile entre l'être et le paraître ? Une fois encore, ce propos, transposé au principe littéraire de Gide, devient hautement significatif. Le double *je* devient alors le double *jeu*. Ce qui semblait être ne l'est pas ainsi. Ce qui paraissait est bien de l'ordre du paraître. L'idéal serait alors d'avoir la faculté de pouvoir poser la pensée instantanée de l'écrivain sur du papier tout en l'associant à une évolution comprise dans un espace-temps défini – une sorte d'alchimie de *L'Emploi du temps*[7] et de *La Modification*[8] tels que les a proposés Michel Butor ; en un seul ouvrage, la transposition de la sémiotique par la maîtrise et l'usage de la musique, la capacité de générer un discours multiple simultané en littérature comme la musique sait le faire dans une fugue à plusieurs sujets justement, une syntaxe commune aux deux univers, un *Bifröst* scintillant et chromatique entre littérature et musique. Si cette théorie, développée comme un trompe-l'œil révélé, s'avérait un tant soit peu juste, le génie de Gide serait alors bien supérieur encore à celui qui lui permit d'obtenir le Prix Nobel de littérature en 1947. Rien ne pouvant contrarier ici cette interprétation, nous terminerons sur une vision particulière qui inciterait le lecteur à lire de nouveau son œuvre avec le regard de l'interprète, ou celui du grand amateur éclairé... Une autre illusion confondante dans le monde de la musique.

Voici quelques enjeux auxquels cet ouvrage tente de donner quelques réponses. Au travers des contributions qui suivent, il s'efforce de montrer

6 La publication originale était destinée au numéro spécial de *La Revue musicale* en décembre 1931, consacré à Frédéric Chopin.

7 Michel Butor, *L'Emploi du temps*, Paris, Éditions de Minuit, 1956.

8 Michel Butor, *La Modification*, Paris, Éditions de Minuit, 1957.

la richesse des domaines aux prises avec la musique dans l'œuvre de Gide et de mettre en évidence la richesse des liens qui les rendent indissociables l'une de l'autre. Joachim Sistig, Pierre Masson et Peter Schnyder étudient la manière dont l'écrivain a conçu la musique, quelles ont été les accointances entre l'artiste classique et le poète romantique, entre Chopin, Wagner, Nietzsche et Baudelaire, entre la France et l'Allemagne, les pays du Nord et les pays du Sud, etc. Quel a été l'univers musical du jeune homme, sa culture dans ce domaine, d'où vient son goût pour le piano, la musique de salon et quel est, plus généralement, le rôle de la musique dans son œuvre ? Pierre Masson s'y arrête et montre que celui qui voulait autrefois « écrire en musique » a su se servir de cet art comme élément de dramatisation (ou de brouillage) de l'action, par exemple dans *La Symphonie pastorale*, où il se présente « comme art référentiel, équivalent du réel ». Avec comme résultat un mensonge par rapport à la réalité, puisque Gertrude s'imagine que le monde est sans mal. Dans *La Porte étroite*, Alissa bannit le piano de la maison afin d'étouffer tout ce qui pourrait « réveiller sa sensualité naturelle[9] ». Au niveau de l'écriture, la musique reste un principe créateur, c'est-à-dire qu'elle doit favoriser l'écriture et il est intéressant que Gide en fasse un sujet, d'abord négatif, comme le montrent ces exemples et d'autres ; ensuite positif, dans la mesure où il trouve chez Chopin l'équilibre que son classicisme artistique favorise. Tant et si bien qu'il salue le musicien polonais comme un « classique » qu'il est aisé d'assimiler à la culture française. Car Frédéric Chopin représente le mieux cette lutte personnelle de tout artiste devant les éléments antagonistes – qui, chez lui, triomphent toujours dans la victoire de la joie. Si les virtuoses, devenus aux yeux de Gide des « exécutants », cherchent à faire valoir le romantisme de Chopin, lui préfère et admire chez ce dernier « la réduction au classicisme de l'indéniable apport romantique[10] ».

Pour lors, il n'est pas surprenant que le « pur » soit ici une victoire sur l'« impur » ; Chopin encore une fois sert d'illustration ; ainsi dans le *17e Prélude* : « Il est dans l'œuvre de Chopin, maints passages plus puissants, il n'en est pas où la joie prenne un accent plus tendre, plus confiant et plus pur[11]. » Cet idéal esthétique devint ainsi, sur le tard, un

9 Voir plus bas, p. 000. < se référer à la page correspondante de l'article de P. M. >.

10 *Journal*, t. II : 1926-1950, Martine Sagaert (éd.), Paris, Gallimard, « Bibliothèque de la Pléiade », 1997, p. 96.

11 *Notes sur Chopin*, *op. cit.*, p. 81. Voir plus bas, p. 000. < P. M. >.

idéal de vie – « Seul l'art m'agrée, parti de l'inquiétude, qui tende à la sérénité[12] » –, et ces propos ne font que confirmer la démonstration de Peter Schnyder, qui, en parlant de l'harmonie chez Gide, catégorie initialement réservée à la musique, a pu trouver un ancrage dans son existence pour définir par la suite son travail d'artiste. C'est que chez l'écrivain, « la musique "sublime", dans sa jeunesse notamment, la réalité – avant de subir un lent processus de désublimation[13] ». Mais son classicisme lui interdit, ensuite, d'aller au-delà d'une certaine frontière sonore : « j'admire que l'un et l'autre de nos sens, par une lente accoutumance, une sorte d'apprivoisement, en viennent à goûter d'autres rapports, dont ils considèrent tout d'abord l'effet comme désagréable à l'oreille et à l'œil, comme *dissonant*[14]. » Si Gide sacralise l'harmonie, c'est qu'il en a fait une catégorie existentielle et qu'il y est parvenu par un long et douloureux cheminement. Bien entendu, ce choix a laissé des traces ; il explique, en partie du moins, son curieux attachement à la tradition ramiste – alors que son œuvre littéraire se montre, dans le fond, tout aussi détachée de la tradition. Rappelons ce mot de Darius Milhaud : « Gide était absolument étranger à la musique contemporaine[15]. »

Robert Kopp, Suzanne Lay et Éric Lysøe explorent tour à tour d'autres facettes de notre thématique, qui vont des avant-gardes à des questions de postérité. Ainsi, Robert Kopp se penche sur les avant-gardes musicales telles que reflétées par *La Nouvelle Revue française*, autre miroir de Gide. Il rappelle que « Gide n'a jamais fait mystère de son hostilité à l'égard de toute prise de position doctrinale, notamment au sortir de la guerre[16] ». Les collaborateurs de *La NRF* ont privilégié la musique française et celle produite en France, celle des Russes aussi, puisqu'ils étaient en quelque sorte « naturalisés ». Mais ils ont ignoré largement la musique allemande, Johannes Brahms, Anton Bruckner, Gustav Mahler. Seulement voilà : c'était le cas de la plupart de leurs contemporains. Robert Kopp rappelle également qu'il est « plus facile d'aller à l'aventure en littérature qu'en musique[17] ».

---

12 *Journal*, t. II, *op. cit.*, novembre 1940, p. 740. Voir plus bas, p. 000. < P. M. >.

13 Voir plus bas, p. 000. < P. S. >.

14 *Journal*, t. II, *op. cit.*, « Dictée, mardi 28 février 1928 », p 73-74.

15 *Le Figaro littéraire* du 26 août 1992, cité dans le *Bulletin des Amis d'André Gide*, n° 17, octobre 1972, p. 18. – Pour le contexte, voir plus bas, p. 000. < P. S. >.

16 Voir plus bas, p. 000 < R. K. > Il s'agit de la Première Guerre mondiale.

17 Voir plus bas, p. 000. < R. K. >.

Suzanne Lay propose d'examiner le « roman fugué » et la « fugue humaine » au travers de Bach, et en comparant Gide à Aldous Huxley. L'écriture fuguée a été une tentation pour plus d'un écrivain, dont Gide – on se souvient de l'essai de Pierre Brunel[18]. Grâce à sa codification, la fugue permet d'instaurer le « principe d'une polyphonie réfléchie dans le roman » de façon plus évidente que ne le fait le recours au leitmotiv et à d'autres « modes d'écritures purement harmoniques[19] ». Il est rappelé que la fugue, en tant qu'écriture « contrapunctique la plus aboutie, établit des liens d'imitation entre les idées développées – sujet, réponse, contre-sujet et ainsi de suite », sans négliger le fait que c'est la fugue-miroir qui a la faveur de l'auteur, « celle dont la réponse au sujet n'est autre que le sujet inversé ». Or, on se souvient que les Contrepoints XVI et XVII de *L'Art de la fugue* offrent cette forme rare. La contribution établit ensuite les ressemblances et les oppositions entre le roman de Gide et *Point Counter Point* (1928) d'Aldous Huxley. Or, ce roman semble plus proche de Beethoven que de Bach. Il est plus *logogène* que *Les Faux-Monnayeurs*, qui sont avant tout *méloformes* – le premier qualificatif renvoyant à « un discours sur le musical », alors que le second procède à une « application de techniques musicales sur la structure même de l'œuvre[20] ». Or, comme il l'avouait dans son *Journal*, Gide ne parvint pas à lire plus de soixante-dix pages du roman anglais…

Compositeur et comparatiste, Éric Lysøe propose, pour sa part, une lecture plurielle de *La Porte étroite* mise en musique par Darius Milhaud, compositeur originaire de Provence. Il s'agit d'une étude comparative de certaines occurrences et des structures musicales impliquant la tradition juive héritée et intégrée par le compositeur, selon ses propres dires, dans son travail. Éric Lysøe parvient à démontrer les finesses dont a été capable ledit compositeur ; à ses yeux, non seulement un lien empathique unit les deux hommes, mais le musicien « met en scène de façon inattendue le drame œdipien sur lequel se fonde *La Porte étroite*[21] ». Dans ce contexte, la culture juive a permis à Milhaud de transposer « musicalement les débats très jansénistes qui sous-tendent le roman[22] ». Le compositeur a

18 *Basso continuo. Musique et littérature mêlées*, Paris, PUF, 2001.

19 Voir plus bas, p. 000. < S. L. >.

20 Frédéric Sounac, cité par Suzanne Lay, voir plus bas, p. 000. F. Sounac distingue encore le mode *mélogène*, « opérant une musicalisation de la langue » (*ibid.*).

21 Voir plus bas, p. 000. < E. L >.

22 Voir plus bas, p. 000. < E. L. > – Cette comparaison est précieuse quand on pense à l'antisémitisme de Wagner, ennemi déclaré de Gide, à la suite de Nietzsche. (Voir à ce

ainsi réussi sa transposition – malgré les réticences de Gide, à qui elle est restée étrangère.

C'est cette même réticence qui anime le compositeur Pierre Thilloy au sujet de l'œuvre de Gide, avouant ainsi être passé d'un monde lointain et pratiquement étranger de l'auteur à une vision intime du personnage et de ses écrits. Dès la première œuvre consacrée à Gide, *Ainsi soit-il ou Les jeux sont faits* (op. 159), il s'impose une réflexion particulière qui est celle du son face au verbe. Pour Thilloy, l'évidence d'un monde caché dans l'écriture de Gide s'impose. Il le transcrit de manière quasi symbolique par l'usage – rarissime dans sa musique – d'une œuvre en deux mouvements créant une illusion des sens, le premier mouvement utilisant le principe de la fulgurance d'un son fixe répété avec une virtuosité quasi infernale pour se poser sur un second mouvement qui utilise par opposition une vision statique d'un son fixe, donc interminable. Le principe du développement de la cellule est utilisé à la manière des rites de transes, obligeant l'auditeur à se laisser pénétrer par une matière sonore qui ouvre ses espaces mémoriels, le plongeant alors dans un monde étrange et différent, passant de la réalité à l'illusion chère à Gide.

D'œuvre en œuvre, Pierre Thilloy tisse alors, comme Gide aime à le faire dans son œuvre littéraire, une illusion sonore. Seule l'écoute profonde, en regard de la concentration totale qu'exige la plume de l'auteur, permet de pénétrer la vérité du dit. Thilloy émet ainsi, par la musique qu'il met sur les mots de Gide, l'idée ou la théorie que le génie de Gide réside en grande partie dans cette quasi manipulation de l'esprit de « l'autre », sans doute par jeu intellectuel mais aussi par besoin de se confronter à un dessein plus vaste, plus ambitieux, usant pour lui même du défi d'insérer le « Grand Œuvre » dans le « Grand Œuvre ». Une vision architecturale du verbe et du mot, de l'idée et du sens, qui assure un parallèle étrange entre une forme de géométrie sacrée telle qu'un Luca Pacioli[23] la conçoit ou plus près de nous, Thierry de Champris[24], qui confère aux œuvres une construction comme on le ferait pour un temple, avec sa vision de lieu pour échanger, avec les autres ou avec soi-même.

---

sujet Theodor W. Adorno, *Essai sur Wagner*, Paris, Gallimard, 1966).

23 Luca Pacioli, *De divina proportione*, Venise, 1509 – Bibliothèque publique et universitaire de Genève.

24 Thierry de Champris, *Cathédrales : le verbe géométrique*, Paris, Guy Trédaniel Éditeur, 2004.

Même si la musique est moins présente dans les considérations de Vincenzo Mazza autour de la transposition scénique du *Procès* de Franz Kafka par Gide, aidé de Jean-Louis Barrault, il reste que des questions de rythme entrent en ligne de compte, et Maja Vukusic Zorica, en partant de Chopin, et sans négliger les réflexions de Jean-Luc Nancy, de Philippe Lacoue-Labarthe, de Théodore Adorno ou de Walter Benjamin sur la question, se penche sur le curieux « angle mort » que constitue l'opéra dans le *Journal* de Gide. Considérations intéressantes, dans la mesure où l'auteure de cette contribution s'arrête sur les liens entre la littérature et les arts : « Adorno avait Schoenberg, le premier Nietzsche, Wagner, puis Bizet (Chopin ?) ; Heidegger avait Hölderlin, tout comme Hegel avait Schiller et Gide Chopin. Ils ne voulaient pas renoncer à "l'offrande d'une œuvre qui, en cela moderne, thématise explicitement la question de sa propre possibilité comme œuvre et par là même comporte, comme son sujet le plus propre, la question de l'essence de l'art"[25]. »

Pour clore ce parcours, François Bompaire examine, organisée autour de la notion d'ironie, l'interprétation musicale et l'interprétation textuelle – ce qui rapproche ou éloigne l'une et l'autre dans l'œuvre de l'écrivain. Les enjeux sont nombreux et l'étude de l'incidence musicale sur l'écriture permet de mettre à nu l'ironie qui instaure ici une rupture avec l'herméneutique – « non pas qu'elle écarte la question de la signification ; simplement, elle ne cherche pas à la résoudre, mais à la déplorer dans sa complexité[26] ». C'est finalement une question de solidarité : « Tenir ensemble, dans un même geste, tous les aspects d'un problème[27]. » On le voit : l'art de la fugue y est pour quelque chose.

Dans cet ouvrage, le lecteur découvrira non seulement l'univers musical de Gide et de son temps, mais il rencontrera de nombreux compositeurs, à commencer par Chopin, Schumann, puis Massenet, Fauré, Wagner bien entendu, mais aussi Mozart, Haendel, Beethoven, Haydn, sans oublier Darius Milhaud, Igor Stravinsky, Maurice Ravel, Claude Debussy, Isaac Albéniz… Si on doit à Gide un livre sur Chopin et sa musique de piano, si, de son côté, il a été avant tout pianiste, c'était peut-être *in fine* pour une raison littéraire. Lui-même insiste régulièrement sur son travail patient au piano. Tolstoï, quand il a travaillé sur

25 Philippe Lacoue-Labarthe, *Musica ficta (figures de Wagner)*, Paris, Laffont, 1991, p. 232-233. Pour le contexte, voir plus bas, p. 000 < M. V. Z. >.

26 Voir plus bas, p. 000. < F. B. >.

27 *Ibid.*

Guerre et paix, a noté ceci qui vaut sans doute aussi pour notre auteur : « Il faut que je travaille comme un pianiste[28]. » Pour ce qui est de la structure même de ses œuvres, Gide s'est senti proche de la musique, à commencer d'une certaine musique. C'est Jean-Sébastien Bach qui l'emporte en quelque sorte. Son *Art de la fugue* n'était ni connu, ni joué de son temps (du moins avant 1927) – mais comme on le verra dans plus d'une contribution, la fugue incite à fuguer, à prendre la fuite. Quitte à revenir, différent ou différemment, au point de départ. C'est que la fugue est un art : celui de la variation, de la digression et, surtout, celui de la forme, du jeu de forme, du jeu avec la forme, les formes.

Ce livre est issu d'un colloque organisé par l'Institut de recherche en Langues et Littératures Européennes (ILLE, EA 4364) du 13 au 15 octobre 2014, qui a permis aux participants et à un public plus large de connaître l'opéra multimédia *Les Faux-Monnayeurs*[29], que Pierre Thilloy a composé à la demande de la fondation Catherine Gide et qui a été créé lors du 39e *Cantiere Internazionale d'Arte* de Montepulciano (20-24 juillet 2014), sans négliger d'autres créations également présentées au Théâtre de la Sinne à Mulhouse (*Ainsi soit-il*[30], *Notes sur Chopin*[31], *Sables*[32]). En attendant

28 Léon Tolstoï, *Journaux et Carnets*, 20 octobre 1865, cité par Roland Barthes, *La Préparation du roman. Cours du Collège de France, 1978-1979 et 1979-1980*, texte annoté par Nathalie Léger et Éric Marty, transcription des enregistrements par Nathalie Lacroix, avant-propos de Bernard Comment, Paris, Seuil, 2015, p. 458.

29 Pierre Thilloy, *Les Faux-Monnayeurs*, op. 207, opéra en 3 actes pour voix, quatuor à cordes, piano & arts numériques, Metz, Les Éditions Musicales de la Salamandre, 2014 – Durée : ca. 52'00" + 23'00". – Création mondiale le 24 juillet 2014 par le quatuor Magma, quatuor à cordes, Sophie Teboul, piano, et KORDS, ensemble d'arts numériques lors des 39e *Cantiere Internazionale d'Arte de Montepulciano* en Italie sous la direction musicale de Vincent Monteil.

30 Pierre Thilloy, *Ainsi soit-il ou les jeux sont faits*, op. 159, sextuor pour voix, piano et quatuor à cordes, Metz, Les Éditions Musicales de la Salamandre, 2009 – Durée : ca. 27'00". – Commande de la fondation Catherine Gide pour le 100e anniversaire de *La Nouvelle Revue française*. Création mondiale le 19 mai 2009, en présence de Catherine Gide, à l'Auditorium Agora de Talence lors du Festival international de quatuor à cordes de Bordeaux, par Patrick Calafato, haute-contre, Dana Ciocarlie, piano, et le Quatuor Ardeo, quatuor à cordes.

31 Pierre Thilloy, *Notes sur Chopin*, op. 174, quatuor à cordes n° 8 avec récitant en forme de mélodrame, Metz, Les Éditions Musicales de la Salamandre, 2010 – Durée : ca. 21'00". – Création mondiale le 12 mai 2010 lors du Festival international de quatuors à cordes à Bordeaux au Grand Théâtre de Bordeaux, par Laurent Gérard, récitant, et le Quatuor Thymos, quatuor à cordes.

32 Pierre Thilloy, *Sables*, op. 198, n° 1, évocation pour piano solo, Metz, Les Éditions Musicales de la Salamandre, 2014 – Durée : ca. 7'00". – Création mondiale le 14 octobre 2014 lors des Journées « André Gide et la musique » par Sophie Teboul au Théâtre de la Sinne à

la découverte de ces œuvres, le public pourra lire les contributions du colloque, qui tentent toutes de clarifier les liens ramifiés de Gide avec la musique par des méthodologies variées.

Greta KOMUR-THILLOY
Université de Haute-Alsace, ILLE

Pierre THILLOY
Compositeur, auteur, illustrateur, éditeur de musique

Mulhouse, en hommage posthume à Catherine Gide, décédée le 20 avril 2013. – Pierre Thilloy, *Sables*, op. 198, n° *2*, évocation en version pour quatuor à cordes, Metz, Les Éditions Musicales de la Salamandre, 2015 – Durée : ca. 7'00". – Création mondiale le 29 mai 2015 au Théâtre des Trinitaires à Metz par le Quatuor Magma, quatuor à cordes, à l'occasion du colloque *Gide, l'identité à l'épreuve de la littérature*.

DU TEXTE À LA MUSIQUE

LA TOPOGRAPHIE ESTHÉTIQUE DE L'UNIVERS MUSICAL GIDIEN

Les sources sont nombreuses qui nous renseignent sur le rôle et la place prédominante de la musique dans l'œuvre et dans la vie d'André Gide. Les documents personnels – son *Journal*, sa correspondance – et les écrits autobiographiques – *Si le grain ne meurt*, *Et nunc manet in te*, *Ainsi soit-il ou Les jeux sont faits* – offrent d'abondants témoignages et d'innombrables informations concernant sa pratique pianistique et les principes esthétiques de son univers musical. Les petits commentaires sur les soirées passées aux concerts ou à l'Opéra, les comptes rendus des exercices quotidiens au piano ou bien les jugements très sévères et très précis sur un compositeur structurent de manière sous-jacente son écriture tout au long de sa vie. En consultant ce vaste fonds de citations et d'extraits plus ou moins longs insérés dans des ensembles textuels plus amples, on se rend compte de sa volonté de cultiver une certaine image qui correspond à un caractère complexe formé selon des principes et des prédilections bien définis. Gide fait un choix et ne nous livre qu'une sélection bien pesée de ses témoignages musicaux, conformes au système de valeurs esthétiques formant un cadre à sa vie et à son œuvre.

Ce système esthétique est basé sur un dualisme complémentaire organisé autour du pôle du classicisme français, d'un côté, et du pôle du romantisme allemand, de l'autre. À mesure que se forme son idéal esthétique, Gide s'identifie de plus en plus à l'image de l'artiste classique à l'instar d'un Frédéric Chopin. De nombreux artistes allemands, notamment parmi les compositeurs, tiennent le rôle allégorique d'une icône esthétique. J'aimerais montrer que si l'influence des artistes et philosophes allemands recule assez vite pour se figer finalement dans la posture d'un romantisme où l'expression domine la forme, les idées et les œuvres de ces artistes allemands ont laissé des traces dans l'œuvre d'André Gide.

Avant de prendre la défense du classicisme français qui lui fait dire en mars 1921 : « À présent que je me considère aujourd'hui comme le meilleur représentant du classicisme – j'allais dire le seul[1] », Gide passe dans sa jeunesse par une période de sensibilité romantique puérile. Mais, de prime abord, ses idéaux esthétiques sont imprégnés d'une polarisation entre « le poète romantique » selon le modèle allemand et « l'artiste classique » d'origine française. Il affinera cette polarisation au cours des années en élargissant son horizon franco-allemand vers d'autres dualités – entre « le Midi » et « le Nord », entre « le Christianisme » et « l'Homme classique » à l'instar d'un Goethe, d'un Poussin, d'un Baudelaire et surtout de Frédéric Chopin.

Le jeune Gide nous fait découvrir tout d'abord ses horizons musicaux sous les traits de son *alter ego* André Walter en 1891. Le personnage anémique et enfermé dans sa tour d'ivoire conçoit sa vie et ses contacts avec son entourage à travers un esthétisme artificiel et pathétique assez significatif de « l'inquiet mysticisme[2] » qui caractérise la jeunesse d'André Gide. À cette époque – à 21 ans et élève du pianiste charismatique Marc de La Nux – Gide se trouve sous l'emprise prédominante de la musique qui, selon lui, exprime mieux que les mots l'indicible : « Je me suis fait une langue à mon gré. En français ? non, je voudrais écrire en musique[3]. » Et c'est pourquoi il cherche d'autant moins à s'exprimer en français, puisqu'il se trouve fortement imprégné par le romantisme allemand des Schopenhauer, Herder, Tieck, Novalis, Brentano, Goethe et Eichendorff et attiré par l'idiome allemand : « L'allemand a des allitérations chuchotées qui mieux que le français disaient les songeries embrumées[4]. » Après la parution des *Cahiers d'André Walter*, Gide voyagera plusieurs mois à travers l'Allemagne, en 1892, à la recherche du « peuple musicien » – le fameux « *Land der Dichter und Denker* ». Sur les traces de Schopenhauer, il aspire à l'effet transcendant d'une musique réconciliée avec la poésie : « Schopenhauer. La musique est évocatrice ; c'est la souveraine enchanteresse ; elle soutient l'essor du rêve[5]. » La musique peut véhiculer des messages émotionnels ou métaphysiques que les mots ne savent pas exprimer : « Mon cœur déborde :

1 *Billets à Angèle*, dans *Incidences*, Paris, Gallimard, 1924, p. 37-38.
2 *Si le grain ne meurt*, Paris, Gallimard, 1954, p. 522.
3 *Les Cahiers d'André Walter*, Paris, Gallimard, 1932, p. 81.
4 *Ibid.*, p. 56.
5 *Ibid.*, p. 114-115.

il faut chanter[6]. » S'il prendra ensuite rapidement ses distances vis-à-vis de cet excès de romantisme pathétique – « Il est bien peu de passages de ce livre que je souhaiterais conserver[7] » – Gide, *alias* André Walter, s'enivre des « stupeurs d'ivresses[8] » procurées par les poètes romantiques. Chaque allusion à des morceaux de musique ou à des effets acoustiques est accompagnée d'une métaphore imprégnée d'un symbolisme assez naïf. Ainsi, on a souvent cité l'exemple de la corde du piano rompue lors de l'exécution d'un *Scherzo* de Chopin, qui bouleverse le jeune pianiste – « Je suis resté tremblant, craignant[9]. » André Walter y voit, en effet, une déclaration d'amour envoyée par le destin annonçant l'attaque nerveuse dont il sera bientôt victime. À côté de Chopin, c'est Robert Schumann qui domine l'univers musical du jeune écrivain. C'est la musique du compositeur romantique allemand qui, selon Gide, reflète le mieux ses émotions frémissantes. Si l'admiration pour l'œuvre de Chopin évolue en mettant, avec les années, davantage l'accent sur la composition de la forme classique épousant une faculté d'expression idéale, le jugement sur l'œuvre de Schumann évolue en sens inverse. Dans les *Notes sur Chopin*, Gide expliquera plus tard cette différenciation : « Schumann est un poète. Chopin est un artiste, ce qui est tout différent[10]. » Nous reviendrons sur ce critère un peu plus tard.

Sa prise de distance vis-à-vis de Schumann s'effectue immédiatement après la rédaction des *Cahiers d'André Walter*. En 1892, dans une lettre à Albert Mockel, il écrit à propos du compositeur : « C'était une de mes premières amitiés. Je l'aimais passionnément à l'âge où l'on aime le mieux. Ceux que nous admirons pendant notre jeunesse devraient pouvoir grandir comme nous grandissons nous-mêmes[11]. » Ce progrès de maturité impressionnant n'est que d'apparence, puisque deux semaines plus tard, toujours depuis Munich, il rédige une autre lettre adressée cette fois à sa mère où il résume son jugement suite à une représentation de l'opéra inachevé *Manfred* : « Je sors d'une représentation de *Manfred* ; [...] il me faudrait plusieurs heures pour débrouiller mes émotions ; l'une

6 *Ibid.*, p. 81.
7 *Si le grain ne meurt*, *op. cit.*, p. 522.
8 *Correspondance André Gide – Paul Valéry*, Paris, Gallimard, 1955, p. 64 (lettre datant du 08-03-1891).
9 *Les Cahiers d'André Walter*, *op. cit.*, p. 136.
10 *Notes sur Chopin*, Paris, L'Arche, 1949, p. 15-16.
11 *Correspondance André Gide – Albert Mockel*, Genève, Droz, 1975, p. 60 (lettre datant du 09-03-1892).

poussant l'autre, elles se compliquent à l'infini[12]. » Cette incapacité à s'exprimer sur la musique qu'il aimait tant à l'époque – vers 1887 – où son professeur Marc de La Nux lui faisait découvrir l'œuvre de Schumann prend encore une fois une tendance approbative en été 1892 dans une lettre à son ami Paul Valéry à qui il donne le conseil suivant :

> N'écoute jamais les imbéciles qui te diront que Schumann est un médiocre, et dis-leur qu'ils n'y ont rien compris. J'y trouve toujours de nouvelles choses ; c'est un éducateur prodigieux. C'est un volontaire ; un compositeur ; il a l'inspiration arithmétique et folle. Il est comme il faut être[13].

Les commentaires indécis sur la musique de Schumann accompagnent les pensées musicales de Gide jusqu'à la fin de sa vie. L'écart qui se creuse est moins basé sur la critique de l'art et du génie du compositeur allemand que sur l'expression émotionnelle et l'effet pathétique évoqué par sa musique : « La joie de Schumann est fébrile et qu'on sent [*sic*] qui vient entre deux sanglots[14]. » Les compositions du romantique allemand sont étroitement liées à l'*alter ego* André Walter, dont il ne veut plus. Le refus de Schumann signifie donc plutôt un rejet d'André Walter. Gide se dresse contre la sentimentalité qui se reflète selon lui dans la musique de Schumann avec des mots assez durs :

> Je revois les *Novellettes* de Schumann, pour qui j'étais quelque peu injuste. Il est vrai, cette musique est d'une absence d'art presque totale, d'une sorte d'ingéniosité un peu sommaire, mais qui laisse paraître une inspiration vraiment jaillissante et une ferveur très authentique. La qualité de l'âme est un peu vulgaire, mais l'âme est malgré tout charmante, profondément ouverte à la sympathie et d'une sincérité parfaite[15].

Les reproches de « vulgarité » se répètent quand il parle de la qualité sublime de l'œuvre d'art parfaite – à savoir : la joie – pour souligner encore une fois la différence entre « l'artiste Chopin » et « le poète Schumann » : « La joie en lui [Chopin] domine ; une joie qui n'a rien de la gaité un peu sommaire et vulgaire de Schumann[16]. » Il est vrai pourtant que Gide met en cause ses propres propos, concernant Schumann,

12 *Correspondance avec sa mère*, Paris, Gallimard, 1988, p. 137 (lettre datant du 26-03-1892).
13 *Correspondance André Gide – Paul Valéry*, *op. cit.*, p. 64 (lettre datant d'août 1892).
14 *Journal* I, Paris, Gallimard, 1951, p. 44 (septembre 1893).
15 *Ibid.*, p. 888 (25-09-1928).
16 *Notes sur Chopin*, *op. cit.*, p. 26.

dans les *Notes sur Chopin* : « Je reçois *La Revue musicale* où figurent mes *Notes sur Chopin*. Malgré sa promesse, Prunières n'a pas supprimé, dans une note au sujet de Schumann, la phrase excessive : "ses modulations d'une écœurante vulgarité", qui me paraît aujourd'hui plus injuste encore. [...] Il suffisait de louer l'originalité de Chopin ; pourquoi le faire aux dépens de Schumann[17] ? » Juge-t-il l'œuvre de Schumann ou le souvenir d'André Walter ?

Gide juge, quoi qu'il en soit, en bon connaisseur, grâce à l'enseignement de Marc de La Nux, qui est pour son élève, depuis 1887, le modèle de l'artiste parfait. Natif de La Réunion comme son cousin Leconte de Lisle et issu du cercle des grands pianistes du milieu du XIXe siècle à Paris, tels que Chopin, Liszt et Thalberg, La Nux est doté d'un charisme irrésistible. Lors de ses cours, Gide découvre au fur et à mesure les œuvres principales pour piano de Chopin, Bach, Beethoven, Mozart et Schumann, dont il maîtrise bien des décennies plus tard, malgré ses aversions, certaines des compositions les plus exigeantes – telles les *Symphonischen Etüden* (op. 13) :

> Revu également nombre de pièces de Schumann que je sais encore par cœur – et tâche de me remettre avec lui. Mais ses « développements » me sont insupportables, si exquis que soit le motif, et il est peu de pièces dont je ne lâcherais volontiers la moitié. Les meilleures sont, le plus souvent, les plus courtes. Joie de savoir encore complètement par cœur toutes les *Variations Symphoniques* – (du moins je les retrouve complètement après deux heures d'étude) – moins le milieu du final, que j'abandonne[18].

Ce n'est pas seulement l'apparence romantique de la silhouette de La Nux « sanglé dans une longue redingote de coupe romantique, le col relevé par une cravate de mousseline à double tour et à tout petit nœud haut placé[19] » qui fascine le jeune Gide et qui ressemble de manière idéale à l'idée qu'il se faisait alors d'un véritable poète. En Marc de La Nux se trouvent condensées toutes les caractéristiques du génie artistique d'où émane une attraction irrésistible : « Une sorte de lyrisme, d'enthousiasme, l'animait parfois et il devenait alors vraiment beau[20]. »

17 *Journal* I, *op. cit.*, p. 1097 (18-12-1931). Henry Prunières est le directeur de la *Revue musicale* à l'époque.

18 *Ibid.*, p. 827 (12-10-1926).

19 *Si le grain ne meurt*, *op. cit.*, p. 532-533.

20 *Ibid.*

C'est à partir de ces cours de musique que Gide commence à comprendre et à découvrir de nouveaux horizons esthétiques étroitement liés au classicisme français. La Nux lui montre un chemin vers une vérité profonde qu'il a pourtant pressentie de longue date :

> Avec lui tout s'animait, tout s'éclairait, tout répondait à l'exigence des nécessités harmoniques, se décomposait et se recomposait subtilement ; je comprenais. C'est avec un pareil transport, j'imagine, que les apôtres sentirent descendre sur eux le Saint-Esprit. Il me semblait que je n'avais fait jusqu'à présent que répéter sans les vraiment entendre, les sons d'une langue divine, que tout à coup je devenais apte à parler[21].

Des rapports sous-jacents se révèlent à travers les outils du travail analytique (« décomposer »/« recomposer ») dans la partition avec ses règles hiérarchiques de l'harmonie classique (« l'exigence des nécessités harmoniques »). De l'œuvre musicale se dégage ainsi une structure profonde, dont la compréhension permet de remplacer la simple exécution (« répéter la pièce ») par une recomposition qui fait « parler » la musique. À la place de l'acte mécanique, Gide découvre la création par une échelle de sonorités graduées qui ouvrent la voie vers une langue idéale – « une langue divine ». L'univers esthétique est fondé sur la pratique musicale. Il serait pourtant exagéré de dire qu'il a « raté sa vie » en se lançant dans la littérature.

Il apprend ici les principes fondamentaux de l'idéal esthétique du classicisme à la française qui caractérise sa maturité, à savoir la pudeur et la modestie (« exprimer le plus en disant le moins[22] »), la précision dans le choix des moyens, l'intelligence qui domine l'instinct, la contrainte et la discipline par où « l'œuvre d'art classique raconte le triomphe de l'ordre et de la mesure[23] ». Aux yeux de Gide, cette maîtrise de la matière et de l'instinct par l'intelligence est attachée de manière indéniable à la France : « C'est aussi qu'en France et dans la France seule, l'intelligence tend toujours à l'emporter sur le sentiment et l'instinct[24]. »

À ce verdict topographique s'oppose, bien évidemment, un pôle contraire – ou plutôt complémentaire – que Gide a côtoyé et étudié passionnément depuis sa prime jeunesse : l'Allemagne. Et si la France représente, selon lui, l'idéal classique, à savoir la forme, l'intelligence et

21 *Si le grain ne meurt*, *op. cit.*, p. 515.
22 *Du Classicisme*, dans *Domaine français*, n° 1, 1943, p. 257.
23 *Ibid.*, p. 11.
24 *Ibid.*, p. 260.

la clarté, l'Allemagne, pour sa part, tend vers le romantisme avec son *Schaudern* et ses poètes auxquels ferait défaut « la forme propre[25] » et qui seraient incapables de « créer des figures[26] » aux contours propres. Les principes de ces horizons esthétiques partagés entre la France et l'Allemagne sont tracés à partir des *Nourritures terrestres* (1897) et la prise de conscience de l'œuvre de Nietzsche. Vingt ans plus tard, dans ses *Réflexions sur l'Allemagne* (1919), qui représentent tout de même un signe de sympathie pro-allemande après les atrocités de la Grande Guerre, l'attribution des qualités et des différences de caractère des deux peuples est pourtant sans équivoque : l'Allemagne souffre, selon Gide, « d'une extraordinaire difficulté pour l'individu [...] à se détacher du commun, de la masse, disons le mot : à s'individualiser[27] ».

À l'époque, le manque de précision et de contours individuels sont des reproches souvent répétés à l'adresse des artistes allemands. Jean Cocteau, entouré de son Groupe des Six, évoque également cette différence essentielle entre l'Allemagne et la génération Jeune France qui « redoute l'énorme. C'est ce que j'appelle s'évader d'Allemagne[28] ». À l'instar de Cocteau et de ses acolytes, dont l'aversion esthétique se concrétise dans le personnage symbolique de Richard Wagner – « Wagner nous cuisine à la longue[29] » –, Gide concentre également sa réprobation envers le « titan » de Bayreuth.

Lors de son voyage en Allemagne au printemps 1892, Gide fréquente entre autres le cercle wagnérien autour d'Hermann Levi à Munich, où il assiste à de nombreuses représentations des opéras de Richard Wagner. Ainsi, il parle dans sa *Correspondance* avec sa mère de deux soirées passées au *Kaiserliche Hof- und National-Theater*, et consacrées à *Tristan et Isolde* aux mois de mars et de mai : « Hier soir, je suis retourné à *Tristan et Isolde*, qui est quelque chose de décidément très fort[30]. » Il mentionne également des représentations du *Vaisseau fantôme* et de *Tannhäuser*.

Partout en Europe, l'univers mélomane se trouve, à l'époque, sous l'emprise de l'ombre de Richard Wagner. La *Revue Wagnérienne* de

25 *Réflexions sur l'Allemagne*, dans *Incidences*, Paris, Gallimard, 1919, p. 16.

26 *Ibid.*, p. 14.

27 *Ibid.*

28 Jean Cocteau, *Le Coq et l'Arlequin*, Paris, Stock, 1978, p. 42 (lettre de Cocteau à Georges Auric du 19-03-1918).

29 *Ibid.*, p. 80.

30 *Correspondance avec sa mère*, *op. cit.*, p. 151 (lettre du 23-05-1892).

Paul Dujardin est, depuis 1886, le fer de lance de la communauté « croyante » autour du dieu, Wagner. Nombreux sont ceux parmi ses jeunes amis symbolistes du cercle autour de Mallarmé qui professent ouvertement leur fanatisme en faveur du *Gesamtkunstwerk* wagnérien. Gide, cependant, en prend le contre-pied et manifeste sa dissidence. Cette touche d'individualisme n'est pas encore motivée par son goût artistique, mais plutôt par son aversion pour la pression écrasante de la phalange pro-wagnérienne à Paris. Et c'est justement la raison pour laquelle il prend ses distances face à cette mode qui prend chez certains les formes d'une religion esthétique et idéologique. Il se souvient dans *Si le grain ne meurt* :

> Dans le cercle autour de Mallarmé, où je fus bientôt entraîné par Louis, chacun se piquait d'aimer la musique, Pierre Louis le premier ; mais il me paraissait que Mallarmé lui-même et tous ceux qui le fréquentaient, recherchaient dans la musique encore la littérature. Wagner était leur dieu. Ils l'expliquaient, le commentaient. Louis avait une façon d'imposer à son admiration tel cri, telle interjection, qui me faisait prendre la musique « expressive » en horreur. Je me rejetais d'autant plus passionnément vers ce que j'appelais la musique « pure », c'est-à-dire celle qui ne prétend rien signifier[31].

Cette prise de conscience ne s'impose pas de manière soudaine, mais au terme d'un processus de maturation artistique après son séjour à Munich.

Au cours de l'émancipation de l'univers symboliste, Gide prend également ses distances par rapport à leur idéal esthétique, le *Gesamtkunstwerk* de Richard Wagner avec son mélange des genres, et notamment la symbiose de la parole et du son. Néanmoins, à Munich – donc loin du cercle parisien –, il se sent quand même bouleversé par l'œuvre de Wagner. À son ami bruxellois Albert Mockel, il avoue dans une lettre écrite en mars depuis Munich :

> Voilà les sophismes et les vérités que me fait vous dire mon embêtement de trouver pourtant Wagner plus grand que Schumann. Avant-hier – pour la première fois – « *Tristan et Isolde* ». J'ai failli m'y embêter – mais c'était si sublime, que je n'ai pas osé. Je vous expliquerai plus tard pourquoi – *a priori* – j'ai horreur de cette musique-là (mais gardez cet aveu pour vous, n'est-ce pas c'est affreusement compromettant)[32].

31 *Si le grain ne meurt*, *op. cit.*, p. 531-532.
32 *Correspondance André Gide – Albert Mockel*, *op. cit.*, p. 60-61 (lettre du 09-03-1892).

Cet aveu paraît d'autant plus significatif qu'à cet instant, grâce aux cours de Marc de La Nux, Schumann figure au sommet de son panthéon artistique. Une indiscrétion semblable se retrouve, d'ailleurs, quelques années plus tard, en 1898, dans une lettre adressée à son ami Paul Valéry, toujours depuis Munich, où Gide se trouve cette fois en compagnie de son épouse. À partir du 12 mai, il y assiste probablement à une représentation de la *Tétralogie* au *Kaiserliche Hof- und Nationaltheater* : « Nous projetons de revenir par Munich, puis Strasbourg, Nancy. Trois arrêts – celui de Munich prolongeable à loisir à cause de Wagner que mes principes s'opposent à me laisser entendre à Paris[33]. » Gide savait très bien que son interlocuteur était un fervent admirateur de la musique de Wagner, bien qu'il ne pratiquât en réalité aucun instrument. Dans une lettre datant de mars 1891, Valéry reconnaît le ravissement procuré par tous les sens de manière quasiment synesthésique :

> Je suis dans *Lohengrin* jusqu'aux yeux. J'ignore le premier mot de musique, mais j'écoute et j'imagine, quand un de mes amis au piano, le soir, me joue le *Prélude* ou le *Duo* ou *La Marche mystique* du deuxième acte. Cette musique m'amènera, cela se prépare, à ne plus écrire. Quelle page écrite arrive à la hauteur des quelques notes qui sont le motif du *Graal*[34] ?

Il y a d'autres adeptes du culte wagnérien dans l'entourage plus ou moins proche d'André Gide, comme Stéphane Mallarmé, Pierre Louÿs, Jacques-Émile Blanche, André Ruyters, Marcel Proust, Christian Beck, Henri de Régnier, André Rouveyre ou Albert Samain, qui, épris de la *Walkyrie*, écrit : « J'ai été saisi de ce froid du sublime qui descend par moments jusqu'aux os. Quant au troisième acte, c'est à genoux qu'il faudrait l'entendre tout entier. Cela, c'est surhumain[35]. »

Par rapport à un tel dévouement presque religieux, l'appréciation de Gide fait, dès le début, preuve d'une certaine retenue. Il ne s'agit pas seulement d'un réflexe contre le grégarisme courant dans les cercles parisiens, mais aussi d'un réflexe contre le mélange des genres annonçant les principes fondamentaux de l'art classique, qui sont avant tout le dénuement et la clarté. Toujours depuis Munich, il évoque ces réticences

33 *Correspondance André Gide-Paul Valéry*, *op. cit.*, p. 317 (lettre de mai 1898). Les archives du *KHN* prouvent que la *Tétralogie* était au programme entre le 12 et 17 mai 1898.

34 *Ibid.*, p. 73-74 (lettre de Valéry du 27-03-1891).

35 Albert Samain, *Des lettres*, Paris, Mercure de France, 1933, p. 27 (lettre de Samain à Paul Morisse d'août 1893).

dans une lettre à Henri de Régnier – grand wagnérien convaincu de longue date :

> Ici, l'on joue admirablement *Tristan et Isolde*, et *Le Vaisseau fantôme* est bien beau ; – mais, que la musique d'après un livret est donc une forme détestable. – Je vous le dis tout bas parce qu'auprès de beaucoup, pareille pensée me ferait passer pour imbécile[36].

Toutefois, la sentence gidienne n'est pas basée sur des préjugés et des opinions préfabriquées, mais sur son propre jugement et ses propres études pratiques. Gide se sent toujours davantage attiré par l'individu que par la masse. L'artiste solitaire au piano l'emporte sur l'orchestre et la grande forme d'opéra. Il est conforté dans sa position par la lecture de Nietzsche, qui remplace dans l'esthétique gidienne, à partir de 1898, la doctrine de la « Métaphysique de la musique » selon Schopenhauer.

C'est sur les traces de son beau-frère Marcel Drouin – grand germanophone et spécialiste de Goethe – que Gide prend connaissance du philosophe allemand[37]. Dans une lettre datée de mars 1898, il l'évoque : « On m'accusera plus tard d'avoir été formé par Nietzsche ; on dira même que c'est chez lui que j'appris l'anti-Wagnérisme etc.[38] » S'il ne reste pas beaucoup de commentaires de la main de Gide sur l'antagonisme Wagner-Nietzsche, il n'y a pourtant point de doute qu'il ait lu de manière méticuleuse *La Naissance de la Tragédie* et *Le Cas Wagner*. La 12e « Lettre à Angèle » – parue en décembre 1899 – en est la preuve. Et il continue d'étudier Nietzsche de manière intense durant l'été 1900, où le philosophe est toujours l'objet de sa correspondance avec son ami Henri Ghéon. Début août, il lui signale : « Je lis *Le Cas Wagner*[39]. » Deux semaines plus tard, à l'occasion de la mort

36 Voir Peter Schnyder, « Gide lecteur de Nietzsche » dans *Pré-textes, Gide et la tentation de la critique*, Paris, L'Harmattan, 1990, p. 208 (citation d'une lettre de Gide à Henri de Régnier du 29-05-1892).

37 « Je me souviens de notre conversation à Cuverville, lorsque tu rentrais d'Allemagne, et que tu m'exposais toute la théorie des Valeurs, etc. Peut-être dois-je être plus reconnaissant encore à toi pour ces seules heures qu'à Nietzsche pour les jours, les semaines que je passe avec lui. » (Yvonne Davet, *Autour des* Nourritures terrestres, Paris, Gallimard, 1948, p. 61, citation d'une lettre de Gide à Marcel Drouin du 30-03-1898).

38 G. W Ireland, *André Gide – A Study of his Creative Writings*, Paris, Mouton, 1970, p. 183 (citation d'une lettre de Gide à Marcel Drouin du 28-03-1898).

39 *Correspondance André Gide – Henri Ghéon*, Paris, Gallimard, 1976, p. 280 (lettre de Gide à Ghéon du 10-08-1900).

du philosophe allemand, Gide ajoute : « Mort de Nietzsche – Je songe à toi – à nous[40]... »

À cette époque, l'influence de Gide sur le goût musical de Ghéon est importante. Dans sa thérapie anti-wagnérienne, les idées de Nietzsche exposées dans *Le Cas Wagner* sont cruciales. Si Ghéon découvre au fur et à mesure le langage divin de Mozart, Gide sort de cette thérapie au moins conforté dans ses positions face à la musique de Wagner. Dorénavant, son jugement sur ce dernier est sans équivoque et prend une place symbolique pour ses propres principes esthétiques, qu'il n'hésite pas à étaler, par exemple en 1908, dans le *Berliner Tageblatt* en réponse à une sorte de sondage sur l'influence du wagnérisme, spécialement en France :

> J'ai la personne et la musique de Wagner en horreur, mon aversion passionnée n'a fait que croître depuis mon enfance. Ce prodigieux génie n'exalte pas tant qu'il n'écrase. Il a permis à quantité de snobs, de gens de lettres et de sots de croire que le génie s'apprenait. L'Allemagne n'a peut-être jamais rien produit à la fois d'aussi grand ni d'aussi barbare[41].

Wagner se trouve donc aux antipodes non seulement de tout ce qu'il estime dans l'art, mais aussi aux antipodes de sa façon de concevoir la joie et l'harmonie humaines. Certains artistes rares représentent un point de cristallisation de cet idéal. Évidemment, il y a J. S. Bach et Mozart, qui figurent, grâce aussi à Marc de La Nux, dès le début parmi les grands classiques du Panthéon gidien :

> La joie de Mozart est faite de sérénité ; et la phrase de sa musique est comme une tranquille pensée ; sa simplicité n'est que de la pureté ; c'est une chose cristalline ; toutes les émotions s'y jouent, mais comme déjà célestement transposées[42].

C'est avec les mêmes termes que Gide évoque encore, cinquante ans plus tard, les qualités caractéristiques de l'œuvre de Poussin. Sortant du pur univers musical, il définit ses principes absolus : « La réconciliation de l'âme et des sens dans une suprême harmonie. C'est la félicité qui l'emporte, une joie sensuelle et spirituelle à la fois[43]. »

---

40 *Ibid.*, p. 291 (lettre de Gide à Ghéon du 26-08-1900).

41 *Journal* I, *op. cit.*, p. 259 (25-01-1908 ; citation de son commentaire publié dans le journal berlinois).

42 *Ibid.*, p. 44 (septembre 1893).

43 *L'Enseignement de Poussin*, Paris, Au Divan, 1945, p. 11.

Dans la mesure où Gide condamne l'œuvre de Wagner avec des mots de plus en plus véhéments, une icône absolue du classicisme s'affirme à travers Frédéric Chopin. Wagner sert de référence quand il faut illustrer les qualités de ce dernier : « Loin de charger de notes son émotion, à la manière de Wagner, il charge d'émotion chaque note, et j'allais dire : de responsabilité[44]. »

Friedrich Nietzsche a également prôné ce dualisme entre Wagner – représentant d'un art germanique « primaire » – et Chopin, dont l'art est le pur produit de l'esprit classique avec son penchant méridional. L'évocation de ses racines polonaises ne fait que confirmer sa position anti-germanique. En 1888, dans *Ecce homo*, Nietzsche professe : « *Ich selbst bin immer noch Pole genug, um gegen Chopin den Rest der Musik hinzugeben*[45] » (« Je me sens toujours assez Polonais pour donner tout le reste de la musique en échange de Chopin »). En réalité, la topographie nietzschéenne est orientée sur un axe nord-sud où le Midi – *der Süden* – occupe une sphère idéale propice à la création et à l'intuition selon les règles de l'art classique. C'est ici que l'œuvre d'art parfaite déploie son rayonnement dans un instant de « suprême harmonie » – « *der selige Moment* » – comme c'est le cas dans la *Barcarole* de Chopin : « *Diesen seligen Moment hat Chopin in der Barcarole so zum Ertönen gebracht*[46]. » (« C'est dans la *Barcarole* que Chopin a fait entendre cet instant de suprême harmonie »).

Gide suit les propos de Nietzsche sans les imiter, dans un esprit de grande proximité sensuelle et intellectuelle. Dans son *Journal*, il commente la même *Barcarole* par des métaphores exprimant une sensation similaire : « Pas de diamant plus limpide. Pas de perle de plus belle eau[47]. » De même, quand il parle du 17e *Prélude*, c'est avec la même intensité qu'il ressent « cet état aigu où la joie est toute proche des larmes[48] ».

Dans sa classification esthétique, Chopin – suivi de près par Bach et Mozart – occupe la place centrale, à l'opposé des poètes romantiques allemands. En premier lieu, Chopin est un artiste : « Chopin, en parfait artiste, part des notes ; il laisse aussitôt une émotion toute humaine

44 *Notes sur Chopin*, *op. cit.*, p. 12.
45 Friedrich Nietzsche, *Ecce homo*, München, Karl Schlechta, 1888, p. 1092.
46 Friedrich Nietzsche, *Menschliches, Allzumenschliches* II, München, Karl Schlechta, 1879, p. 937.
47 *Feuillets*, 1913/1914 (*Journal* I), *op. cit.*, p. 395.
48 *Journal* I, *op. cit.*, p. 915 (12-02-1929).

envahir cette très simple donnée, qu'il élargit jusqu'à la magnificence[49]. » Et effectivement, Chopin représente alors l'idéal classique. Même s'il souligne les origines « hybrides » de Chopin, qu'il présente comme « un exemple de plus de déracinement[50] » – qualité indispensable de tout grand créateur –, Gide aimerait pourtant mettre particulièrement en relief l'apport français au génie de Chopin : « C'est extraordinaire qu'on n'ait pas plus insisté sur le fait que Chopin soit d'origine française, cela me semble si visible dans la musique. Je ne dis pas cela à un point de vue nationaliste, vous pensez bien, mais au point de vue de la signification de Chopin[51]. » Bien évidemment, il s'agit ici d'une tentative de naturalisation esthétique, car « la signification de Chopin » est bien celle d'une icône de l'œuvre d'art classique parfaite, qui ne peut trouver son havre qu'en France. La réduction des moyens chez Chopin et la simplicité dans l'expression sont des indices de la litote au sens classsique comme l'exprime le verdict de Gide : « Le classicisme – et par là j'entends le classicisme français – tend tout entier vers la litote. C'est l'art d'exprimer le plus en disant le moins. C'est un art de pudeur et de modestie[52]. »

Son estime pour Chopin est le résultat d'une conviction réfléchie et ne comprend pas l'œuvre complète du compositeur. Les pièces brillantes pour les pianistes-virtuoses ne trouvent pas le même écho enthousiaste que les *Préludes*, par exemple :

> Il faut que j'avoue mon peu de goût pour certaines grandes compositions de Chopin des plus célèbres – *Allegro de concert*, la *Polonaise-Fantaisie* (op. 61) et même la grande *Fantaisie* en fa mineur tant prônée. Ce sont là des morceaux d'apparat pour grand public, déclamatoires et quelque peu redondants, d'où pathétique facile, à effets, et où je ne retrouve plus qu'à peine l'incomparable artiste des *Préludes* et des *Études*[53].

Gide cherche l'intimité et la forme la plus dépouillée pour le pianiste solitaire qu'il est, à l'étude de l'art parfait dans un *Prélude* ne dépassant que rarement une trentaine de mesures.

Le génie de l'individu, le génie de Chopin se manifeste dans la forme la plus humaine et dans la perfection la plus limpide. Cette exaltation

49 *Notes sur Chopin*, *op. cit.*, p. 27-28.
50 *Ibid.*, p. 97-98 (*Feuillets et variantes*).
51 *Les Cahiers de la Petite Dame* II, Paris, Gallimard, 1974, p. 124-125 (08-01-1931).
52 *L'Enseignement de Poussin*, *op. cit.*, p. 260.
53 *Notes sur Chopin*, *op. cit.*, p. 110-111 (*Feuillets et variantes*).

de l'individu va de pair avec un défi moral remplaçant le bonheur, qui consiste en un renoncement, en « la réconciliation de l'âme et des sens dans une suprême harmonie[54] ». Cette définition que nous trouvons dans *L'Enseignement de Poussin* – le manifeste de base sur le classicisme selon Gide – se concrétise de manière idéale dans un grand nombre de compositions de Chopin : « Chopin, en parfait artiste, part des notes ; mais il laisse aussitôt une émotion toute humaine envahir cette très simple donnée[55]. »

Ce défi moral qui rehausse la position de l'homme face à Dieu – « Dieu propose et l'homme dispose » – remonte très loin dans la vie d'André Gide. Pour lui, à l'époque de son adolescence sous le contrôle pieux de sa mère, Chopin n'était que l'artiste « malsain » et fut interdit et supprimé du répertoire des leçons de piano. En tant qu'artiste « malsain », Chopin occupe une place comparable à celle de Charles Baudelaire : « "Musique malsaine", disait-on des œuvres de Chopin. "Poésie malsaine", disait-on des *Fleurs du Mal*, et, je crois, pour les mêmes raisons[56]. » Outre leur réputation d'artistes « incompris » et « maudits » les rendant d'autant plus irrésistibles, Gide les apprécie pour les mêmes raisons esthétiques et il souligne l'évidence des nombreux parallèles :

> L'œuvre de Chopin, guère plus volumineuse dans son genre que l'œuvre poétique de Baudelaire, est comparable aux *Fleurs du Mal* par l'intense concentration et signification des meilleures pièces qui la composent, et par l'extraordinaire influence que l'une et l'autre, par là même, purent exercer[57].

Souvent, Gide développe ses doctrines esthétiques au détriment des artistes cités en exemple. Ainsi, il ne prend point en considération l'enthousiasme wagnérien de Baudelaire et son mutisme vis-à-vis de Chopin. Mais il se montre stupéfait de trouver un interlocuteur concordant et intéressé concernant son point de vue sur Chopin parmi les Bénédictins de la communauté du Monte Cassino. Et la stupéfaction atteint son paroxysme quand il fait la connaissance du Père abbé Dom Adelberto qui est d'origine allemande : « Mais le plus surprenant de ces paroles, c'est qu'elles fussent d'un Allemand ; car il n'est pas, me semble-t-il, de

54 *L'Enseignement de Poussin*, *op. cit.*, p. 11.
55 *Notes sur Chopin*, *op. cit.*, p. 27-28.
56 *Ibid.*, p. 23-24.
57 *Ibid.*, p. 13.

musique moins germanique[58]. » Les catégories sont claires : le poète, le romantique, l'Allemand d'un côté – l'artiste, le classique, le Français de l'autre. Et si certains parmi les compositeurs allemands, tels que Bach, Mozart et en partie Schumann et Beethoven, représentent le sommet de l'art classique, c'est plutôt grâce à leur prise de distance par rapport à leurs racines culturelles « naturelles » : « Les plus grands musiciens allemands du passé n'étaient arrivés à la maîtrise artistique qu'en s'opposant à l'Allemagne, au génie propre de l'Allemagne. » Dans la même lettre à Jacques-Émile Blanche – grand admirateur de la musique de Wagner – Gide précise : « Je suis infiniment sensible à tout ce qui, dans la musique, rompt avec le germanisme, et même plus communément avec le *pathos*, l'amplification des sentiments[59]. »

Si Gide se fait l'avocat de « l'exception française » ce n'est en aucun cas dans une perspective patriotique, voire nationaliste. Il parle, au contraire, d'un idéal : l'idéal d'un art réconciliant la sérénité, l'harmonie et la félicité dans un esprit classique qui précède le progrès moral de l'homme. Cette aspiration à une « suprême harmonie » regroupant sous une forme de fraternité esthétique les meilleurs artistes qui reflètent, selon lui, les vertus de l'art classique, est une notion qui peut être partagée par, en principe, toutes les nationalités et tous les artistes d'horizons différents. Ainsi à Chopin, Bach et Mozart se joindront Shakespeare, Racine, Ovide, Baudelaire et Goethe.

Pour conclure cette recherche topographique de son horizon esthétique je voudrais insister sur cette capacité à dépasser les frontières. Dans l'Europe spirituelle de Gide, la France et l'Allemagne représentent deux idéaux contraires qui se complètent dans une logique d'alternatives concurrentes. Sans cette multitude de valeurs morales et d'horizons esthétiques divers, Gide n'aurait pu définir sa position face à l'idéal classique. La concurrence stimule les idées – c'est une vérité qui caractérise notamment les relations franco-allemandes dans ses périodes les plus fructueuses.

Joachim SISTIG
Ruhr-Universität-Bochum

58 *Ibid.*, p. 11.

59 *Correspondance André Gide – Jacques-Émile Blanche*, Paris, Gallimard, 1979, p. 188-189 (lettre de Gide à Blanche du 19-05-1916).

BIBLIOGRAPHIE

ŒUVRES DE GIDE

Journal, I 1889-1939, Paris, Gallimard, 1951.
Les Cahiers d'André Walter, *Œuvres complètes*, I, Paris, Gallimard, 1932, p. 23-175.
Si le grain ne meurt, *Journal*, II, 1939-1949, Paris, Gallimard, 1954, p. 349-616.
Réflexions sur l'Allemagne, *Incidences*, Paris, Gallimard, 1919, p. 11-24.
Billets à Angèle [1921], *Incidences*, Paris, Gallimard, 1924, p. 37-58.
Du Classicisme, dans *Domaine Français*, n° 1, 1943, p. 257-262.
L'Enseignement de Poussin, Paris, Au Divan, 1945.
Notes sur Chopin [1931], Paris, L'Arche, 1949.
Correspondance André Gide – Paul Valéry, Paris, Gallimard, 1955.
Correspondance André Gide – Albert Mockel, Genève, Droz, 1975.
Correspondance André Gide – Henri Ghéon, Paris, Gallimard, 1976.
Correspondance André Gide – Jacques-Émile Blanche, *Cahiers André Gide*, 8, Paris, Gallimard, 1979.
Correspondance avec sa mère, Paris, Gallimard, 1988.

AUTRES AUTEURS

COCTEAU, Jean, *Le Coq et l'Arlequin* [1918], Paris, Stock, 1978.
DAVET, Yvonne, *Autour des* Nourritures terrestres, Paris, Gallimard, 1948.
DROUIN, Michel, « André Gide et la tonalité », dans *Bulletin des Amis d'André Gide*, n° 149 (2006).
IRELAND, G. W., *André Gide – A Study of his Creative Writings*, Paris, Mouton, 1970.
NIETZSCHE, Friedrich, *Ecce homo* [1888], *Werke in drei Bänden*, zweiter Band, München, Karl Schlechta, 1960.
NIETZSCHE, Friedrich, *Menschliches, Allzumenschliches*, II, [1879], *Werke in drei Bänden, erster Band*, München, Karl Schlechta, 1960.
SAMAIN, Albert, *Des lettres*, Paris, Mercure de France, 1933.
SCHNYDER, Peter, « Gide lecteur de Nietzsche », dans P. Schnyder, *Pré-Textes. André Gide et la tentation de la critique*, Paris, L'Harmattan, « Critiques littéraires », rééd. 2001.
VAN RYSSELBERGHE, Maria, *Les Cahiers de la Petite Dame* II, *Cahiers André Gide*, 5, Paris, Gallimard, 1974.

GIDE ET LA MUSIQUE

De l'impur au pur

Il y a la musique, et il y a l'usage qu'on en fait. Mais auparavant, il y a l'idée qu'on s'en fait. Quand on écoute les soupirs d'extase désolée que Gide, en ses vingt ans, pousse à son piano ou dans une salle de concert, on voit que pour lui, la musique est porteuse d'indicibles rêves et, de ce fait, sa beauté ne peut être que mélancolique, voire mortifère. Pour un jeune homme épris d'absolu, qu'il soit esthétique, sentimental ou métaphysique, il n'y a là rien de rebutant, au contraire. Quand, en mai 1888, il fait pour la première fois l'éloge de Chopin dans son *Journal*, c'est en parant son deuxième *Prélude* des charmes de la *Marche funèbre* :

> Oh ! ce *Prélude* de Chopin, [...] c'est plus que de la douleur, c'est la plainte pleurée d'une tristesse morne, accablée, qui a brisé l'âme pour toujours ; point de cris, rien qu'une note angoissante, persistante et seulement coupée par le hoquet du sanglot [...] tandis que la basse murmure une plainte lourde, voilée, désespérément fausse qui descend par demi-tons comme dans les spirales sans fond de la douleur.
>
> C'est de la désespérance qui conduit au suicide, et que les pleurs ne peuvent adoucir[1].

Chopin n'est pas le seul à plonger le jeune Gide dans cette délectation morose. En mars 1889, ce sont Wagner et Schumann qui la lui font découvrir :

> Je ne sais quels mondes inconnus, de sorte qu'on a presque peur, comme si l'âme frémissait trop fortement en vous et que l'on pleure... Ô ces larmes trop douces, elles vous font du mal à pleurer comme si elles jaillissaient du cœur[2].

Cependant, Gide sait déjà qu'il doit se défier de cette complaisance morbide. Le même mois, alors qu'il rêve de composer « une mélodie noyée

1 André Gide, *Journal*, t. I, Paris, Gallimard, « Bibliothèque de la Pléiade », 1996, p. 13.
2 *Ibid.*, p. 52.

[...] sur le sujet frissonnant de tendresse de Rückert et de B. Godard, *Pleurs de la nuit* », il ajoute sagement :

> Tout cela est très difficile, il n'y a qu'un pas de la mélodie pâmée au gâtisme[3].

La musique est donc elle-même un instrument, le plus apte à mettre l'âme en émoi et l'esprit en déroute. Toujours en mars 1889, Gide notait :

> Au concert de Mme Essipoff – un chant de violoncelle était si troublant qu'il me semblait sentir l'archet de Brandoukoff jouer sur ma cervelle[4].

Et il est alors intéressant de remarquer que, dans diverses fictions, il va utiliser la musique comme un instrument de séduction, non dépourvu d'une certaine perversité, dans la mesure où il s'agit moins de charmer que de troubler l'auditeur, ou l'auditrice, et de lui faire ainsi perdre ses défenses. Cela commence dès *Les Cahiers d'André Walter*, vers la fin de la première partie, alors que l'attirance des deux héros se fait plus sensuelle. Cela se passe en deux temps. Il y a d'abord une inconnue qui chante, en s'accompagnant au piano, un *lied* de Schumann qui raconte la rencontre d'un jeune homme et de la Lorelei dans une forêt dont il ne sortira plus ; à l'écoute de « la plainte ensorceleuse », Emmanuèle réagit violemment :

> Ton émotion fut trop forte ; les larmes jaillirent de tes yeux ; puis, honteuse de ce trouble, inquiète de te sentir l'âme aussi vibrante malgré toi, tu t'enfuis brusquement. Je te suivis ; tu courais à ta chambre. – « Ah ! dis-tu, laisse-moi, je te prie[5] ! »

Le narrateur comprend alors qu'il y a là, pour lui, un moyen de vaincre les résistances d'Emmanuèle – résistances qu'il n'est pas encore question de situer sur le plan physique :

> J'entends bien parfois gémir tout bas ton âme, mais ton esprit dominateur la mate. Va ! je la forcerai bien de crier sans que ton esprit étouffe ses plaintes.
>
> Va ! je la forcerai bien de parler, ta pauvre âme...
>
> De la musique, – de la musique : en les plaintes de l'harmonie, ton âme étonnée reconnaîtra les siennes et les sanglots jailliront, si longtemps contenus. Mais, quand je commence à jouer, aussitôt tu t'enfuis, craintive.

3 *Ibid.*, p. 58.
4 *Ibid.*, p. 52.
5 André Gide, *Romans, récits*, t. I, Paris, Gallimard, « Bibliothèque de la Pléiade », 2009, p. 41-42.

Et c'est alors que, dans la séquence suivante, André passe sournoisement à l'action, à l'occasion d'une nuit d'été « brûlante d'orage » :

> Tu sortis sur la terrasse ; les autres restaient dans le salon. Quand je vis que tu ne pouvais plus fuir, j'ouvris la fenêtre toute grande et me mis au piano. Les sons t'arrivaient ainsi que des ondes. – Je commençai le premier *Scherzo* de Chopin ; brutalement, bruyamment, comme pour préluder, ne voulant pas d'abord effaroucher ton âme. Au *piu lento*, je mis la sourdine, et la mélodie pleura, morbidement douce : comme les perles d'un jet d'eau s'égrènent, les notes d'en haut tombaient, obstinément les mêmes, mais différemment éloquentes, tandis qu'alternait l'harmonie. – Je repris l'*agitato*, mais avec toute la passion de mon cœur, faisant tressaillir l'inquiétude des dissonances. – Je m'arrêtai brusquement avant que tu n'aies pu te dégager du charme. Et je vins près de toi ; je te trouvai tremblante ; pas de larmes, les yeux brillants. – « André, pourquoi jouais-tu cela ? » dis-tu, et ta voix était altérée, tellement que j'en fus effrayé et que je n'osai plus rien dire. [...] Alors toi, de nouveau, mais très bas et la tête inclinée : « Ô André ! tu as agi lâchement ce soir[6]. »

La perversité de la manipulation d'André apparaît d'autant mieux si l'on remarque que, un peu auparavant, il s'est montré tout à fait capable de jouer du Chopin avec une ferveur authentique, et alors que « le ciel était sans lune » ; cette dernière notation prend tout son sens si on la rapproche de son *Journal* de mars 1889 : « Mme Essipoff joue Chopin sans clair de lune : rien que de la finesse[7]. »

Dans *La Porte étroite*, c'est la maléfique tante Lucile qui interprète Chopin de cette manière, ne jouant pas seulement sur l'intensité mais aussi sur la cadence, pratiquant le fameux *rubato* qui sera tant décrié par Gide. Il le montre de façon paradoxale, en 1913, dans le salon de Mme Edwards où on le prie de se mettre au piano :

> Je commençai le *Prélude en mi bémol majeur* ; mais de même qu'il m'advient, causant avec un Anglais, de prendre l'accent anglais, j'adoptai, par politesse, ce même *tempo rubato* que Mme Edwards avait pris tout à l'heure, et m'arrêtai après douze mesures d'agonie[8].

Dans la version définitive du roman, l'évocation est assez brève :

---

6 *Ibid.*, p. 43.
7 André Gide, *Journal*, t. I, *op. cit.*, p. 51.
8 *Ibid.*, p. 904.

> Le soir, après dîner, Lucile Bucolin ne s'approchait pas à notre table de famille, mais, assise au piano, jouait avec complaisance de lentes mazurkas de Chopin ; parfois, rompant la mesure, elle s'immobilisait sur un accord[9]...

Mais dans la version préparatoire, cette scène se faisait plus précise :

> Le soir, quand, avec mes parents, nous rentrons après avoir été jusqu'au banc de l'avenue, nous la retrouvons au piano ; elle joue nonchalamment mais non sans grâce quelque mazurka de Chopin ; puis s'arrête longuement, s'immobilise sur un accord, le répète *pianissimo*, puis très fort. Ma mère qui s'attarde avec Flora et moi sur le banc devant la fenêtre ouverte dit : « Mon Dieu ! que c'est énervant, chère amie[10] ! »

Évidemment, la tante joue pour elle-même, ou pour un absent, mais la tonalité trouble de sa personne suffit à donner à son jeu pianistique un caractère déplaisamment langoureux, dont Gide réitère donc la condamnation.

On peut alors supposer que, derrière les scènes que Gide imagine dans ses fictions se trouve peut-être une autre scène, qu'on ne qualifiera pas de capitale, mais que pourtant il a racontée, puis occultée, révélant par là-même son caractère à ses yeux inavouable. C'est dans les variantes de *Si le grain ne meurt* que se situe ce récit, où l'on découvre que la tante ne jouait pas toujours que pour elle-même :

> Il me faut dire ici que certaine scène que je raconte au début de ma *Porte étroite* est inventée, je me hâte de le dire ; mais pour être beaucoup moins hardie. J'étais entré dans le salon de Cuverville sans savoir qu'elle était seule. J'allais me retirer aussitôt, mais elle m'appela près d'elle et s'étant mise au piano : « Puisque tu aimes la musique », me dit-elle, « je vais te jouer quelque chose de très beau. » Ouvrant la partition d'*Hérodiade*, elle joua quelques phrases de cette musique voluptueuse, fort à la mode à cette époque et qui n'avait pas encore eu le temps de se faner[11].

Ce n'est donc pas seulement Chopin qui est en cause, mais plus précisément son usage, et plus généralement la manière de détourner l'amour de la musique à des fins personnelles, qu'il s'agisse de complaisance envers soi-même ou de manipulation d'autrui. La musique peut être récupérée,

9 André Gide, *Romans, récits*, t. I, *op. cit.*, p. 815.
10 *Bulletin des Amis d'André Gide*, n° 149, p. 58.
11 André Gide, *Souvenirs et Voyages*, Paris, Gallimard, « Bibliothèque de la Pléiade », 2001, p. 1136.

faussée à partir du moment où elle n'est plus cultivée pour elle-même. Dans *La Symphonie pastorale*, on voit déjà le danger qui consiste à faire d'elle un instrument didactique, en la présentant comme art référentiel, équivalent du réel, ce qui incite Gertrude à voir « non point le monde tel qu'il était, mais bien tel qu'il aurait pu être, qu'il pourrait être sans le mal et le péché[12] ». Dans ses *Mémoires*, Gide évoque son premier professeur de piano qui, à chaque morceau qu'il enseignait,

> inventait une sorte d'affabulation continue, qui le doublât, l'expliquât, l'animât : tout devenait dialogue, ou récit. Encore qu'un peu factice, la méthode, avec un jeune enfant, peut je crois, n'être pas mauvaise, si toutefois le récit surajouté n'est pas trop niais ou trop inadéquat[13].

Plus tard, le pasteur voit se retourner cette arme contre lui, en découvrant son fils et Gertrude assis côte à côte à l'orgue de l'église ; on avait déjà une version ironique de cette situation dans *Paludes*, quand le narrateur découvre Angèle assise à son piano : « Elle aidait Hubert à chanter le grand duo de *Lohengrin*, que je fus heureux d'interrompre[14]. »

Après le cas d'André Walter, la pratique musicale est attribuée à des femmes, avec un sous-entendu plus ou moins marqué de sensualité, à valeur péjorative. Ce que faisait Walter, c'est la tante Lucile qui le reprend à son compte, et l'on apprend, justement par sa réaction négative, que sa fille Alissa suivait son exemple. On ne la voit jamais au piano, mais quand elle se met à vouloir étouffer tout ce qui pourrait réveiller sa sensualité naturelle, on apprend qu'elle a banni le piano de la maison, dont elle jouait auparavant à la satisfaction de son père. Plus tard, dans *Isabelle*, on apprend que l'héroïne, pour subsister, cherche à donner des leçons de piano et de chant, mais que, finalement, elle juge plus simple de monnayer directement ses charmes. Plus grave encore, si l'on peut dire, elle révèle qu'elle a été élève de Thalberg, ce rival de Liszt, modèle d'une virtuosité factice, tellement obsédé par la vélocité qu'il avait inventé un appareil orthopédique destiné à renforcer les trois derniers doigts de la main. Isabelle est ainsi placée sous le signe même de l'inauthenticité.

---

12 André Gide, *Romans, récits*, t. II, Paris, Gallimard, « Bibliothèque de la Pléiade », 2009, p. 20.

13 André Gide, *Souvenirs et Voyages*, *op. cit.*, p. 127.

14 André Gide, *Romans, récits*, t. I, *op. cit.*, p. 298.

On notera cependant que par la suite, l'image de la pianiste va se modifier sensiblement : la fille du juge Profitendieu ne fait qu'une brève apparition, lorsque son père lui demande de cesser de répéter « avec obstination la même phrase d'une barcarolle[15] ». On ne sait s'il s'agit de celle de Chopin, que Gide prisait fort au point de la travailler souvent, mais en tout cas, ce n'est pas Cécile qui est ici raillée, mais son père dont on mentionne l'incompétence totale en matière de musique. Enfin, dans *L'École des femmes*, on voit Éveline tenir au piano, avantageusement, « la partie de l'orchestre dans le cinquième concerto de Beethoven[16] ». On devine là un signe d'évolution qui reflète peut-être plus un changement d'attitude de Gide à l'égard des femmes, plutôt qu'envers la musique.

Symétriquement à cette représentation ironique d'une pratique musicale par trop profane, on pourrait s'attendre à voir Gide proposer un culte de la musique élevée au rang d'une religion. Or, dans ses fictions, il semble plutôt s'attacher à dénoncer l'excès inverse, c'est-à-dire la tentation qui pourrait s'emparer de certains de bannir toute musique et de s'enfermer dans le silence. Déjà, dans son enfance, il avait connu très partiellement la censure dans ce domaine. On sait qu'il ne put assister au concert que Rubinstein consacra à Chopin : « ma mère tenait la musique de Chopin pour "malsaine" et refusa de m'y mener[17]. » C'est cette mère qui, assez bonne pianiste semble-t-il, s'attachait à purger la musique de toute satisfaction sensorielle :

> Je crois que c'est par modestie que maman ne jouait jamais seule ; mais, à quatre mains, comme elle y allait ! C'était d'ordinaire quelque partie d'une symphonie de Haydn[18].

L'attitude d'Alissa, janséniste malgré elle, va plus loin, puisqu'elle fait évacuer le piano de la maison, se privant du plaisir d'en jouer, mais aussi, sans doute, s'épargnant le danger d'entendre Jérôme en jouer, comme le lui reproche son père. Ce faisant, cette scène est la réplique de celle des *Cahiers d'André Walter*, Alissa est une Emmanuèle qui priverait André de son piano, lui interdisant d'en user « lâchement ».

C'est la même tentation de fuir toute émotion que, dans *Les Faux-Monnayeurs*, semble éprouver le pianiste La Pérouse. Par opposition à

15 André Gide, *Romans, récits*, t. II, *op. cit.*, p. 286.

16 *Ibid.*, p. 591.

17 André Gide, *Souvenirs et Voyages*, *op. cit.*, p. 190.

18 André Gide, *Si le grain ne meurt*, *Journal : 1939-1949. Souvenirs*, Paris, Gallimard, « Bibliothèque de la Pléiade », 1951, p. 357.

une musique avilie, et surtout par peur d'en faire l'instrument d'une révélation sur soi-même, le vieux maître en arrive, comme Alissa, à brûler ce qu'il a adoré. Alors qu'il a déjà révélé des aspects de son caractère refoulé, le voilà qui s'indigne qu'on puisse jouer *Hernani* devant des enfants. Édouard alors de répliquer :

> Comme je comparais alors cet élément pathétique à tel déchaînement des instruments de cuivre dans un orchestre :
> « Par exemple, à cette entrée de trombones, que vous admirez dans telle symphonie de Beethoven… »
> « Mais je ne l'admirai pas du tout, moi, cette entrée de trombones », s'est-il écrié avec une véhémence extraordinaire. « Pourquoi voulez-vous me faire admirer ce qui me trouble ? » […]
> « Vous ne prétendez pourtant pas restreindre la musique à la seule expression de la sérénité ? Dans ce cas, un seul accord suffirait : un accord parfait continu. »
> Il me prit les deux mains et, comme en extase, le regard perdu dans une adoration, répéta plusieurs fois :
> « Un accord parfait continu ; oui, c'est cela, un accord parfait continu… Mis tout notre univers est en proie à la discordance » a-t-il ajouté tristement[19].

Même s'il ne partage pas cet extrémisme, Gide put éprouver parfois une tentation semblable. Le 10 avril 1938, il se dit assailli par toutes sortes de « rengaines qui [le] tympanisaient avec une obstination obsédante[20] », éprouvant à son tour les hallucinations auditives qu'il prêtait jadis à André Walter[21]. Et il conclut alors : « Je rêve à de silencieux paradis[22]. » Déjà, il était bien près de ce jansénisme de la musique quand, en 1912, à l'abbaye du Monte Cassino, il entendit le Père abbé lui déclarer que, ayant dû renoncer à jouer du piano, il lui arrivait de lire des partitions :

> Lire ainsi la musique silencieusement et l'entendre en imagination, savez-vous que c'est une joie parfaite[23] ?

Pour autant, la tentation du silence en musique est l'équivalent de la fascination de la page blanche en poésie ; si Gide put être tenté par l'une et l'autre, il s'efforça toute sa vie d'en faire des idéaux résistibles, l'œuvre tirant à ses yeux son mérite de cette lutte. On le voit à sa façon

19 André Gide, *Romans, récits*, t. II, *op. cit.*, p. 297-298.
20 André Gide, *Journal*, t. II, *op. cit.*, p. 609.
21 André Gide, *Romans, récits*, t. I, *op. cit.*, p. 97-98.
22 André Gide, *Journal*, t. II, *op. cit.*, p. 610.
23 André Gide, *Notes sur Chopin*, Paris, L'Arche, 1948, p. IV.

de présenter les deux maîtres de sa vie d'artiste, quand il écrit, à propos de Marc de La Nux :

> J'avais pour lui une sorte de vénération, d'affection respectueuse et craintive, semblable à celle que je ressentis un peu plus tard auprès de Mallarmé, et que je n'éprouvai jamais que pour eux deux[24].

À l'égard de Mallarmé, il sut très vite se tenir à distance respectueuse, et le sacraliser d'autant plus volontiers qu'il s'en détachait dans la pratique. Marc de La Nux n'était pas créateur, mais à l'origine interprète, avec une particularité qui put l'inciter à se reconnaître en lui. On connaît les nombreux récits que fait Gide de son incapacité à jouer en public, mais déjà son professeur avait eu la même attitude, comme il le raconte dans une page inédite de ses *Mémoires* :

> Né à l'Île Maurice, je crois, il fut amené très jeune à Paris pour être produit dans des concerts, comme prodige. Par grande peur de ces exhibitions, il faisait tout pour s'y dérober et faillit périr, étouffé par le matelas sous lequel il s'était caché, certain jour de concert, au moment qu'on venait le chercher. Il garda toute sa vie telle horreur de se faire entendre en public que [...] la seule vue des programmes où son nom figurait le faisait défaillir. [...] Il ne consentit bientôt plus à jouer que pour quelques œuvres de bienfaisance, puis enfin cessa complètement[25].

Gide ajoute que même dans ses leçons, ce professeur se mettait rarement lui-même au piano. Ce qui fait que la musique était avec lui un idéal à conquérir, un absolu jamais possédé, mais perpétuellement cultivé. Dans *Si le grain ne meurt*, l'entrée en scène de Marc de La Nux vient au bout d'une longue liste de professeurs de piano. Simultanément à Mlle de Gœcklin, dont le piano était aussi insuffisant que les leçons, M. Guéroult apparaît lors des séjours à La Roque comme professeur occasionnel au portrait contrasté. D'un côté, c'est une sorte d'aède homérique, virtuose semi-aveugle, mais de l'autre, un goujat égoïste. D'une part, Gide lui concède une perfection absolue dans ses interprétations de Mozart et de Beethoven, mais de l'autre, il lui reproche son incompréhension de Bach et de César Franck : « S'il aimait la bonne musique, il ne détestait pas suffisamment la mauvaise[26]. » S'il était un compositeur qui fascinait

24 André Gide, *Souvenirs et Voyages*, *op. cit.*, p. 238.
25 *Ibid.*, p. 1152.
26 *Ibid.*, p. 127.

Anna Shackleton, il abusait de ce pouvoir pour tenter avec elle quelques privautés. En quelque sorte, un grand prêtre en partie indigne de son sacerdoce. Puis, apparaissent deux figures faites pour s'opposer en diptyque. D'abord, M. Merriman, qui pratique le même jeu aseptisé que la mère de Gide :

> Son jeu correct, luisant, glacé, ressortissait plutôt à l'arithmétique qu'à l'art ; quand il se mettait au piano, on croyait voir un comptable devant sa caisse ; sous ses doigts, blanches, noires et croches s'additionnaient ; il faisait la vérification du morceau. Avec lui, la musique devenait un pensum aride[27].

M. Schifmacker, qui lui succède, est son parfait opposé. Rubicond et vibrionnant, il prône un jeu impressionniste, remplaçant la rigueur technique par la sensibilité personnelle, encourageant la facilité. C'est alors que vient Marc de La Nux, être noble et désintéressé, qui va faire ce miracle de permettre une synthèse de la technique et du plaisir, offrant à son élève une participation active à un mystère en partie dévoilé :

> Avec lui tout s'animait, tout s'éclairait, tout répondait à l'exigence des nécessités harmoniques, se décomposait et se recomposait subtilement ; je comprenais. C'est avec un pareil transport, j'imagine, que les apôtres sentirent descendre sur eux le Saint-Esprit[28].

Comme pour la construction d'un roman ou le fonctionnement d'un kaléidoscope, le plaisir de comprendre est, pour Gide, essentiel à son adhésion, il doit donc s'agir d'une explication qui conserverait une part de découverte, comme un mathématicien lancé dans une démonstration dont il ne devinerait que progressivement le résultat ; et il est frappant de le voir réitérer cette conception à propos de l'interprétation pianistique. Apparemment, c'est Rubinstein qui le premier lui en donna l'exemple :

> Il ne semblait point tant présenter un morceau que le chercher, le découvrir, ou le composer à mesure, et non point dans une improvisation, mais dans une ardente vision intérieure, une progressive révélation dont lui-même éprouvât et ravissement et surprise[29].

Mais en 1949, plus de trente ans après cette évocation, il se sent obligé d'y revenir dans son *Journal* :

27 *Ibid.*, p. 182.
28 *Ibid.*, p. 237.
29 *Ibid.*, p. 190.

> Quelques pages manquent à mes *Notes sur Chopin*. Non écrites du reste. Où j'aurais fait valoir ceci : Rubinstein (le premier, le grand), lorsqu'il présentait un morceau (sonate de Beethoven par exemple) l'offrait au public de telle manière qu'il semblait le découvrir, phrase après phrase, ou, pour mieux dire, le créer au fur et à mesure. Les auditeurs épousaient sa surprise, son ravissement[30].

Et dans ses *Notes sur Chopin*, ce sont ces qualités qu'il réclame de tout exécutant :

> L'exécutant ne doit point trop prêter à croire qu'il sait d'avance ce qu'il va dire, et que tout cela est écrit déjà ; la phrase musicale qui, peu à peu, se forme sous ses doigts, j'aime qu'elle semble sortir de lui, l'étonner lui-même, et subtilement nous invite à entrer dans son ravissement[31].

Il est difficile de savoir si un exécutant se sentirait à même de suivre un tel programme. Mais il est intéressant d'y relever le souci, constant chez Gide en tout domaine, de concilier les extrêmes, l'intelligence et la sensibilité, le travail et l'intuition, en définitive la maîtrise et l'abandon, tout comme il définissait le classicisme comme « un romantisme dompté ». Et il est tout aussi intéressant de constater qu'à ses yeux, Chopin était le musicien qui correspondait le mieux à cet idéal. Il écrit :

> Chopin, au piano, avait toujours l'air d'improviser, nous est-il dit ; c'est-à-dire qu'il semblait sans cesse chercher, inventer, découvrir peu à peu sa pensée. Cette sorte d'hésitation charmante, de surprise et de ravissement n'est plus possible si le morceau nous est présenté, non plus en formation successive, mais comme un tout déjà parfait, précis, objectif[32].

Si Chopin est pour Gide l'interprète parfait, c'est aussi parce que sa musique elle-même contient les mêmes caractéristiques ; elle apparaît ainsi comme la musique par excellence, mais aussi, en réciproque, exige de ses interprètes un jeu qui soit digne d'elle.

Au rebours du jugement de sa mère et de tous les interprètes au *rubato* lascif, Gide s'emploie d'abord à ériger en dogme la pureté de la musique de Chopin. Habilement, il charge un vénérable ecclésiastique de la proclamer. À Monte Cassino, le Père abbé continue de parler :

---

30 André Gide, *Journal*, t. II, *op. cit.*, p. 1086.
31 André Gide, *Notes sur Chopin*, *op. cit.*, p. 22.
32 *Ibid.*, p. 21.

« Et que croyez-vous que je me fasse apporter ainsi ?... Non, ce n'est point Bach ; ce n'est même pas Mozart... C'est Chopin. » Et il ajouta : « C'est la plus pure des musiques. »

« La plus pure des musiques ». C'est bien cela, que j'aurais à peine osé dire et suis soucieux d'abriter de toute l'autorité d'un dignitaire religieux si important et de si grand âge. Mots surprenants mais que comprendront ceux pour qui la musique de Chopin n'est pas (ou du moins n'est pas seulement) cette chose profane et brillante que les exécutants nous présentent dans les concerts[33].

Il s'agit essentiellement d'une pureté formelle, qui fait l'essence de l'art de Chopin ; significativement, Gide le compare à Valéry, Chopin composant à partir des notes comme Valéry à partir des mots, c'est-à-dire de manière autonome, non référentielle et quasiment abstraite. Plaçant Chopin au-dessus de Schubert, Schumann et Fauré, Gide explique que lui « plaît par-dessus tout une musique sans paroles [...]. La musique échappe au monde matériel et nous permet d'en échapper[34]. » Cette pureté, Gide ne l'affirme pas toujours directement, mais il l'énonce en creux, en pourchassant de sa vindicte tous les interprètes qui trahissent Chopin en l'utilisant comme faire-valoir de leur virtuosité, ou en ne mettant en valeur que son seul caractère romantique et sensuel. Ainsi, à propos du premier *Prélude*, il écrit :

S'autorisant de ce mot *agitato*, inscrit en tête du morceau, tous les exécutants, sans aucune exception [...], se lancent ici dans un mouvement frénétique et désordonné. Est-il vraisemblable, je vous le demande, qu'au seuil de ce cahier, dans le plus limpide des tons, Chopin ait souhaité une manifestation si troublée ? [...] Songez aux deux *Préludes en ut majeur* du *Clavecin bien tempéré* ; quelle pureté, quel calme ; quelle évidente proposition tranquille. [...] Et je ne prétends nullement assimiler ce *Prélude* de Chopin à ceux de Bach. Mais [...] comme le premier *Prélude* du *Clavecin* de Bach, il offre d'abord une très pure phrase, qui ne se développera pleinement qu'après une première reprise d'haleine[35].

On peut s'étonner, dans ces conditions, de voir Gide parler, à propos de Chopin, d'une « vraie sensualité – riche, inquiétante, indécente » qu'il oppose à la « grâce minaudière » de ses interprètes[36], comme dans un *Prélude* où « tout se fond dans la caresse pour un amoureux

33 *Ibid.*, p. IV.
34 *Ibid.*, p. 54.
35 *Ibid.*, p. 33-34.
36 *Ibid.*, p. 84.

abandon » ; c'est ainsi qu'il va reprocher à Cortot d'étouffer ce caractère par un jeu trop brillant : « Sensualité absente ; en tiennent lieu grâce et sentimentalisme[37]. » Mais sensualité et pureté ne composent pas la seule contradiction qui marquerait la musique de Chopin. Plus généralement, s'opposent en lui trouble et sérénité, désespoir et joie, ombre et lumière. Pour Gide, Chopin est de la même famille que Dostoïevski, en qui il louait « la cohabitation de sentiments contradictoires[38] », et que Baudelaire chez qui, à ses yeux, « la douleur reste mêlée de joie, la confiance de doute, la gaieté de mélancolie[39] ». Toute l'esthétique, toute la morale de Gide sont fondées sur cette obsession de ne rien étouffer en soi de ses voix contradictoires, mais bien de les faire dialoguer, se maintenant lui-même tout complet et en éveil permanent. C'est ainsi que, après avoir loué Chopin parce qu'« à travers et par delà cette tristesse, il parvient pourtant à la joie », il admire sa *Barcarolle* qui propose le rapport inverse, « la langueur dans l'excessive joie[40] ». Dans l'*Étude en mi bémol mineur*, il admire la « sérénité triomphante et splendide à laquelle [Chopin] atteint par degrés, à travers des modulations successives où l'âme angoissée semble enfin échapper au trouble[41] », et dans le *Prélude en si bémol majeur*, il goûte « cette effusion charmante où la surabondante joie se mêle à la mélancolie[42] ».

C'est finalement un principe global de dualité que Gide réclame de la musique, comme de tout art, et c'est Chopin qui pour lui en est le meilleur représentant. Mais à charge pour l'exécutant de ne pas rompre cette dualité en privilégiant un seul aspect. Ainsi, en juillet 1922, en présence de la Petite Dame :

> Il vient de jouer l'*Étude 19* de Chopin comme on le fait d'ordinaire, en faisant uniquement ressortir le chant qui est à la main gauche ; puis il dit : « Non, ce n'est pas ça : c'est bien plus extraordinaire ainsi ; il faut qu'il y ait rivalité entre les deux chants[43]. »

De cette préférence, il va faire une loi générale dans ses *Notes sur Chopin* :

---

37 André Gide, *Journal*, t. II, *op. cit.*, p. 160.
38 André Gide, *Essais critiques*, Paris, Gallimard, « Bibliothèque de la Pléiade », 1999, p. 601.
39 *Ibid.*, p. 534.
40 André Gide, *Notes sur Chopin*, *op. cit.*, p. 68.
41 *Ibid.*, p. 114.
42 *Ibid.*, p. 118.
43 Maria Van Rysselberghe, *Les Cahiers de la Petite Dame*, t. I, Paris, Gallimard, 1976, p. 139.

> Ce serait une grave erreur de donner le plus d'importance, le plus d'accent, systématiquement à l'une ou l'autre de ces deux voix, qui chantent l'une un peu après l'autre à l'unisson. Tantôt l'une l'emporte, tantôt l'autre, parfois presque elles se confondent[44].

Il est alors frappant de constater que l'essentiel de ce livre est constitué par l'analyse des *Préludes*, et particulièrement de quatre d'entre eux, caractérisés par l'usage de cette dualité qui confine parfois à la disharmonie. C'est d'abord le *Prélude en la mineur* :

> La partie supérieure [...] est très simple, très calme, n'a rien en elle-même qui ne puisse aboutir à la paix, à l'harmonie ; mais la basse poursuit sa marche fatale, sans souci de la plainte humaine. Et de ce désaccord, disons, si vous voulez : entre l'homme et la fatalité, naît une angoisse que je ne sache pas que la musique ait jamais, auparavant ou plus tard, mieux exprimée[45].

Au passage, on a l'occasion ici de remarquer que Gide s'est progressivement constitué sa doctrine, car ce *Prélude* dont il loue la double tonalité est celui-là même que, nous l'avons vu, quarante ans plus tôt, réduire à la seule expression de la douleur. Il le reconnaît d'ailleurs :

> Je dois avouer que moi-même, malgré toute mon admiration pour Chopin, j'ai mis longtemps à apprécier ce morceau. [...] Ce n'et pas là un morceau de concert. [...] Joué à demi-voix, pour soi seul, on n'en peut épuiser l'émotion indéfinissable[46].

Puis c'est le *Prélude en ré mineur*, où Gide décèle, « à travers le rythme de ce groupe de cinq notes, un autre rythme, implacable encore [...], qui revient dans un martèlement parfaitement régulier, [...] créant un second rythme absolument indépendant du premier[47] ».

Enfin, il retrouve le dialogue amorcé par le *Prélude en la mineur* dans deux autres en si mineur et en ré bémol où « la dominante [...] doit être donnée forte et distincte, indifférente au chant qui la traverse, monotone, implacable, comme une goutte de pluie obstinée, comme une force élémentaire indifférente à l'émotion humaine ».

On comprend que, dans ces conditions, privilégier le côté brillant de Chopin pour faire valoir sa virtuosité est aussi coupable que d'accentuer,

---

44 André Gide, *Notes sur Chopin*, *op. cit.*, p. 39.
45 *Ibid.*, p. 43.
46 *Ibid.*, p. 44-45.
47 *Ibid.*, p. 47-48.

par des ruptures de rythme ou d'intensité, son côté sombre, troublant, celui-là même qu'André Walter utilisait pour tenter de faire sortir Emmanuèle de sa réserve. On peut le vérifier en confrontant deux textes. Le premier, déjà cité, est celui où Walter fait « pleurer la mélodie, morbidement douce », avant de reprendre « l'*agitato* [...] avec toute la passion de [s]on cœur, faisant tressaillir l'inquiétude des dissonances[48]. » L'autre texte est un passage du *Journal* où, en janvier 1939, Gide se fait à lui-même une recommandation, en comparant le *Nocturne en ré bémol* et le *Scherzo en si mineur*, celui-là même que jouait Walter à sa cousine :

> Songes-tu à faire valoir [...] les faibles battements répétés de la tierce, au sommet de l'accompagnement du *Nocturne en ré bémol* ? As-tu remarqué qu'ils tombent exactement aux mêmes contretemps que les doubles battements de la dominante dans la partie ralentie (en majeur), si extraordinairement nocturne elle aussi, et si extatiquement belle, du *Scherzo en si mineur* ? [...] Et, dans l'un et l'autre morceau, pareillement, comme soulevée par l'extase, elle se hausse enfin [...] pour retomber bientôt ensuite, défaillante d'excès de joie[49].

Walter ainsi trahit à la fois Chopin et Emmanuèle, en traitant cette musique en romantique, là où Gide veut y voir l'œuvre d'un classique, dans le sens précis que nous avons déjà cité. Dans une variante de ses *Mémoires*, il écrit : « Je tiens que Chopin gagne à être traité en classique[50]. » Et dans son *Journal*, en janvier 1939, il précise :

> Je crois que la première erreur vient de ce qu'ils (les virtuoses) cherchent surtout à faire valoir le romantisme de Chopin, tandis que ce qui me paraît le plus admirable, c'est, chez lui, la réduction au classicisme de l'indéniable apport romantique[51].

Et Gide de donner en exemple le *Nocturne en ut mineur*, où il s'indigne que les exécutants fassent triompher « la brusque apparition des coups de vent dans la seconde partie du morceau » pour en faire « une voix perdue dans la tempête », alors qu'en fait ce rythme inattendu doit ensuite être repris « avec une régularité parfaite, *reconquise* », apparaissant ainsi comme « un triomphe de l'élément spirituel sur les éléments d'abord déchaînés ». Il le répète par ailleurs :

48 André Gide, *Romans, récits*, t. I, *op. cit.*, p. 43.
49 André Gide, *Journal*, t. II, *op. cit.*, p. 637.
50 André Gide, *Souvenirs et Voyages*, *op. cit.*, p. 1151.
51 André Gide, *Journal*, t. II, *op. cit.*, p. 96.

> J'ai beaucoup protesté, par ailleurs, contre cette réputation de mélancolie nostalgique qu'on fait d'ordinaire sans discrimination à toute la musique de Chopin, où j'ai rencontré tant de fois l'expression de la joie la plus haute[52].

Ce que Gide appelle pureté apparaît ainsi comme un degré supérieur de la vie de l'esprit, non pas défini négativement comme une absence de trouble, mais comme la victoire de cet esprit sur ce qui pourrait le troubler. Et cette victoire est glorieuse, qui procure un sentiment de joie profonde. Pureté et joie. Parlant du *17e Prélude* de Chopin, Gide pose en équation ces deux termes :

> Il est, dans l'œuvre de Chopin, maints passages plus puissants, il n'en est pas où la joie prenne un accent plus tendre, plus confiant et plus pur[53].

On comprend alors l'acharnement qu'il mit, toute sa vie, à étudier le piano, instrument avec lequel, mieux qu'avec l'écriture romanesque trop liée au monde réel, il pouvait réaliser son idéal esthétique, qui était aussi son idéal de vie, tel qu'il le formulait en novembre 1940 :

> Seul l'art m'agrée, parti de l'inquiétude, qui tende à la sérénité[54].

Pierre MASSON
Université de Nantes

52 André Gide, *Notes sur Chopin*, *op. cit.*, p. 48.
53 *Ibid.*, p. 81.
54 André Gide, *Journal*, t. II, *op. cit.*, p. 740.

ANDRÉ GIDE ET L'HARMONIE

Comment une catégorie musicale devient une catégorie existentielle

Nous lisons dans le *Journal* de janvier 1892 (Gide a 22 ans) : « On cause ; on discute ; enfin, l'on comprend que l'on est un auditif et que l'on parle à un visuel. Et l'on croyait se comprendre ! Comme cela différencie[1] ! » Le monde des sons joue un grand rôle pour Gide – et comme il le dit lui-même davantage que la vue. Contrairement à d'autres écrivains, il se laisse guider – serait-ce une question de tempérament ? – par les sons, par les rythmes, par la tonalité, bref par la musique plus que par la vue, les proportions, formes, masses, couleurs. Dans sa jeunesse, ce visiteur assidu du Louvre retient avant tout des impressions esthétiques et on pourrait dire « esthésiques », tant il est sensible à l'effet que fait un tableau sur lui ; on dirait qu'il est conscient de la difficulté de rendre vivant un tableau : « Au Louvre… et cherchant, sur chacune des toiles, ce peu de vie qui reste encore, après que le pinceau les a quittées » (Gide, 1997, p. 169). Ni Rembrandt, ni Léonard de Vinci ne touchent notre visiteur, mais le Titien. Aussi, reconnaît-il avoir pleuré devant *L'Homme au gant*. Il ne se laisse pas simplement envahir par les larmes, il cherche les causes de son émotion : « Il semble décidément que ce soit l'intensité de la vie qui s'y trouve, qui fasse la valeur d'une chose. » Et d'ajouter ceci, qui dévoile son intérêt, déjà très vif, pour la composition, la disposition et le processus créatif : « Que cette vie, d'ailleurs, soit celle de l'artiste ou celle du sujet représenté » (Gide, 1997, p. 152). Sans négliger la peinture, le jeune homme privilégie au fond la statuaire, puisqu'elle lui permet d'observer le nu masculin et

1 André Gide, *Journal 1887-1925*, t. I, Éric Marty (éd.), Paris, Gallimard, « Bibliothèque de la Pléiade », 1997, p. 152, 20 janvier 1892. – Pour les références exactes, nous renvoyons dorénavant le lecteur à la Bibliographie. Pour les volumes qui y sont mentionnés, nous nous contentons de citer le nom de l'auteur, l'année de parution et la page respective.

d'en découvrir la charge érotique communément tue. Comment alors s'étonner qu'il juge le *David* de Donatello « merveilleux », d'une « grâce orientale » : sa nudité est « ornée », précise-t-il, et souligne l'« étrangeté même de cet accoutrement impudique ». Gide voudrait l'« évoquer à [s]on gré devant lui » (1997, p. 207). Au sein des arts visuels, le jeune homme accorde une prédilection pour celui en trois dimensions, plus « proche du réel », sans négliger sa composante sensuelle, longtemps réfrénée – qui se réveillera comme par ricochet. Curieusement, c'est la musique qui sera le catalyseur privilégié de cet éveil et les pages qui suivent tentent de rappeler quelques étapes de sa culture musicale en dévoilant comment une catégorie esthétique, l'harmonie, devient chez lui une catégorie existentielle stabilisatrice – à tel point qu'il ne lui sera pas possible, à partir d'un certain moment, d'accepter sa transgression, fût-ce dans l'univers musical. Le monde sera harmonieux ou ne sera pas.

L'OUÏE PLUTÔT QUE LA VUE

André Gide a donc été longtemps plus proche de l'ouïe que de la vue. Très tôt, il se montre sensible à certains sons, et davantage encore à certaines structures admettant une cristallisation artistique :

> Une impression qu'il faudrait noter (mais je m'en souviendrai sans cela), c'est le son du piano dans une maison fermée (celle des Flaux, à Uzès). On ouvre les volets ; les bruits se répercutent. L'odeur ; surtout l'odeur ; de cretonne et de crotte de souris. Et puis les fausses notes du piano ; un son *gringalet* et comme *chevrotant* […]. (Gide, 1997, p. 130, 10 juin 1891).

Le jeune homme insiste sur l'odeur et sur l'ouïe. Plus tard, il résumera : « Moins peintre que musicien, il est certain que c'est le mouvement, de préférence à la couleur, que je souhaitais à ma phrase » (*ibid.*, 3 novembre 1917). Attitude qu'il n'a pas eu peur de radicaliser : « L'exigence de mon oreille, jusqu'à ces dernières années, était telle, que j'aurais plié la signification d'une phrase à son nombre. » (*ibid.*, p. 1045, et 1206, 23 février 1923). Gide est toujours resté un auditif, et l'on peut constater ceci : son éducation musicale, à commencer par sa pratique du piano, va influencer son style, le rythmer, l'équilibrer. Or, pour alimenter ses récits, il a besoin, indépendamment de l'imagination, d'expériences visuelles, de choses vues, entendues, de figures rendues vivantes, capables d'agir. Il va consacrer un livre à la cécité (réversible) de l'une des protagonistes, Gertrude : bien entendu, la musique y joue un rôle important. En l'occurrence, il s'agit de la *sixième Symphonie* de Beethoven (la « *Symphonie pastorale* »). Mais Bach rapproche Gertrude également du fils du pasteur, et éveille leur inclination réciproque, au grand dam du pasteur qui veut garder Gertrude dans sa sphère d'influence. Pourtant, contrairement au *Journal* ou aux *Mémoires*, la musique n'est pas le sujet de prédilection de ses personnages, elle reste plutôt un référent formel. Pour Gide, la musique « sublime » la réalité – avant de subir un lent processus de désublimation. Proche de l'univers musical au travers du piano qu'il pratique constamment, il est intéressant de constater la relative sobriété avec laquelle la musique est évoquée dans son œuvre. Certains de ses personnages jouent d'un instrument, mais le piano n'est pas nécessairement présenté comme un élément positif, car il peut apparaître comme élément séparateur. Joachim Sistig, à qui nous devons une étude musicologique sur le rôle de la musique chez Gide, démontre comment elle devient un principe de composition chez cet auteur – plusieurs œuvres de fiction adoptent non pas tant la structure d'une fugue à proprement parler, mais de *variations* sur un thème. On peut donc parler de motifs fugués (voir Sistig, 1994, p. 97). La fugue : il faut se souvenir que le mot signifie « fuite ». C'est peut-être une fuite en avant, mais variée, où le thème n'est pas négligé et, surtout, où les harmonies doivent rester sauves. L'harmonie prévaut toujours chez Gide et il ne craint pas de rapprocher la disposition artistique idéale à Bach, comme le révèle cette autodéfinition (en réponse à la série d'articles qu'André Rouveyre a consacrée au « contemporain capital ») : « Dans les bons jours, ceux où je donne ma mesure, où je livre ma vérité, rien n'est plus harmonieux que mon paysage intérieur ; c'est la musique des grandes fugues de Bach qui l'emplit le plus adéquatement[2]. »

L'univers des sons, c'est aussi le monde d'avant la parole. Ne serait-il pas un reflet de la gradation de nos sensations, de nos affects – joie et désespoir, colère et jubilation, euphorie et dysphorie et pour lors comme

2 Gide, 1997, p. 1261, 11 novembre 1924. – Voir André Gide – André Rouveyre, *Correspondance (1909-1951)*, Claude Martin (éd.), Paris, Mercure de France, 1967, p. 88-90.

la matière première de l'écrivain, élément structurant avant toute chose ? Sans oublier que comme c'est le cas de La Pérouse (un vieillard qui a été professeur de piano dans *Les Faux-Monnayeurs*), l'âge peut entraîner des troubles acoustiques et les sons n'être perçus que comme du bruit. Il suffit d'examiner le rôle de la musique dans *Les Faux-Monnayeurs* justement et l'on se rend vite compte qu'il est marginal. La Pérouse défend des idées surannées et craint que le monde ne s'écroule à cause de la perte, chez les musiciens contemporains, de l'harmonie ! Édouard, son interlocuteur, en ami plus jeune, ne prend pas sur lui de lui expliquer que la vision du monde change et que les artistes doivent s'adapter – sauf s'ils consentent à devenir des épigones.

LA MUSIQUE COMME SUJET

À son premier biographe, Jean Delay, Gide a confié, peu de temps avant sa mort : « Les joies musicales sont restées parmi les plus vives et les plus profondes que j'ai connues. » (Delage, juillet 1978, p. 13). Le piano est devenu rapidement un *catalyseur* pour l'écrivain. Avec la même aisance qu'il note ses impressions de lecture, Gide fait état de ses impressions auditives. Le jeu de piano peut représenter le triomphe de la forme, d'une certaine forme, rendre concrète sa maîtrise, le dépassement discipliné de la spontanéité : il y là déjà son idéal classique qui se dessine. L'écrivain prend donc plaisir à décrire ses *expériences* musicales. C'est qu'elles remplissent à la foi l'espace spirituel et l'espace sensuel, tous deux fortement investis chez Gide. La musique devient ainsi un *sujet*, et le *Journal* est le réceptacle favori des impressions et observations, notamment autour des classiques : Bach, Mozart, Beethoven. Tout comme Schumann et Chopin qui, lui, aura droit à un livre et qui sera, aux yeux de l'écrivain, un « classique ». Dans ses *Mémoires*, Gide parle souvent de la musique, en portraiturant non sans malice ses professeurs de piano, ce qui est compréhensible puisqu'il avait joué avec l'idée d'exercer ce métier – s'il avait été amené à gagner sa vie. Selon Joachim Sistig, ses principes esthétiques « sont les mêmes dans l'écriture et dans son jeu. Au piano, Gide développera *in vitro* la base artistique sur laquelle se fonde son œuvre littéraire » (*ibid.*). Dans l'une des premières grandes études sur l'écrivain, Maria Kaas-Albarda (1942, p. 92-127) avait déjà souligné que le style de Gide était empreint de musique, que c'était un style musical à part entière. Chez lui, l'un ne va pas sans l'autre, et une de ses forces est d'avoir su tirer profit de la musique pour son art. Ce discours musical a été analysé, entre autres, par Roger Delage, Patrick Pollard, Pierre Masson, et Bernard Métayer[3]. D'une manière générale, on peut constater un recours fréquent à des métaphores. B. Métayer, plutôt sévère à l'égard des *Notes sur Chopin*, avance ceci :

> [...] quand Gide quitte la généralité et l'état d'âme pour se rapprocher du texte de Chopin, il s'égare en comparaisons et en métaphores qui ne sont pas précisément des éclaircissements. Et de donner pour exemple l'allusion à la note supérieure de l'accompagnement, dans le *8e Nocturne* : « Fais qu'elle soit pareille à cette goutte de cristal que la rainette (ou le crapaud peut-être) laisse tomber au cœur des plus pures nuits d'été[4]. »

Toujours selon ce critique, il s'agit là non pas tant d'une leçon que d'une intention littéraire. C'est, conclut-il, que « Chopin lui permet de faire de la littérature » et que les *Notes sur Chopin*, « œuvre littéraire s'il en est, reste une vaste et poétique méditation[5] ». Certes, mais comme l'a rappelé finement Michaël Levinas dans son avant-propos aux *Notes sur Chopin*, ce discours-là est doublé d'un autre, plus proche de la musique, de l'histoire du piano et de Chopin en tant que compositeur (Gide, 2010, p. 11-29).

3 Voir le *Bulletin des Amis d'André Gide* qui offre une belle gerbe de numéros thématisant le rôle de la musique chez Gide : R. Delage, « André Gide et la musique », n° 39 (juillet 1978) ; P. Pollard, « *Sit Tityrus Orpheus.* Gide et la musique », n° 85 (janvier 1990) ; P. Masson, « Les *Notes sur Chopin* ou le livre impossible d'André Gide », n° 166 (avril 2010) ; B. Métayer, « Gide et Chopin », n° 85 (janvier 1990). – On se référera également au n° 109 (janvier 1996), qui réunit plusieurs articles sur Gide et la musique sous la direction d'Elaine D. Cancalon.

4 B. Métayer, *op. cit.*, p. 87.

5 *Ibid.*, p. 89.

L'HARMONIE PLUTÔT QUE LA DISSONANCE

Gide a écrit peu de textes théoriques, mais il convient de relire cette page dictée, versée à son *Journal*, qui révèle sa prise de conscience de l'évolution de la musique contemporaine. Le diariste revient sur l'importance de la dissonance. Le curieux est qu'il se montre sceptique non pas pour des raisons esthétiques – l'oreille s'y habitue – mais pour des raisons existentielles : la dissonance reste impropre à son univers artistique, elle exprime ce qu'il cherche à éviter. À ce titre, Gide reste un « classique ». Les modes ont beau changer, il va y rester fidèle et cherchera à placer la dissonance dans les thématiques.

> *Mardi 28 février 1928 (Dictée)*
> Il y a tel rapport entre la tierce et la quinte qui se retrouve d'octave en octave, donnant, par retournement, la sixte, et dont l'ensemble forme l'accord parfait. Oui, d'octave en octave le nombre des vibrations (nombre que j'ignore) doit être dans un rapport constant. Et ceci, dans tous les tons.
>
> Et, sans doute, les retrouverais-je, sur des chiffres de vibrations infiniment plus élevés, dans le domaine visuel, dans l'aperception des couleurs. L'oreille et l'œil permettent une intuition immédiate de ces rapports. Et j'admire que l'un et l'autre de nos sens, par une lente accoutumance, une sorte d'apprivoisement, en viennent à goûter d'autres rapports, dont ils considéraient tout d'abord l'effet comme désagréable à l'oreille et à l'œil, comme *dissonant.*
>
> Oui, l'intervalle de la septième mineure, et, partant, celui de la seconde majeure, dont il est le renversement, dut tout d'abord et longtemps paraître pénible à l'oreille, à éviter. Puis, on y prit plaisir, ainsi qu'à la quarte augmentée, l'un et l'autre de ces intervalles permettant le passage d'un ton à un autre, la modulation, dont bientôt l'oreille fit ses délices.
>
> De nos jours, ces rapports trop simples, trop connus, pour nos sens blasés n'ont plus de charme. L'oreille accepte ces intervalles augmentés, diminués, qui l'endolorissaient d'abord. La septième majeure, non plus que la seconde mineure, n'est proscrite. Et, que l'oreille prenne goût à ces dissonances de même que dans un autre domaine, l'œil à des disharmonies picturales plus subtiles, il va sans dire.
>
> Je ne puis penser que nos sens aient acquis une finesse plus grande ; mais peut-être sont-ils plus capables de jouir de n'importe quel rapport de nombres.
>
> Ne prétendant plus à la consonance et à l'harmonie, vers quoi s'achemine la musique ? Vers un retour à la barbarie. Le son même, si lentement et exquisement dégagé du bruit, y retourne. On ne laisse d'abord paraître sur la scène que les seigneurs, les gens titrés ; puis la bourgeoisie, puis la plèbe.

> La scène envahie, plus rien bientôt ne la distingue de la rue. Mais, qu'y faire ? Quelle folie de chercher à s'opposer à cette marche fatale ! Dans la musique moderne les intervalles consonants de jadis nous font l'effet de « ci-devant[6] ».

Par nature et par un choix personnel assumé, Gide sacralise l'harmonie, qui dépasse chez lui le domaine musical. Il y est parvenu au bout d'un long et douloureux cheminement. On a vu que la musique a joué un rôle déterminant pour conduire vers lui-même ce jeune idéaliste, héritier du symbolisme, grand lecteur de Schopenhauer et de Carlyle, qui se plaît à rejeter dans sa jeunesse le monde sensible au profit d'une communion éthérée des âmes entre elles. Sauf qu'en dépit de ses efforts pour vivre uniquement dans les livres, il ne parvenait pas à faire constamment abstraction de la réalité. Celle-ci se manifestait avec force à travers le sentiment du corps. Ses virtualités érotiques ont pu perturber ce pur lecteur. En s'asseyant devant un piano (pas forcément le sien, puisqu'il les fait venir parfois de loin), c'est peut-être une *émotion-sensation* qu'il recherche, abolissant la dualité esprit-corps. Avec ces mouvements, son rythme, la sonorité complexe ou insistante, la musique crée des tensions énormes qu'elle résout en permettant au musicien ou à l'auditeur de vivre au niveau de ses propres affects. Ayant pu assister à de nombreuses séances de piano, la Petite Dame a souligné les gestes expressifs de plaisir, de bien-être du pianiste, qui restaient en contradiction avec sa maîtrise du jeu. Dans la triade œuvre–instrument–interprète, celui-ci engage son corps tout entier, le son s'adresse à l'émotivité tout autant qu'à l'intellect. On admet que la musique exerce une influence sur le système cardiovasculaire (voir Gabrielsson, 2001 ; Kochinka, 2004). Il en résulte une dialectique propre au désir : l'exécution réelle est toujours en deçà de l'exécution rêvée, « idéale » ; on pourrait dire qu'elle fait partie d'un projet d'idéal du moi[7]. La musique, et à plus forte raison le piano, devient une école du style ; elle rejoint la morale de l'effort constant qui caractérise l'écriture gidienne, du moins celle de ses œuvres de fiction.

Jacques Copeau, un des rares amis à avoir entendu jouer Gide, a vu juste : « Cet art, dans lequel il pourrait exceller sur bien des maîtres,

6 Gide, 1997, p. 73-74.

7 Gide est en opposition avec la vision « neurasthénique » évoquée par Gustave Flaubert : « Quand des enfants s'exaltent en jouant du piano, leur cœur bat, ils maigrissent, pâlissent, tombent malades et leurs pauvres nerfs se tordent de souffrance au nom des notes » (*Correspondance*, cité par Christine Devars, dans *Le Guide du piano*, Paris, Mazarine, 1979, p. 33).

n'est pour lui que sujet d'étude, occasion de se maîtriser[8]. » La maîtrise est d'abord une maîtrise du corps. « Le clavier du piano », rappelle Christian Doumet, « est un parangon de l'écriture, et donc une clef de sa compréhension[9]. » À son tour, Roland Barthes, à qui Doumet fait également allusion, a réfléchi sur le statut de l'écrivain-musicien[10] : « Il y a un imaginaire de la musique, dont la fonction est de rassurer, de constituer le sujet qui l'entend. » On aurait tort d'oublier le désir d'André Walter : « Je voudrais écrire en musique[11]… » Ce langage idéalisé permet de se rencontrer au-delà de la parole humaine ; à un niveau à peine romancé (puisque l'auteur s'adresse ainsi à sa cousine Madeleine Rondeaux), le héros des *Cahiers* retiendra : « […] tu restais là, pensive et sans rien dire ; en arrière, en me penchant un peu, je sentais sur mon front ton haleine » (Gide, 2009, 1, p. 67). Suprématie de la musique, espace *solidaire*, sur l'écriture, espace *solitaire.* Celle-ci fait intervenir la *présence* de l'autre, présence et même proximité physique, corporelle, avec ce que cela peut avoir de troublant (d'érotique, de fantasmatique).

LA NAISSANCE DE L'HARMONIE GIDIENNE : QUI FAIT L'ANGE FAIT LA BÊTE

Pour illustrer notre propos, ouvrons brièvement *Les Cahiers d'André Walter* derrière lesquels Gide se cache à peine. Dès le premier livre, la recherche de l'harmonie tourne à l'obsession. C'est que le jeune narrateur croit que c'est par l'harmonie que l'âme avance vers l'état paradisiaque. « L'harmonie plutôt – la musique ! La musique propage l'ondulation de l'âme jusqu'à l'autre âme. Les corps me gênaient ; ils me cachaient les âmes. *La chair ne sert de rien.* » (Gide, 2009, 1, p. 39). Aussi, précisera-t-il qu'il n'aura « pas

8 Jacques Copeau, « Aspects d'André Gide », dans *Hommage à André Gide, La NRF*, novembre 1951 (n° spécial), p. 65.

9 Christian Doumet, « Gide, Barthes, musique », dans *André Gide et la tentation de la modernité*, actes du colloque international de Mulhouse, sous la dir. de R. Kopp et P. Schnyder, Paris, Gallimard, « Les Cahiers de la NRF », 2002, p. 431-449.

10 Roland Barthes, *Le Grain de la voix, Œuvres Complètes, t. III*, Éric Marty (éd.), Paris, Seuil, 1995, p. 236.

11 *Les Cahiers et les Poésies d'André Walter*, Claude Martin (éd.), Paris, Gallimard, « Poésie », 1986, p. 93.

de maîtresse : mes amours tout entières iront vers l'harmonie » (*ibid.*, p. 22). Comme on le sait, Gide a écrit ce livre pour gagner la confiance de sa cousine, amie de jeunesse pour qui il éprouve plus que de la sympathie. En rapport avec sa vision du monde angélique d'alors, il croit encore que leurs âmes vont se rencontrer comme des harmoniques ! Et l'on peut penser justement que l'inconscient du texte trahit un fond sensuel, sa « gourmandise », puisque le narrateur (et donc le héros, Alain) « rêve de nuits d'amour devant l'orgue », évocation pour le moins ambiguë. Sans oublier qu'en jouant le premier *Scherzo* de Chopin, compositeur jugé malsain par sa mère, il lui arrive de s'extasier – à la stupéfaction de son amie, Emmanuèle. Déjà le *lento* a changé l'harmonie. En reprenant l'*agitato*, il faisait « tressaillir l'inquiétude des dissonances » (*ibid.*, p. 43).

Il y a également l'épisode de la corde rompue. Notre pianiste avait surmené le piano, les vibrations (!) devenaient trop fortes ; il s'arrête tout net et retient ceci qui nous montre sa soif d'harmonie bien au-delà de la musique : « Elle [*la corde*] s'est tue, mais comme une onde harmonieuse ondulant sur tous les degrés, longtemps ont répondu, douloureusement émues, les plus lointaines harmoniques [...]. Je suis resté tremblant, craignant, sur le clavier muet, de réveiller les deuils de la note défunte. » (*ibid.*, p. 85). Vers la fin des *Cahiers d'André Walter*, le narrateur déplace ce deuil, si l'on peut dire, vers son amie : « Ta forme harmonieuse, comme un accord, brisé, s'est rompue ; c'était une *fortuite* harmonie[12]. » Ce qui est fortuit peut se rapprocher de la contingence : comment ne pas interpréter cette disharmonie comme une véritable rupture ? (Si l'on poussait plus loin l'analyse, et sans oublier qu'il s'agit d'un récit, comment ne pas y lire une allusion indirecte au rejet de la femme ou du moins de cette femme par le personnage ? Comment ne pas lire entre les lignes et sans malice une anticipation de la relation purement platonique de l'écrivain avec sa future épouse ?) Ailleurs, le protagoniste, naïvement mais non moins significativement, use de la musique pour évoquer une scène érotique ; à la suite d'un rêve, il se promène tôt le matin, « à mes oreilles chantaient, dit-il, avec tous les bruissements de l'orchestre, les fureurs du *Scherzo* en *ut mineur* ». Il jouit « douloureusement de

12 *Ibid.*, p. 107. Nous soulignons. Dans son étude des *Cahiers...*, R. Hamilton Yeoland (1999) insiste à juste titre sur les interférences entre spiritualité et sensualité dues à la musique.

sa solitude qu'il peuple d'êtres aimés », puis : « – devant mes yeux se balançaient, d'abord indécises, les formes souples des enfants qui jouaient sur la plage et dont la beauté me poursuit ; j'aurais voulu me baigner aussi, près d'eux et, de mes mains, sentir la douceur des peaux brunes. » (*ibid.*, p. 100).

Tout bien pesé, c'est Gide lui-même qui nous donne la clé de cette constante recherche d'harmonie dans ses *Mémoires*, puisqu'il reconnaît que la dissonance de son être n'était peut-être pas souhaitée par Dieu : « J'entrevis enfin que ce dualisme discordant pourrait peut-être bien se résoudre en une *harmonie*. Tout aussitôt, il m'apparut que cette harmonie devait être mon *but souverain*, et de chercher à l'obtenir la *sensible raison* de ma vie[13]. » (Gide, 2001, p. 269-270). Gide avait trouvé sa voie et comptait s'employer, à partir de là, à ne plus faire le silence sur son homosexualité qui constituait, avec l'écriture, son harmonique majeure : « Disons encore et plus précisément que je suis attiré par ce qui reste de soleil sur les peaux brunes ; c'est pour moi que Virgile écrivait : *Quid tunc si fuscus Amyntas ?* » (*Ibid.*, p. 283). Ce n'est donc pas un hasard si ce qui sonne juste prend une telle importance chez cet auteur. Ce qui est vrai pour la musique (et qui lui fait donner la faveur aux compositeurs proches de l'harmonie) est vrai pour sa vision artistique. Mais Gide est allé plus loin. Il a transposé sa conception de l'harmonie à sa vie. Il en a fait une catégorie existentielle. Dans ce qui suit, nous essayons de préciser cet aspect.

ÉVOLUTIONS PLUS TARDIVES

Dans sa grande étude sur *Modernist Mysteries* : *Persephone*, la musicologue américaine Tamara Levitz résume la situation comme suit : « *Ever since his first trip to Algeria in 1893, religious and sexual exploration had gone hand in hand for Gide with musical discovery. Erotically awakened by Mohammed's flute, he began playing Chopin at the piano. His musical activities became intertwined with his sexuality : he spent hours alone practicing, enjoyed playing four-hand duets socially, and visited concerts with his confidant Henri*

13 Nous soulignons.

Ghéon before cruising the streets of Paris for men[14]. » (Levitz, 2013, p. 63). Elle précise : « *Gide's love of music was tactile and emerged from his intimate relationship with the piano*[15]. » – pas de gramophone, pas de tourne-disques, ce qui fait que sa culture musicale s'est rétrécie de plus en plus à la littérature pianistique. T. Levitz rappelle que Gide, inspiré par Nietzsche et Schopenhauer, a pu associer la musique à une force transcendante, le Dionysiaque, volonté et force (*power*) de créer une joie intérieure, ce qui fait que la musique lui permettait de transgresser sa nature équilibrée et encline à la retenue, comme le montre son expression artistique, son style constamment contrôlé. L'élément dionysiaque contient en germe le rejet de l'identité, la séparation des êtres, des genres. Il a sans doute permis, par le truchement de l'extase musicale, d'exprimer son désir, désir de fusion homosexuelle. Le flottement identitaire vient une fois de plus de la musique. Dans sa jeunesse, Gide s'est laissé envoûter par la musique arabe et aussi africaine. Qu'il n'y voie rien de répréhensible, c'est ce que montre par exemple cette lettre adressée à sa mère, le 25 janvier 1895 :

> J'ai rôdé longtemps dans ces rues arabes, illuminées par les boutiques creuses et les cafés qui ne s'animent que le soir ; j'ai retrouvé cette impression unique, *une* et faite de tout – de lumières cachées, de frôlements, de torpeur, du blanc des murs, du blanc des draperies, et de cette musique suraiguë, sans mesures, ou de rythme impair, scandée par les timbales, par la pénétration, enfin, de cette religion mahométane, cette volupté extatique qu'est pour eux simplement le repos et le haschich[16].

Non sans lucidité, Gide retient également ceci : « Il y a là quelque chose où vient se heurter notre sagesse, où elle vient s'accouder[17]. » Et de reconnaître qu'il y a là (et donc ailleurs) des gens qui ne liront jamais *Paludes* – alors qu'il pensait précisément que ses préoccupations littéraires

14 « Depuis son premier voyage en Algérie en 1893, l'exploration religieuse et sexuelle s'en étaient allées main dans la main pour Gide avec la découverte musicale. Érotiquement éveillé par la flûte de Mohammed, il commença à jouer Chopin au piano. Ses activités musicales s'entrelacèrent avec sa sexualité : il passa des heures à pratiquer seul, prit plaisir à jouer des duos à quatre mains en société, et se rendit à des concerts avec son confident Henri Ghéon avant de sillonner les rues de Paris à la recherche d'hommes. » (Cette traduction et celles qui suivent sont d'Ambre Fuentes que nous remercions ici.)

15 « L'amour de Gide pour la musique était tactile et venait de sa relation intime avec le piano. »

16 André Gide, *Correspondance avec sa mère (1880-1895)*, Claude Martin (éd.), préface d'Henri Thomas, Paris, Gallimard, 1988, p. 585.

17 *Ibid.*

intéresseraient le genre humain tout entier. À parcourir ces lettres, on est frappé par la maîtrise de soi du jeune homme (il a un peu plus de 26 ans) qui rassure régulièrement sa mère : « [...] tout cela, brouillards ou joies, c'est engrais pour littérature[18] [...]. » Dans *Si le grain ne meurt*, il se souviendra des extases que lui a procurées la musique folklorique arabe – la perte de la conscience du temps et une sorte de bonheur indolent – tout à fait opposée à sa morale de l'effort ; il se trouve dans un petit café algérois avec Oscar Wilde alors qu'un adolescent joue de la flûte et un autre l'accompagne sur une *darbouka* :

> Comme une eau limpide et constante, le chant de la flûte coulait à travers un extraordinaire silence et l'on oubliait l'heure, le lieu, qui l'on était et tous les soucis de ce monde. Nous restâmes ainsi, sans bouger, un temps qui me parut infini ; mais je serais resté bien plus longtemps encore, si Wilde, tout à coup, ne m'avait pris le bras, rompant l'enchantement. (Gide, 2001, p. 307).

Laissons de côté l'élément bucolique, qui a pu jouer, et n'entrons pas dans le débat colonial, qui se focalise par exemple sur l'asymétrie des rencontres, et souligne le fait que Gide considère la musique arabe sans faire l'effort de la comparer réellement à l'européenne, étant entendu que selon lui elle est inférieure[19]. Si cette musique est avant tout monophonique et modale, Gide n'accorde pas pour autant plus de valeur à la polyphonie. Ni à l'orchestre, ni à la symphonie.

Pour ce qui est du texte de *Perséphone*, il mérite à son tour notre attention, d'autant plus qu'il s'agit d'un témoignage tardif mais qui remonte, pour ce qui est du mythe, à ces années de formation et de découverte de soi. Comme on pouvait s'y attendre, Gide est resté fidèle à lui-même : Tamara Levitz rappelle que lors de la représentation du mélodrame, le 30 avril 1934, « *most critics noticed with consternation that for this scene Gide had changed the plot of the well-known myth*[20]. » La musicologue de Los Angeles fait référence à l'essai contemporain de Karl Kerényi sur *Kore*, en rappelant que dans l'hymne homérique à Déméter, « *the narcissus functions like a trap, ensnaring Persephone in the ravenous clutches of Pluto, who*

18 *Ibid.*, p. 582.

19 On peut se référer à Mary Pratt, « Mapping Ideology, Gide, Camus and Algeria », dans *College Literature*, vol. 8, 1981, p. 158-174.

20 « ... la plupart des critiques notèrent avec consternation que, pour cette scène, Gide avait changé l'intrigue du mythe bien connu. »

abducts her into the underworld[21] » (Levitz, 2013, p. 30.) Et de poursuivre : « *There she succumbs to him, but only after having been tricked into biting in the pomegranate. Karl Kerényi and others later identified this passage of the myth as a profound allegory of female heterosexual initiation, marriage and death*[22]. » Or, voici ce que fait Gide : « *By eliminating Persephone's ravishment at the moment when she plucks the narcissus and by allowing her to descend into the underworld of her own free will, Gide symbolically disrupted the foundation of Western patriarchy and opened the door to a revolution in the literary, musical and performative expression of sexual desire*[23]. » Sans développer cet aspect, et sans nous étendre sur les tensions durables entre Gide et Stravinsky (et leurs critiques mutuelles) – à quoi s'ajouterait encore l'idée de danses saphiques chères à Ida Rubinstein, commanditaire du mélodrame –, il faut rappeler que Gide s'était intéressé dès avant le tournant du siècle à la figure ambivalente de Proserpine – tant et si bien qu'elle est restée, dans l'esprit du temps, une figure païenne et peut-être, pour faire référence à Freud, la représentation d'une sexualité polymorphe –, par opposition à la vision propre au compositeur, orthodoxe pratiquant, qui la voyait plutôt comme une figure attachée aux valeurs dominantes de l'époque. À cela, s'ajoute que Stravinsky parlait ouvertement d'une liturgie et que sa musique s'y prête à plus d'un titre. Or, c'est autour de 1900 que l'érotisme devient plus « visible » dans les arts, en littérature et, notons-le, en musique ; la superstructure culturelle se met en retrait, comme le montrent, pour notre propos, *Verklärte Nacht* (*Nuit transfigurée*, 1899, une œuvre de jeunesse, avant la période dodécaphonique) d'Arnold Schönberg, ou *Le Poème de l'extase* de Scriabine (1909), ou encore Erik Satie, dans ses *Trois poèmes d'amour*, mais également son « flirt » tiré de *Sport et divertissement* : nous avons devant nous une intéressante réécriture d'un mythe et d'un mystère de l'Antiquité classique, déjà pratiqué avec *Le Prométhée mal enchaîné* (1899).

---

21 « … le narcisse fonctionne comme un piège, enfermant Perséphone dans les griffes voraces de Pluton, qui l'entraîne dans les enfers. »

22 *Ibid.* « Là, elle lui succombe, mais seulement après s'être laissée tromper en mordant dans la grenade. Karl Kerényi, et d'autres plus tard, identifièrent ce passage du mythe comme une allégorie profonde de l'initiation hétérosexuelle de la femme, du mariage et de la mort. »

23 *Ibid.* « En éliminant le ravissement de Perséphone au moment où elle cueille le narcisse et en lui permettant de descendre aux enfers de son propre gré, Gide interrompt symboliquement la fondation du patriarcat occidental et ouvre la porte à une révolution de l'expression littéraire, musicale et performative du désir sexuel. »

SONNER JUSTE – SONNER FAUX

Bien entendu, l'expression de ce nouvel érotisme pouvait également s'exprimer par des dissonances. C'est ce que Gide évite, puisqu'il fait de l'inversion sexuelle son harmonie. Nous avons revisité quelques étapes de ce glissement qui s'appuie sur une vision immanentiste de la vie – formulée dès *Les Nourritures terrestres* et, sur le mode d'un hédonisme autodestructeur, dans *L'Immoraliste.* Or, cette notion va irradier sa vision de la musique puisque nous le voyons se montrer réticent vis-à-vis d'un pan non négligeable de la musique moderne et adopter une sympathie durable pour la tradition ramiste : plutôt Berlioz et Bizet que Messiaen ou Webern (ou Schoenberg ou Boulez) ! À l'occasion de son 80e anniversaire, Darius Milhaud, qui connaissait bien Gide pour avoir travaillé avec lui pendant la Première Guerre mondiale dans une œuvre de bienfaisance, parlait amicalement de lui dans une interview publiée dans *Le Figaro littéraire* du 26 août 1992. David Diamond, l'interviewer, lui demande : « Avez-vous pu discuter de votre musique avec lui ? Darius Milhaud : "Nous n'avons jamais discuté musique, Gide et moi, et je ne suis pas d'accord avec lui dans les propos que vous citez, mais n'oubliez pas que Gide était absolument étranger à la musique contemporaine[24]". »

L'enjeu pour Gide était donc à la fois musical, esthétique et existentiel : ce qui « sonne faux », c'est ce qui est laid esthétiquement, ou ce qui est faux moralement ou ce qui serait mensonger par rapport à sa vie. Souvenons-nous de Bernard, dans Les *Faux-Monnayeurs* : il cherche à rendre un son pur – ce qui est une métaphore pour ne pas être un faux-monnayeur dans un monde où tous trichent, peu ou prou. Souvenons-nous de la pièce de fausse monnaie qui sonne juste, car elle est en cristal – alors que la vraie monnaie sonne faux – image d'une société qui a perdu ses repères. Une étude plus ample tenterait de montrer si Gide s'est laissé inspirer par la réflexion augustinienne sur l'harmonie (de la Trinité), dans son essai *De musica*[25]. Toujours est-il que l'écrivain

---

24 *BAAG*, n° 17, oct. 1972, p. 18.

25 Saint Augustin, *Œuvres complètes*, traduites pour la première fois en français sous la direction de M. Poujoulat et de M. l'abbé Raulx, aumônier de l'asile de Fains, t. 3, p. 393-490. Le *Traité de la musique* est traduit par MM. Thénard et Citoleux, agrégés de

avait longtemps misé sur un lien entre l'harmonie et la communion entre les âmes. Dans son premier écrit, à vingt ans, il a pu noter : « La musique est évocatrice ; c'est la souveraine enchanteresse ; elle soutient l'essor du rêve. » (2009, 1, p. 67). Elle autorise une communication supérieure, elle spiritualise le monde. Mais la ferveur de l'exécutant peut devenir sensuelle, car les sons ont une matérialité qui ne se laisse pas confiner au seul domaine des idées. *Les Cahiers* comportent ainsi une foule d'allusions qui trahissent le personnage et sa soif de pureté. Si Gide est devenu qui il est, on peut admettre que la musique y a été pour beaucoup. À la Petite Dame, il confie en 1926 :

> [...] je ne suis pas tellement musicien que ça ; chez moi, c'est surtout l'artiste qui l'emporte, la pénétration et l'exécution ; le reste, j'y arrive par l'intelligence et par la culture plus que par le don[26].

Peter SCHNYDER
Université de Haute-Alsace, ILLE

l'Université. – Cette traduction est disponible sur Internet : <http://abbaye-saint-benoit.ch/saints/augustin/musique/index.htm> [consultée en juillet 2014].

26 *Les Cahiers de la Petite Dame : notes pour l'histoire authentique d'André Gide, tome I : 1918-1929*, Paris, Gallimard, « Cahiers André Gide », p. 262 (9 août 1926).

BIBLIOGRAPHIE

ŒUVRES DE GIDE

GIDE, André, *Journal, t. I : 1887-1925*, Éric Marty (éd.), Paris, Gallimard, « Bibliothèque de la Pléiade », 1996 ; 2, *1926-1950*, Martine Sagaert (éd.), Paris, Gallimard, « Bibliothèque de la Pléiade », 1997.

GIDE, André, *Notes sur Chopin*, avant-propos de Michaël Levinas, Paris, Gallimard, 2010.

GIDE, André, *Romans et Récits. Œuvres lyriques et dramatiques*, Pierre Masson (éd.), Paris, Gallimard, « Bibliothèque de la Pléiade », t. 1 et 2, 2009.

GIDE, André, *Souvenirs et Voyages*, Pierre Masson (éd.), Paris, Gallimard, « Bibliothèque de la Pléiade », 2001.

AUTRES AUTEURS

BACKÈS, Jean-Louis, *Musique et littérature*, Paris, PUF, 1994.

CANCALON, Elaine D., « Piano forte : le piano dans l'œuvre de Gide », dans *Lectures d'André Gide*, hommage à Claude Martin, textes réunis par Jean-Yves Debreuille et Pierre Masson, Lyon, PUL, 1994.

DELAGE, Roger, « André Gide et la musique », dans *Bulletin des Amis d'André Gide* (dorénavant abrégé en : *BAAG*), n° 39, juillet 1978, p. 13-28.

DROUIN, Michel, « André Gide et la tonalité », dans *BAAG*, n° 149, p. 7-18.

GABRIELSSON, Alf, « Emotion Perceived and Emotion Felt : Same or Different ? », dans GABRIELSSON, Alf, JUSTIN, Erik, LINDSTRÖM, Patrik N., SLOBODA, John A. (dir.), *The Influence of Musical Structure on Emotional Expression*, New York, Oxford University Press, 2001, p. 223-248.

HAMILTON YEOLAND, Rosemary, *Le Rapport entre la musique et l'éveil de la spiritualité et de la sensualité chez André Gide*, mémoire B. A. Hons. [inéd.], Hobart, Univ. de Tasmanie, 1999.

KAAS-ALBARDA, Maria, *André Gide et son journal*, Arnheim, Slaterus, 1942.

KAPLAN, Carol L., « Gide et Poussin. Une lecture-*ekphrasis* des *Faux-Monnayeurs* », dans *BAAG*, n° 154, avril 2007, p. 237-246.

KOCHINKA, Alexander, *Emotionstheorie. Begriffliche Arbeit am Gefühl*, Bielefeld, Transcript, 2004.

LEFÉBURE, Yvonne, « André Gide interprète de Chopin », dans *Contrepoint*, n° 6, 1949, p. 34-42.

MASSON, Pierre, « Les *Notes sur Chopin* ou le livre impossible d'André Gide », dans *BAAG*, n° 166, avril 2010, p. 161-182.

POLLARD, Patrick, *André Gide : Homosexual Moralist*, New Haven/Londres, Yale University Press, 1991.
SAVAGE BROSMAN, Catharine, « Gide and Mozart », dans *Australian Journal of French Studies*, XIV, 1977, p. 72-87.
SAVAGE BROSMAN, Catharine, « Gide clair-obscur », dans *André Gide et l'écriture de soi*, Lyon, PUL, 2002, p. 217-223.
SISTIG, Joachim, *André Gide : Die Rolle der Musik in Leben und Werk*, Essen, Die blaue Eule, « Frankreichstudien », vol. 6, 1994.
ZUROWSKA, Joanna, « Gide et Chopin », dans *Frédéric Chopin et les lettres*, Varsovie, Éditions de l'Université de Varsovie, « Les Cahiers de Varsovie », 1991, p. 119-125.

DES AVANT-GARDES À LA POSTÉRITÉ

LA NOUVELLE REVUE FRANÇAISE ET LES AVANT-GARDES MUSICALES

Lors du colloque du centenaire organisé par la Fondation des Treilles et consacré à *La place de* La NRF *dans la vie littéraire du XXe siècle : 1908-1943*, je me suis penché sur « *La NRF* et les avant-gardes (1909-1925[1]) ». J'aurais dû préciser « les avant-gardes littéraires », car j'avais laissé de côté la peinture et la musique. J'ai donc saisi avec reconnaissance l'occasion que m'ont offerte Peter Schnyder, Greta Komur-Thilloy et Pierre Thilloy de compléter cette étude par un volet dévolu à la musique.

Il faut le dire d'emblée : l'attitude de *La NRF* à l'égard des avant-gardes musicales ressemble fortement à celle adoptée vis-à-vis des avant-gardes littéraires. Pour peu que l'on puisse parler d'une attitude commune à *La NRF*, car les différences qui existent entre les différents membres du groupe sont grandes. Un groupe ? Plutôt, comme le soulignait Gide dans *Le Gaulois du dimanche* du 20 janvier 1920, « un groupement d'esprits libres » qu'unissait une très haute idée de la littérature et de ses exigences, mais qui se sont gardés d'apposer leur nom au bas d'un manifeste. Gide n'a jamais fait mystère de son hostilité à l'égard de toute prise de position doctrinaire, notamment au sortir de la guerre, lorsque certains de ses amis demandaient des prises de position nettes, soit, comme Rivière, en faveur d'une rapide démobilisation des esprits, soit, au contraire, comme Schlumberger ou Ghéon, pour le maintien d'une vigilance accrue, notamment à l'égard de l'Allemagne.

Il n'empêche que l'on peut résumer la ligne générale de la revue, sans trop de risque de la simplifier à l'extrême, comme celle d'un classicisme regardant résolument vers l'avenir mais extrêmement soucieux de ne rien renier du passé. Tous les membres du « groupement » – ou presque – sont prêts à examiner toutes les avant-gardes, à engager le dialogue avec elles et à soutenir les tendances nouvelles, à condition

1 Textes réunis par Robert Kopp dans « Les Cahiers de *La NRF* », Paris, Gallimard, 2009.

qu'elles promettent de produire des œuvres. Car c'est bien l'œuvre qui compte et elle seule. *La NRF* est réfractaire aux postures doctrinaires, aux déclarations d'intention, à la critique qui n'a d'autre fin qu'elle-même. C'est ce qu'a montré, avec toute la clarté souhaitable, Peter Schnyder dans son ouvrage sur la tentation critique de Gide, judicieusement intitulé *Pré-textes*, avec un trait d'union qui souligne que la critique n'est justifiée que si elle débouche sur une création autonome[2]. Et dans une communication récente aux Treilles, dans un autre colloque, consacré à Schlumberger, Gide et Copeau, Peter Schnyder a opportunément rappelé le mot de Gide : « Les théories sont absurdes[3]. » Le titre de son intervention reprend d'ailleurs une question rhétorique posée par Gide à Marcel Drouin, son beau-frère, qu'il essaie vainement de mettre au travail créateur : « Quelle œuvre te protège ? » La critique ne doit pas être confondue avec la création. Le classicisme de Gide s'affirme également à travers une stricte séparation des genres. Nous sommes loin de la critique dite créatrice de ceux qui, refusant de distinguer l'auteur et le critique, dissimulent leur impuissance derrière la notion d'« écrivant ».

Cette hostilité de *La NRF* à l'égard de toute théorie ne se manifeste pas seulement dans le domaine littéraire, mais aussi en peinture et en musique. Elle est partagée par la grande majorité des membres du « groupement », même si c'est à des degrés divers. C'est précisément cette allergie à la théorie qui explique le rejet du cubisme et du futurisme. Mais n'était-ce pas déjà Baudelaire qui avait horreur des « peintres qui pensent » ? De même, Henri Ghéon – un auteur qui vaut mieux que le purgatoire dans lequel il est actuellement relégué –, dans une note de *La NRF* du 1er novembre 1911 écrit, « Les cubistes créent d'après un système qu'ils placent avant l'œuvre[4]. » Tout comme Jacques Rivière, rendant compte, en mai 1912, du Salon des Indépendants[5] :

> Il n'est rien dont on ne soit plus cruellement puni que d'avoir supposé de l'intelligence à un peintre. [...] J'avais essayé de découvrir une intention à la tentative cubiste [...]. Le Fauconnier et Léger, deux premiers rôles, font

2 Peter Schnyder, *Pré-Textes. La tentation critique d'André Gide*, Paris, Intertextes, 1988, édition revue et augmentée, Paris, L'Harmattan, 2001.

3 Dans *Gide, Copeau, Schlumberger : l'art de la mise en scène*, Paris, Gallimard, « Les Cahiers de *La NRF* », 2015.

4 « Les cubistes contre le Salon d'Automne », dans *La NRF*, 1er novembre 1911.

5 Article repris dans *Études*, 1924, cité ici d'après l'« édition renouvelée », Paris, Gallimard, « Les Cahiers de *La NRF* », 1999, p. 170-171.

> porter cette année, tout leur effort sur ce qu'ils appellent « l'utilisation de la fumée » [...]. Le cubisme est mort, vive le fumisme ! [...] Ce sont de pauvres gens. À quoi bon critiquer leurs œuvres ? Je voudrais seulement décrire leur état d'esprit. – Ils prétendent penser ; à les en croire, ils sont des théoriciens ; l'intelligence en eux domine la sensibilité. [...] Or voyons ce qu'ils appellent penser. Dans leur tête parfaitement vide [...].
>
> Il est sans doute difficile d'être plus rosse...

Que les débats théoriques ne soient pas le fait de *La NRF*, on en a la confirmation par le choix que fait Rivière, en mars 1912, de donner un de ses rares articles de doctrine non pas à la revue de Copeau, de Gide et de Schlumberger, mais à la *Revue d'Europe et d'Amérique.* Il s'agit de son essai « Sur les tendances actuelles de la peinture », dans lequel il dénonce « les erreurs des cubistes » qui travaillent par accumulation et sont « incapables de constituer des unités », si bien que « leur œuvre n'est pas un édifice, mais un chantier[6] ». Rivière adressera sensiblement les mêmes critiques aux futuristes et aux dadaïstes. À ces derniers, il rappellera qu'une protestation, aussi vigoureuse soit-elle, ne saurait jamais tenir lieu d'œuvre. Et d'exhorter celui qu'il tient pour le plus doué d'entre eux, Aragon, de privilégier résolument la création d'une œuvre : « Dada a été, pour Aragon, un moyen de manifester, de prétendre au lieu de créer. Mais à force de persévérer dans la pure révolte, il risque de voir se faner tous ses dons. » Et il finira par être élu « grand pontife par les littérateurs de café, par le clan des ratés[7] ». La réaction d'Aragon – violente – ne s'est pas fait attendre. Ni celle de Breton, traitant Rivière de « fripouille » et suspendant sa collaboration à *La NRF.*

Cet attachement indéfectible de *La NRF* à la notion d'œuvre explique son hostilité à toutes les tendances privilégiant le simple geste, à la manière d'un Marcel Duchamp. Le geste relève de l'éphémère ; seule l'œuvre est pérenne. « *Exegi monumentum aere perennius* », cette affirmation d'Horace en tête de la dernière ode de son troisième livre, chacun des auteurs de *La NRF* aurait voulu pouvoir la faire sienne[8]. Une règle qui vaut

---

6 *Études*, éd. citée, p. 305.

7 « *Les Aventures de Télémaque*, par Louis Aragon », dans *La NRF*, 1er avril 1923, repris dans *ibid.*, p. 115.

8 Notons toutefois que cette croyance en l'œuvre d'art a elle-même des limites dont il arrive à Gide de se rendre compte, ainsi dans cette note du *Journal* (p. 746) datée du 26 juin 1913 : « Peut-être après tout cette croyance en l'œuvre d'art et ce culte que je lui voue, empêchent-ils cette parfaite sincérité que je voudrais désormais obtenir de moi-même.

également pour la musique. Ce qui ne signifie pas que la musique, tout comme la peinture et la littérature, ne doive constamment se renouveler, en l'occurrence dépasser elle aussi l'impressionnisme et le symbolisme, qui, après avoir révolutionné les Lettres et les Arts, avaient sombré dans la routine. Ce besoin de renouvellement, beaucoup d'artistes l'avaient ressenti à la fin du XIXe et au début du XXe siècle, mais la plupart n'avaient pas la force de traduire en œuvres leurs intentions. On s'en rend facilement compte en parcourant les innombrables manifestes de la Belle Époque, dont les auteurs n'ont guère laissé de traces[9].

Ce que les hommes de *La NRF* réclamaient, c'était donc des œuvres. Une exigence qui fut comblée au-delà de toute attente par *Le Sacre du printemps* de Stravinsky. Or, cette œuvre marque en même temps la limite extrême d'une création révolutionnaire acceptable par la revue. De même que ni Gide, ni Rivière, ni Schlumberger, ni Ghéon ne pouvaient admettre la peinture dite abstraite et avec elle la disparition du sujet en peinture et de la perspective, ils ne pourront se faire à la musique dodécaphonique d'un Stravinsky et à la disparition de l'harmonie. Ils ne connaîtront ni Berg, ni Webern, ni Schoenberg, dont les œuvres fondatrices datent de la même époque. Ils ne connaîtront pas Mahler non plus, dont la fortune en France est quelque peu postérieure.

Pour bien apprécier la place faite à Stravinsky, rappelons d'abord quelques-unes des préférences musicales du groupe de *La NRF.* N'oublions pas, pour commencer, qu'à de rares exceptions près, tous les membres du groupe de *La NRF* pratiquaient la musique et que beaucoup d'entre eux étaient même d'excellents musiciens, à la différence de Baudelaire, qui parlait très bien de Wagner tout en ignorant, selon son propre aveu, la musique. J'y insiste, car souvent, le combat en faveur du *Sacre* est comparé à celui en faveur de *Tannhäuser.* La comparaison vaut à la rigueur pour Rivière, le seul à ne pas savoir la musique. Avant d'étudier les préférences exprimées par les uns et les autres – et notamment celle de Gide pour Chopin, que mettra en avant Pierre Masson –, jetons un coup d'œil rapide sur le paysage musical en France au moment où les hommes de *La NRF* entrent en scène.

Qu'ai-je à faire de la limpidité qui n'est qu'une affaire de style ? » L'œuvre d'art faisant obstacle à la parfaite transparence de l'auteur à soi-même, voilà un sujet qui mériterait d'être exploré !

9 Voir Bonner Mitchell, *Les Manifestes littéraires de la Belle Époque : 1886-1914, anthologie critique*, Paris, Seghers, 1966.

Rappelons, pour commencer, la domination presque exclusive exercée par la musique française, elle-même sous l'emprise très forte de Wagner. Certains commencent à s'en plaindre, comme Ghéon. Cette musique française est surtout représentée par la génération de 1840, Camille Saint-Saëns (1835-1921), Jules Massenet (1842-1912), Gabriel Fauré (1845-1924), Vincent d'Indy (1851-1931), qui ont fait leurs débuts dans les années 1870-1880, au moment où la musique de Wagner s'impose définitivement. Le premier festival de Bayreuth a lieu en 1876 et le nombre des visiteurs français est considérable dès le départ. La génération de 1840 représente tellement bien la musique française que Saint-Saëns et Fauré auront droit à des obsèques nationales. Saint-Saëns s'érige d'ailleurs volontiers également en défenseur de la tradition musicale française, qu'il soutient, en autre, en rééditant les œuvres de Rameau, compositeur dont les hommes de *La NRF* découvrent la jeunesse. En dépit de Wagner et de Debussy qui ont affranchi la musique de ses carcans classiques, « voici qu'avec émerveillement nous constatons que [Rameau] a su tout exprimer, en se servant des formes mêmes dont le rejet nous était apparu comme notre premier devoir[10] ».

Le triomphe de Wagner et celui de la génération de 1840 signifient le lent effacement de Meyerbeer, Auber, Halévy, Gounod. C'est pourtant encore avec des extraits de *La Juive* et des *Huguenots* qu'est inauguré l'Opéra Garnier en 1875, deux œuvres qui, toutefois, dans les années suivantes, disparaîtront peu à peu de l'affiche. Or, ce ne sont pas des révolutionnaires qui remplaceront les gloires du Second Empire, mais des musiciens de bonne qualité certes, mais fort traditionnels et même un peu ennuyeux. Du moins aux yeux de *La NRF.* Ainsi, Rivière ne parle presque jamais de Saint-Saëns ou de Vincent d'Indy, ni de Massenet, un musicien qui a trop tendance à « flatte[r] le public[11] ». Quant à la *Pénélope* de Fauré, pourtant défendue par Henri Ghéon, il la juge « ennuyeuse », Fauré n'étant pas fait pour le drame lyrique, mais pour la musique de chambre et la mise en musique des poèmes de Verlaine[12].

Le renouveau, aux yeux des auteurs de *La NRF*, viendra de Debussy, des compositeurs russes du XIXe siècle et de Stravinsky. Mais certains

---

10 Jacques Rivière, « *Dardanus*, de Rameau », dans *La NRF*, 1er janvier 1910, repris dans *Études*, éd. citée, p. 196.

11 « *Pénélope* de Gabriel Fauré et la *Passion selon saint Matthieu* de J.-S. Bach, au Théâtre des Champs-Élysées », dans *La NRF*, 1er juin 1913, repris dans *ibid.*, p. 247.

12 *Ibid.*, p. 245 *et passim.*

plaident également pour une plus grande diversification du répertoire et se plaignent de toujours devoir écouter les mêmes œuvres. Que diraient-ils de la pauvreté des programmes d'aujourd'hui ? C'est une faible consolation que de relire cette critique de Ghéon d'une médiocre reprise de *Don Juan* à l'Opéra-Comique. Et pourtant, ajoute-t-il, nous avons urgemment besoin de Mozart, surtout dans un paysage dominé par Wagner, les Russes et César Franck, le « père direct de notre musique de chambre[13] ».

De la génération de 1840, seul Gabriel Fauré trouve donc grâce aux yeux des hommes de *La NRF*, mais le premier Fauré seulement, celui des *Romances sans paroles*. En revanche, tous sont immédiatement conquis par Debussy, qui est véritablement le musicien de leur génération, à tel point que Copeau, Gide et Rivière ont plus d'une fois approché le compositeur dans l'espoir de pouvoir le compter parmi les auteurs de la revue[14]. Il leur paraît moins académique que ses aînés, encore qu'il concourt, lui aussi, pour le Prix de Rome et s'installe, en 1885, pour trois ans à la Villa Médicis. Il est vrai que ses envois à l'Académie sont notés sévèrement par celle-ci. Ainsi, en 1886, *Zuleïma* est jugé incompréhensible et impossible à exécuter. L'année suivante, *Le Printemps* ne trouve pas grâce non plus :

> M. Debussy ne pèche assurément ni par la platitude, ni par la banalité. Il a tout au contraire une tendance prononcée, trop prononcée même, à la recherche de l'étrange. On reconnaît chez lui un sentiment de la couleur musicale dont l'exagération lui fait facilement oublier l'importance de la précision du dessin et de la forme. Il serait fort à désirer qu'il se mît en garde contre cet impressionnisme vague qui est un des plus dangereux ennemis de la vérité dans les œuvres d'art.

En 1888, Debussy se rend à Bayreuth. Peu après, il découvre Moussorgsky. Et le 22 décembre 1894, il donne, à la Société nationale de musique, le *Prélude à l'après-midi d'un faune*. Ni Gide, ni ses amis n'y assistent. Gide est revenu à la mi-décembre de la Brévine, où il a écrit *Paludes*. Il avait d'ailleurs fait venir à grands frais un piano, mais c'était pour travailler Bach, Schumann et Chopin. Et parmi ses lectures, on

---

13 « Le *Don Juan* de Mozart à l'Opéra-Comique », dans *La NRF*, 1er août 1912.

14 Voir Claude Debussy, *Correspondance (1872-1918)*, édition établie par François Lesure et Denis Herlen, annotée par Denis Herlen et Georges Liebert, Paris, Gallimard, 1905, p. 1963 *et passim*.

trouve Racine et les *Églogues* de Virgile. À la fin de l'année, il dresse sur trois colonnes, dans son *Journal*, une liste : « Les personnalités dont s'est formée la mienne[15] ». La première colonne est la plus fournie ; on y trouve, outre la Bible, Eschyle, Euripide, Pascal, Heine, Tourgueniev, Schopenhauer, Michelet, Carlyle, Flaubert, Poe. La dernière comprend les peintres : Vinci, Rembrandt, Dürer, Poussin, Chardin. Au milieu, les musiciens : Bach, Schumann, Chopin. Ce n'est pas là une formation d'avant-gardiste.

La réception de Debussy tient en trois dates : 22 décembre 1894, création du *Prélude à l'après-midi d'un faune* ; 30 avril 1902, création, à l'Opéra-Comique, de *Pelléas et Mélisande* ; 19 mai 1912, nouvelle création de *Prélude à l'après-midi d'un faune*, sous la direction de Pierre Monteux, avec les Ballets russes et Nijinski. Ce sont évidemment la deuxième et la troisième dates qui nous intéressent ici.

C'est donc en 1902 que *Pelléas et Mélisande*, pièce pour laquelle Gabriel Fauré avait écrit une musique de scène dès 1898, fut créée sous la forme d'un opéra. La critique traditionnelle ne fut pas tendre, à l'exemple de Camille Bellaigue, déclarant dans la *Revue des Deux Mondes* : « L'orchestre de M. Debussy paraît grêle et pointu. S'il prétend caresser, il égratigne et blesse. Il fait un bruit, je l'accorde, mais un vilain petit bruit[16]. »

Inscrit au programme de l'Opéra-Comique dès 1901, *Pelléas* fut mis en répétition le 26 mars 1902. On sait que la collaboration entre le dramaturge et le compositeur fut tout sauf aisée. Maeterlinck, furieux que le rôle-titre échappe à sa maîtresse, publie dans *Le Figaro* une lettre ouverte accusant Debussy de dénaturer son œuvre. Dirigée au moment de la création par André Messager, celle-ci ne quitta plus l'affiche jusqu'à la Première Guerre mondiale et fut très rapidement donnée à Bruxelles, à New York, à Milan, à Berlin, à Londres. Rarement le succès d'un opéra fut plus complet, malgré les conservateurs criant au scandale et fustigeant un « art nihiliste », « malsain et néfaste ». Pour les modernes, en revanche, Debussy était à ranger « parmi les sensuels de la musique dont Mozart fut le plus grand[17] ».

Enthousiasme partagé par Gide, qui avait vu la pièce de Maeterlinck dès 1893, par Ghéon, par Rivière, et dont témoignent leurs correspondances,

15 André Gide, *Journal*, t. I, p. 196.
16 *Revue des Deux Mondes*, 15 mai 1902, p. 453.
17 Léon Vallas, *Claude Debussy et son temps*, Paris, Librairie Félix Alcan, 1932, p. 192.

leurs journaux et leurs articles. Gide assiste à trois représentations et lorsqu'il fait, le 10 octobre, une sorte de bilan de l'année 1902, il note : « Ce fut cette année que l'Opéra-Comique donna pour la première fois *Pelléas et Mélisande*. À cette première saison, je ne pus l'entendre que trois fois. La dernière, ce fut avec Madeleine ; nous étions, de Cuverville, revenus passer quelques jours à Paris[18]. » Ghéon, que Gide avait entretenu de la grande vogue de *Pelléas* dans une lettre du 11 mai, publie un article dithyrambique dans *L'Ermitage* de juillet 1902. « Si nous désespérions de l'art dramatique de demain, nous qui le rêvons, le tentons humain, simple, profond, lyrique, nous pourrions aujourd'hui reprendre confiance. Un exemple nous vient parfait comme un chef-d'œuvre, et c'est un musicien qui nous le donne. » À en croire Ghéon, Debussy et Maeterlinck nous délivrent enfin « du joug opprimant de Wagner » et de sa « ténébreuse métaphysique ». Ils ont compris qu'au théâtre, l'important n'est pas l'idée, mais « le sentiment et la sensation ». « La passion des personnages et l'atmosphère qu'ils respirent, musicalement, scéniquement, ne font plus qu'un, et, d'un bout à l'autre du drame, les personnages respirent "l'atmosphère de leur passion". » Tournant le dos à la théâtralité du drame romantique, le poète et le musicien retrouvent le chemin d'un humanisme et d'une sobriété toutes classiques. « Puisse par eux périr le romantisme de théâtre, renversé aujourd'hui par Claude Debussy de la scène lyrique française, c'est-à-dire le culte du panache, de la baudruche et de l'effet, au profit de la vérité humaine et de la beauté classique[19]. »

Rivière, le plus jeune membre du groupe – il est né en 1887 –, ne découvre *Pelléas* qu'un peu plus tard, en 1904, alors qu'il est encore élève au lycée Lakanal. Il avait entendu le *Prélude*, en novembre 1903, aux concerts Colonne, avec Camille Chevillard au pupitre. Et il fait aussitôt part à ses tantes bordelaises d'un enthousiasme qui ne se démentira plus jamais : « C'est de la musique toute moderne mais merveilleuse. Cela a une fluidité enchanteresse. Les hautes galeries, où sont les vrais musiciens, ont crié bis. Quelques-uns ont protesté. Alors je me suis mis de la partie et nous avons tellement crié bis qu'on a répété. J'étais épuisé d'avoir hurlé[20]. »

---

18 *Ibid.*, p. 354.

19 Repris dans *Nos Directions*, Paris, Éditions de La NRF, 1911, p. 94-103.

20 Cité par Jean Lacouture, *Une adolescence du siècle : Jacques Rivière et* La NRF, Paris, Gallimard, « Folio », 1997, p. 130-131.

On ne saurait exagérer l'importance du *Prélude* et de *Pelléas* à la fois pour l'éducation musicale de Rivière et pour l'histoire de la musique moderne. À preuve, ce constat fait par Pierre Boulez : « De même que la poésie moderne prend sûrement racine dans certains poèmes de Charles Baudelaire, on est fondé à dire que la musique s'éveille à l'*Après-midi d'un faune.* » Il fait écho à ce que Rivière écrivit dans *La NRF* du 1er avril 1911 :

> On ne sait pas assez ce que fut *Pelléas* pour la jeunesse qui l'accueillit à sa naissance, pour ceux qui avaient de seize à vingt ans quand il parut. Un monde merveilleux, un cher paradis où nous nous échappions de nos difficultés. Toute la semaine au lycée, nous l'attendions, nous parlions de lui. Avec quel amour et quel respect ! Il était la consolation de nos emprisonnements. Et, le dimanche venu, car nous ne pouvions l'entendre qu'aux matinées, de nouveau cette musique, de nouveau ce pays sonore où s'enfoncer, les trois dimensions mystérieuses de ce royaume ravissant[21].

Contrairement à Gide, dont la vie est impensable sans une pratique musicale constante, mais qui écrit peu sur la musique, Rivière ne joue d'aucun instrument, ce qui ne l'a pas empêché de consacrer quatre articles à Debussy. Son premier texte, non repris dans le volume *Études*, a paru dans *Le Mercure musical* en avril 1906 : « J'ai voulu que mes premiers mots imprimés fussent un hymne vers Debussy[22]. » Le 1er février 1910, il rend compte, dans *La NRF*, du livre, également apprécié par Gide, de Louis Laloy sur Debussy[23]. Le 1er avril de la même année, il publie son grand article sur « *Les Poèmes d'orchestre* de Claude Debussy », dans lequel il suit toute l'évolution du compositeur, du *Prélude* à *Iberia*, depuis « une musique de la volupté » jusqu'à « une musique toute serrée et nue ». Enfin, dans *La NRF* du 1er avril 1911, il publie « *Pelléas et Mélisande*, de Claude Debussy », texte également repris dans *Études*.

Quatre articles au total, donc, tous relativement courts, comparés à la grande étude que lui inspirera *Le Sacre du printemps*. Rivière – à l'instar de Baudelaire parlant de Wagner – centre son analyse sur l'émotion de

21 Repris dans *Études*, éd. citée, p. 229-230.

22 Jean Lacouture, *op. cit.*, p. 129.

23 Texte que l'auteur n'avait pas repris dans *Études* et *Nouvelles études*, mais qui figure dans l'« édition renouvelée ». Le *Debussy* de Louis Laloy (Paris, Aux Armes de France, 1909) est la première biographie consacrée au compositeur. Laloy, musicologue, critique musical et sinologue, avait consacré dès 1902 un article à *Pelléas*. Il était un des plus fidèles amis de Debussy. En 1905, il avait fondé *Le Mercure musical*.

l'auditeur. Dans les premiers poèmes d'orchestre, notamment le *Prélude* et les *Nocturnes*, la musique de Debussy « suit tous les tâtonnements de la volupté », glissant « dans l'épuisement » et, « subite délivrance de la suavité », « défaille en une ondulation déclive et interminable, comme la danseuse, sous le plaisir, sent jusque dans ses hanches faiblir ses pas[24] ». Rarement le caractère érotique de cette musique aura été suggéré avec plus d'insistance.

Dans *La Mer*, en revanche, Rivière croit pouvoir déceler « un effort pour substituer à la spontanéité sensuelle des développements la direction de l'esprit ». Les « grands élans de plaisir » ont été « épuré[s], dépouillé[s] par l'intelligence ». Il semble regretter cette « raréfaction de la musique par l'intelligence » à laquelle il préfère « l'humide frémissement » des *Nocturnes* et du *Prélude*. Il le retrouvera tout entier dans *Pelléas*, où « la volupté ne cesse de nous assaillir ». La nouveauté de *Pelléas*, selon lui, est que la musique cesse d'être linéaire, qu'elle est au contraire « tout entière dans chaque moment ». Ce « tassement » fait qu'en chaque accord se condense « le parfum de toute une chaîne d'harmonies ». L'auditeur est totalement immergé dans l'œuvre dont il suit la mélodie au gré de ses sentiments, « comme on aime ou comme on souffre, sans davantage s'interroger[25] ». Rivière se laisse emporter, dériver, au fil des accords, comme le Rousseau des *Rêveries* se laisse porter par l'eau. Ainsi, *Pelléas* est sans doute « le vrai chef-d'œuvre du symbolisme », que seul Stravinsky réussira à dépasser.

Après Debussy, ce sont sans conteste les musiciens russes qui ont le plus retenu l'attention de *La NRF*. Le terrain était en quelque sorte préparé. Faut-il rappeler que la France et la Russie – politiquement, économiquement, culturellement – étaient plus proches l'une de l'autre que ne l'étaient la France et l'Allemagne ? Que l'alliance franco-russe, en vigueur de 1892 à 1917, était censée contrebalancer la triple Alliance de l'Allemagne, de l'Autriche-Hongrie et de l'Italie ? Qu'enfin, la France préparait sa « revanche » ? Aussi, Gogol, Tourgueniev, Tolstoï ou Dostoïevski étaient-ils infiniment plus populaires que Fontane, Storm ou Stifter. La génération de *La NRF* avait grandi avec le *Roman russe* du vicomte de Vogüé, paru en 1886 et réimprimé régulièrement jusqu'à une date très récente.

24 *Études*, éd. citée, p. 211.
25 *Ibid.*, p. 231-232.

Dans les dix années précédant la Première Guerre mondiale, on assiste à une véritable mode russe. Exposition d'art russe au Grand Palais, en 1905, concerts de musique russe dès 1907, *Boris Godounov* à l'Opéra en 1908, une œuvre qui datait pourtant de 1874, et enfin, première saison des Ballets russes au Châtelet, en 1909, inaugurant des « saisons russes » qui allaient se poursuivre jusqu'à la veille de la guerre, les points culminants étant la création de *L'Oiseau de feu* en 1910, de *Petrouchka* en 1911 et du *Sacre du Printemps* en 1913, l'adaptation des *Frères Karamasov* par Jacques Copeau est montée par Jacques Rouché au Théâtre des Arts, le 6 avril 1911.

Inséparables des ballets de Diaghilev, elles suggèrent, à leur manière, l'idée d'une œuvre d'art totale où musique, arts plastiques et danse se conjuguent. Nourries de musique populaire, voire de folklore russe, elles comblent les attentes de ceux que lasse la seule culture savante et qui pensent – avec Ghéon, mais il n'est pas le seul – qu'il n'y a pas lieu de séparer culture savante et culture populaire[26]. Alliant la tradition à la nouveauté, conservant ses liens avec le romantisme tout en s'ouvrant vers la nouveauté, la musique russe avait tout pour plaire aux hommes de *La NRF*.

Le 21 mai 1908, Gide assiste, avec Ghéon et Copeau, à une représentation de *Boris Godounov*[27], puis, le 27 mai 1909, à un spectacle des Ballets russes au Châtelet et, le 3 juin 1910, à une nouvelle soirée russe à l'Opéra. Partageant, mais avec quelques nuances, l'enthousiasme général, il fait insérer dans le sixième numéro de la toute jeune *NRF* une note sur « Les représentations russes au Châtelet ». Contrairement à Jacques-Émile Blanche exprimant dans *Le Figaro* une admiration sans réserve, Gide tient à rappeler les efforts qu'avaient faits Max Reinhardt et ses élèves en Autriche et en Allemagne, et Antoine dans son Théâtre Libre, de rénover une scène « encombrée d'un ramassis de formules ». On croit percevoir comme un écho de ses discussions avec Copeau pour un nouveau théâtre. « La moindre simplification cause au spectateur artiste et intelligent un soulagement appréciable. » Aussi, apprécie-t-il

26 Voir son article « Sur le "Théâtre populaire" » dans *La NRF* du 1er novembre 1911, notion vaine, car « l'art, c'est l'art ».

27 L'œuvre sera reprise pour le plus grand plaisir de Gide lors de la huitième saison russe, le 22 mai 1913, voir André Gide – Jean Schlumberger, *Correspondance (1901-1950)*, édition établie, présentée et annotée par Pascal Mercier et Peter Fawcett, Paris, Gallimard, 1993, p. 519.

mieux *Le Prince Igor* de Borodine, Glazounov et Rimski-Korsakov, chorégraphié par Fokine, que *Le Pavillon d'Armide* de Tcherepnine, dont la musique lui paraissait ennuyeuse et les décors « d'un Louis XIV à peine retouché par Beardsley ». *Le Prince Igor*, en revanche, lui offrit un bel exemple d'un art vivifié par des airs populaires. « Mais qui dira jamais suffisamment ce que la musique russe doit à son folklore et au voisinage de la langoureuse Asie[28] ? »

La soirée du 3 juin 1910 fut consacrée à trois ballets : *Schéhérazade* de Léon Bakst et Rimski-Korsakov, chorégraphie de Fokine, avec Nijinski ; *Carnaval* de Bakst et Fokine, musique de Schumann ; *Le Festin*, d'après *Le Prince Igor* de Borodine, avec Nijinski. Entraîné par Jeanne Mühlfeld, surnommée « la sorcière », dont le salon était fréquenté, entre autres, par Valéry, Paul Adam et Henri de Régnier, Gide n'a pas gardé le meilleur souvenir d'une soirée qu'il jugeait trop mondaine à son goût. Il a consigné son embarras dans son *Journal* et il en a fait part également à Henri Ghéon. Moins sensible à l'environnement social que son ami, ce dernier a immédiatement fait part de son enthousiasme aux lecteurs de *La NRF*, le 1er août, dans « Propos sur les Ballets Russes », texte repris dans *Nos directions* :

> Ballet d'art, féerie d'art, le rêve de Mallarmé, notre rêve se réalise – et non par nous. N'étions-nous pas capable d'une pareille réussite ? N'avions-nous pas naguère, à l'œuvre, enveloppé tels drames scandinaves de l'atmosphère homogène créée par des décors de Denis, de Vuillard, arabesques et tâches décoratives, sans trompe-l'œil ? N'avons-nous pas multiplié, un peu partout, les tentatives de danse et de mise en scène, ô Antoine, ô Gémier, ô Carré ? Manquions-nous de bonne musique à danser, Debussy, Magnard ?... de danseuses[29] ?...

Comme Gide, Ghéon rend la propension au réalisme responsable du manque d'audace des uns et des autres qui n'avaient pas le courage de la simplicité. « Le bon usage de moyens limités eût donné d'autres résultats entre des mains expertes et sûres. Pourquoi ces deux principes communs à tous les arts, unité de conception et respect de la matière, ne s'appliqueraient-ils pas au théâtre ? Avec *Shéhérazade*, avec *L'Oiseau de Feu*, la troupe russe aura su nous en persuader. Et comme gémissaient

28 André Gide, *Essais critiques*, édition présentée, établie et annotée par Pierre Masson, Paris, Gallimard, « Bibliothèque de la Pléiade », 1999, p. 189-190.

29 Henri Ghéon, *Nos directions*, Paris, Éditions de *La NRF*, 1911, p. 104.

d'aucuns sur la tradition, elle a ressuscité *Giselle*. Entre l'ancien et le nouveau ballet, nous étions libres de choisir. Mon choix est fait[30]. » À chaque ligne, pointent déjà les exigences qui seront celles du théâtre du Vieux-Colombier.

Cinq mois avant l'ouverture, en octobre 1913, du Vieux-Colombier, qu'il faut bien considérer comme le théâtre de *La NRF*, le public parisien put assister à l'une des Premières les plus mouvementées du tout nouveau théâtre des Champs-Élysées. Il venait d'être inauguré le 2 avril 1913 par un concert de musique française. Au programme : *La Mer* de Debussy, *L'Apprenti sorcier* de Paul Dukas, le prélude de *Ferval* de Vincent d'Indy, toutes œuvres dirigées par les compositeurs eux-mêmes, suivies par la création de l'*Ode à la musique* d'Emmanuel Chabrier. Le 29 mai suivant eut lieu la création devenue mythique du *Sacre du printemps*, au cours de laquelle défenseurs et détracteurs en vinrent aux mains. L'enthousiasme de Gide, de Ghéon et de Rivière fut immédiat.

Gide avait assisté à la soirée du 2 juin. S'il n'y fait pas tout de suite écho dans quelque note ou article, il mentionne pourtant maintes fois le *Sacre* comme l'événement musical le plus important de l'avant-guerre : ainsi au cours de sa conférence « Verlaine et Mallarmé », prononcée au Vieux-Colombier le 22 novembre 1913, trois semaines après la publication du grand article de Rivière dans *La NRF*. Soucieux de compléter les soirées théâtrales par des après-midi consacrées à la poésie, Copeau avait chargé Henri Ghéon d'organiser, en alternance, deux séries de douze conférences chacune, suivies de lectures, respectivement sur la poésie ancienne, de la *Chanson de Roland* à Baudelaire, et sur la poésie moderne, de Verlaine à Jules Romains. Ghéon avait fait l'ouverture le 15 novembre, Gide prit la suite huit jours plus tard.

Si l'un des premiers principes du Vieux-Colombier est de débarrasser, d'expurger l'art théâtral « d'un lyrisme postiche », ce n'est pas par mépris pour le lyrisme, qui a toute sa place dans la poésie, qu'elle soit ancienne ou moderne. Cette dernière commence avec Verlaine et Mallarmé, plutôt qu'avec Victor Hugo ou Baudelaire, parce que c'est avec eux que la poésie devient éminemment fluide et musicale. Certes, Victor Hugo pourrait être considéré comme le « père de la poésie moderne », mais son œuvre est « un fouillis de trésors », « une si abondante symphonie que le bruit

---

30 *Ibid.*, p. 104-105. *Giselle*, archétype du ballet romantique, avait été créé en 1841 avec Carlotta Grisi ; Fokine l'avait adapté en 1910 pour les Ballet russes.

y couvre souvent l'harmonie ». Verlaine, en revanche, renonce à « cette rhétorique » qui jusqu'à lui avait fait « l'ossature » de la poésie, « ce développement oratoire » formant « l'épine dorsale » de tout poème, encore chez Baudelaire, alors qu'à partir de Verlaine, la « poésie vertébrée » fait place à une « poésie fluide », celle que définit André Walter en commentant « Mon rêve familier » : « rythme alterné », « ondulement de la période », « rappel ininterrompu des assonances », « allitérations blanches et noires jusqu'à trois fois alternées », « impression de pas lents qui s'en vont dans un éloignement immuable ».

Et Gide cite, comme modèle parfait de musicalité, « Le Jet d'eau » de Verlaine, « Le Soir » de Marceline Desbordes-Valmore, « L'Invitation au voyage » de Baudelaire. Quant à Mallarmé, il représente à ses yeux la fin et l'accomplissement du Parnasse, auquel Baudelaire appartient par bien des côtés. Verlaine, lui, signifie l'éboulement, la désagrégation du Parnasse. Au passage, Gide proteste contre le reproche d'obscurité fait à Mallarmé par Faguet et Lanson. Ce qui lui permet d'ouvrir une fenêtre vers Stravinsky. « Étrangeté, préciosité, incompréhensibilité, laideur, le reproche est fait aussi bien à des œuvres musicales et picturales qu'à des œuvres littéraires. Hier encore, nous avons vu le succès de déni, de décri que l'on a fait à l'œuvre musicale la plus forte, la plus neuve, la plus drue qu'on ait donnée depuis longtemps – je veux dire *Le Sacre du printemps*, de Stravinsky – un succès de décri égal à celui que l'on fit naguère à Wagner[31]. » Et Gide de citer les exemples de Beethoven, de Debussy, de Cézanne, de Degas, de Manet, tous en butte à l'incompréhension du public, avant de devenir des classiques. Alors qu'il n'était pas difficile d'admirer Rostand…

Même si, dans sa propre pratique musicale, Gide a privilégié Bach et Chopin, il est resté attentif à Stravinsky et en 1933, il accepte, sur les instances d'Ida Rubinstein, de monter avec lui *Perséphone*, mise en scène de Copeau, chorégraphie de Kurt Jooss. La collaboration est loin d'être parfaite, Gide n'admettant pas de soumettre son texte à la musique. Il finira par s'éloigner du projet et refusera d'assister à la première, le 30 avril 1934, à l'Opéra de Paris.

La critique la plus empathique du *Sacre* est sans conteste celle de Jacques Rivière. Dès le 1er août 1913, il donne à *La NRF* une note rapide pour signaler l'événement, en attendant d'y revenir plus longuement. Ce

31 André Gide, *Essais critiques*, éd. citée, p. 500.

qu'il fait dans son grand article du 1er novembre. Jetons un coup d'œil sur le contexte. En mai, juin et juillet, Rivière avait publié son étude capitale sur « Le roman d'aventure », dont l'œuvre de Proust allait être comme la plus magnifique illustration. De juillet à novembre parut *Le Grand Meaulnes*, en septembre le *Manifeste* du théâtre du Vieux-Colombier, qui devait ouvrir le mois suivant. Autant dire que nous assistons à l'une des périodes fastes de *La NRF*[32]. Elle disposait désormais de sa maison d'édition et de sa salle de spectacle, trois secteurs d'une même entreprise dans laquelle Gide, Gallimard, Copeau, Schlumberger, Ghéon, Martin du Gard avaient tous des parts, au propre et au figuré.

Dans sa note du mois d'août, Rivière fait part du choc produit par le *Sacre*, bien plus violent que celui qu'il a ressenti devant d'autres productions russes. Sans doute parce que le *Sacre* est une œuvre collective, de Stravinsky, de Nijinski, de Roerich : « Chez nous, tout est individuel ; une œuvre forte et caractéristique porte toujours la marque d'un seul esprit. Il n'en est pas de même chez les Russes. S'il leur est impossible de communiquer avec nous, lorsqu'ils sont entre eux, ils ont une extraordinaire faculté de mêler leurs âmes, de sentir et de penser la même chose à plusieurs. » Et d'ajouter que cette « fusion des âmes » était, aux dires de Copeau, la caractéristique même des romans de Dostoïevski. Enfin, Rivière demande à « reprendre haleine, avant d'aborder de front *Le Sacre du printemps* et de remettre à un numéro prochain l'explication détaillée de sa nouveauté ».

Or, « la grande nouveauté du *Sacre du printemps*, c'est le renoncement à la "sauce". Voici une œuvre absolument pure. Aigre et dure, si vous voulez ; mais dont aucun jus ne ternit l'éclat, dont aucune cuisine n'arrange ni ne salit les contours. Ce n'est pas une "œuvre d'art", avec tous les petits tripotages habituels ». Pour Rivière, *Le Sacre* est « le premier chef-d'œuvre que nous puissions opposer à ceux de l'impressionnisme ». Et de comparer longuement Stravinsky à Debussy et de montrer comment Stravinsky se dégage du debussysme : « Il a compris que ce halo délicieux, au milieu duquel la musique de son maître apparaît toujours noyée, chez un disciple risquait de ne plus être que de la sauce. Il enlève délibérément à sa symphonie toute indécision, tout tremblement[33]. » Si la musique de

32 Rien n'est plus révélateur à cet égard que la consultation du précieux volume de Claude Martin, *Table et Index de* La Nouvelle Revue française *de 1908 à 1943*, *Les Cahiers de la NRF*, Paris, Gallimard, 2009.

33 *Études*, éd. citée, p. 351-353.

Debussy est insaisissable, ondoyante, fluide, ruisselante, limpide, celle de Stravinsky est sèche, brutale, contractée, crue, étouffée. Les images s'opposent terme à terme. Il en va de même de la chorégraphie et des danseurs, ayant également renoncé à la « sauce ». C'est tout le contraire de Loïe Fuller cherchant « à se perdre dans le milieu, à noyer ses mouvements dans des mouvements plus vastes et moins définis, à cacher toute forme précise dans une sorte d'effusion multicolore, dont elle n'est plus que le centre indistinct et mystérieux[34] ». La chorégraphie du *Sacre*, en revanche, est anguleuse, les mouvements des danseurs abrupts. C'est que cette œuvre plonge ses racines fort avant dans les couches les plus primitives de notre humanité. Le rite accompli, jamais expliqué, vient du fond des âges. Plus grave encore : le *Sacre* n'est pas seulement « la danse de l'homme le plus primitif », mais « la danse avant l'homme ». D'où, en dépit de l'admiration, l'angoisse, l'accablement même qui saisit Rivière : « J'avais sur le cœur la lourdeur des choses physiques, une inertie minérale. Pour la première fois je sentais aux doctrines évolutionnistes une sorte de possibilité désespérante[35]. »

Malgré son enthousiasme, Rivière, l'année suivante, rejette *Le Rossignol*. L'œuvre est un échec, parce qu'elle découle de la volonté de démonter la validité d'une esthétique, alors que cette esthétique était inhérente au *Sacre*. C'est après coup que Stravinsky se serait aperçu de sa proximité avec les cubistes et les futuristes, alors que dans *Le Rossignol*, il « insiste avant tout sur ses intentions[36] ». Certes, l'œuvre vaut mieux que « les élucubrations des disciples de Marinetti », mais elle ne s'élève pas au-dessus d'une démonstration.

L'attitude des hommes de *La NRF* envers les avant-gardes musicales ressemble donc fortement à celle qu'ils adoptent envers les avant-gardes littéraires. Formés au contact des symbolistes et des impressionnistes, ils ressentent certes le pressant besoin de dépasser les esthétiques qui avaient dominé la fin du XIXe siècle. Mais dans leur recherche de la nouveauté, ils sont soucieux de ne jamais perdre le contact avec les chefs-d'œuvre du passé et de garder présent à l'esprit le souci de l'œuvre à créer. Aussi privilégient-ils la musique française et celle qui est faite en France, les Russes étant en quelque sorte naturalisés. Ils ignorent très largement

---

34 *Ibid.*, p. 361.
35 *Ibid.*, p. 372-373.
36 *Ibid.*, p. 261.

– comme la plupart de leurs contemporains – la musique allemande, Brahms, Bruckner, Mahler. Seul Boris de Schlœzer semble y être sensible. C'est le seul, aussi, qui s'intéresse à l'École de Vienne. N'oublions pas cependant qu'il est plus facile d'aller à l'aventure en littérature qu'en musique. La programmation des salles de concert parisiennes était dans l'ensemble fort traditionnelle.

Il faudrait évidemment faire une place également aux compositeurs que *La NFR* détestait. Ainsi, Gide n'apprécie pas Darius Milhaud et Rivière n'aime pas Manuel de Falla, trop asservi au folklore national à son goût. Quant à Richard Strauss, il le juge carrément vulgaire.

La plupart des exemples que nous avons examinés datent des années qui ont précédé la Première Guerre mondiale. Celle-ci a-t-elle influé sur l'évolution du goût des uns et des autres ? A-t-elle renforcé le sens de la tradition ou poussé vers de nouvelles ruptures ? Dans le cas de Gide, on observe un double mouvement : certaines œuvres du passé s'éloignent parce qu'elles semblent appartenir à un monde qui n'est plus, d'autres se révèlent dans leur intemporalité. C'est ce qui ressort par exemple d'un passage du *Journal* du 25 septembre 1915, révélé seulement dans l'édition d'Éric Marty. Se remettant au piano en dépit des circonstances, Gide travaille plusieurs pièces d'Albeniz et reprend l'étude de Chopin et de Bach.

> Mais ici, autant et plus peut-être que pour les autres arts, ne me quitte pas le sentiment de l'archaïque, du périmé. Cette guerre achève de ruiner dans mon esprit toutes les formes du passé avec quoi nous avons vécu jusqu'à ce jour et qui nous ont élevés jusqu'à la communion la plus parfaite avec Dieu, je veux dire le sentiment de la noblesse et de la beauté – autant qu'elle fait Reims ou Louvain. La musique également réclame aujourd'hui une langue nouvelle, des intonations inouïes, une gamme encore inconnue. J'admire combien déjà certains (Debussy, Stravinsky surtout) étaient parvenus à reculer dans le passé les sonorités précédentes, jusqu'à ne plus nous laisser émouvoir que par les accents uniquement sincères et complètement exempts de rhétorique. De même en littérature, tout développement oratoire... Et de tous ces grands du passé, oserai-je avouer que celui qui m'ennuie le plus, c'est Beethoven. Bach, par contre, a depuis longtemps cessé de vieillir. La passion lasse ; pas la beauté. Dès que Mozart est pur, il est parfait[37].

37 André Gide, *Journal*, éd. citée, p. 889-890.

On aura noté que le but premier de l'art est bien l'élévation, que le critère qui permet de juger d'une œuvre est la sincérité. Quant aux « intonations inouïes », à la « gamme encore inconnue », ce ne sera pas la gamme chromatique. Gide restera définitivement attaché à l'harmonie. La fin de l'harmonie signifie pour lui la fin de l'art. En musique, elle lui paraît parfois proche :

> Ne prétendant plus à la consonance et à l'harmonie, vers quoi s'achemine la musique ? Vers une sorte de barbarie. Le son même, si lentement et exquisément dégagé du bruit, y retourne. On ne laisse d'abord paraître sur la scène que les seigneurs, les gens titrés ; puis la bourgeoisie, puis la plèbe. La scène envahie, plus rien ne la distingue bientôt de la rue. Mais, qu'y faire ? Quelle folie de s'opposer à cette marche fatale ! Dans la musique moderne les intervalles consonants de jadis nous font l'effet de « ci-devant[38] ».

Qui a dit que *La NRF* était une aristocratie de l'esprit ? Une aristocratie attachée à la Réforme, mais emportée par la Révolution.

Robert Kopp
Université de Bâle

38 André Gide, *Notes sur Chopin* (mardi 28 février 1928), Paris, Gallimard, 2010, p. 88.

ROMAN FUGUÉ ET FUGUE HUMAINE

(Re)présentations de Bach chez André Gide et Aldous Huxley

MÉDITER BACH

Quelques années après sa parution, en 1928, soit trois ans après celle des *Faux-Monnayeurs*, *Point Counter Point* est présenté par ses traducteurs comme un roman dont l'importance serait à imputer à sa parenté avec l'unique roman de Gide : en se plaçant comme lui sous le parrainage du musical et plus particulièrement de l'écriture contrapuntique, et en reprenant le principe – déjà adopté par les deux auteurs, respectivement dans *Paludes* et *Two or Three Graces*, mais plus volontiers associé à Gide – du romancier dans le roman et du récit enchâssé, *Point Counter Point* assume effectivement son influence gidienne. Il n'est donc pas étonnant qu'André Maurois le présente ainsi dans sa préface, en 1953 :

> Il semble qu'Aldous Huxley pénètre dans la zone des romanciers les plus grands. Tel sera du moins l'avis de ceux qui pensent que *Les Faux-Monnayeurs* sont un des grands romans français. Je suis de ceux-là[1].

Comparaison qui se défend doublement : romans musicaux, fugués, diront Guy Michaud et Pierre Brunel[2], *Les Faux-Monnayeurs* et *Point Counter Point* se revendiquent tous deux de la figure tutélaire de Bach. L'un en plaçant dans la bouche de son personnage principal cette célèbre formule :

---

1 André Maurois, *Préface à l'édition française de Contrepoint*, Paris, Plon, 1953, p. 7.

2 Lire à ce sujet le chapitre consacré aux *Faux-Monnayeurs* par Guy Michaud, in *L'Œuvre et ses techniques*, Nizet, Paris, 1957, et son commentaire par Pierre Brunel, in *Basso Continuo. Musique et Littérature mêlées*, Paris, PUF, 2001.

> Ce que je voudrais faire, comprenez-moi, c'est quelque chose qui serait comme l'*Art de la fugue*. Et je ne vois pas pourquoi ce qui fut possible en musique serait impossible en littérature[3].

L'autre en faisant référence dès son titre à la discipline d'écriture musicale associée à la période baroque, ou du moins à celle précédant l'ère classique et à Bach en particulier : le contrepoint. La première référence musicale de *Point Counter Point* est en effet la suite en si mineur de Bach, dont l'exécution donne lieu à une première série de considérations autour d'une « musicalisation de la fiction[4] » qu'Huxley explicitera trois cents pages plus loin par l'intermédiaire du personnage de Philip Quarles. Ici encore, c'est la fugue que l'on cherche à atteindre :

> Pendant ce temps, la musique continuait – la suite en si mineur, pour flûte et cordes. [...] Les voix vivent leurs vies bien séparées ; elles s'effleurent, leurs chemins se croisent, elles se réunissent un instant pour créer une harmonie finale et parfaite, puis se rompre à nouveau. Chacune d'entre elles est toujours seule, séparée et individuelle. « Je suis moi, dit le violon, le monde tourne autour de moi », « Autour de moi », crie le violoncelle, « Autour de moi », insiste la flûte. Et tous ont également raison et également tort ; et aucun d'eux n'écoutera les autres. La fugue humaine se compose de mille huit cents millions de voix. Le bruit qui en découle a peut-être un sens pour le statisticien, mais aucun pour l'artiste. Ce n'est qu'en considérant une ou deux voix à la fois que l'artiste peut y comprendre quelque chose[5].

Si l'on aurait tort d'attribuer l'intégralité des propos esthétiques d'Édouard et de Philip Quarles à Gide et à Huxley, leur goût pour Bach, et pour la forme d'écriture à laquelle il est le plus commodément associé – la fugue –, semble néanmoins tout aussi prononcé que celui de leurs *alter ego*. On lit en effet chez Gide, au sujet de l'*Art de la Fugue*, les mots suivants :

---

3 André Gide, *Les Faux-Monnayeurs*, Paris, Gallimard, 1925, p. 209.

4 « musicalisation of fiction », Aldous Huxley, *Point Counter Point*, London, Vintage, p. 384.

5 « *Meanwhile the music played on – Bach's Suite in B minor, for flute and strings. [...] The parts live their spearate lives ; they touch, their paths cross, they combine for a moment to create a seemingly final and perfected harmony, only to break apart again. Each is always alone and separate and individual. "I am I", asserts the violin ; "the world revolves round me." "Round me", calls the cello, "Round me," the flute insists. And all are equally right and equally wrong ; and none of them will listen to the others. In the human fugue there are eighteen hundred million parts. The resultant noise means something perhaps to the statistician, nothing to the artist. It is only by understanding one or two parts that the artist can understand anything.* » *Ibid.*, p. 30-31.

> Je me suis remis au piano ; m'étonne de jouer maintenant si aisément les *Sonates* de Beethoven – du moins celles que, dans le temps, j'avais beaucoup travaillées, puis laissées. Mais leur pathos m'exténue et ce qui me satisfait le plus aujourd'hui, c'est Bach, et peut-être surtout son *Kunst der Fuge*, dont je ne puis me lasser. Cela n'a presque plus rien d'humain, et ce n'est plus le sentiment ou la passion qu'il éveille, mais l'adoration. Quel calme ! Quelle acceptation de tout ce qui est supérieur à l'homme ! Quel dédain de la chair ! Quelle paix[6] !

Chez Huxley, c'est encore l'*Art de la Fugue*, qui ne compte pourtant alors ni parmi les œuvres les plus jouées, ni parmi les plus connues de Bach, qui fait l'objet d'une grande attention :

> La *Missa Solemnis*, de Beethoven, et ses quatuors posthumes, ou l'*Art de la Fugue* de Bach, m'ont toujours paru les œuvres métaphysiques les plus subtiles, les plus profondes et les plus achevées qui aient jamais été composées[7].

Les qualités mises en avant – cérébralité, mesure – tranchent considérablement avec le portrait littéraire de la musique tel qu'on a pu le lire jusqu'au siècle précédent. Il est à ce sujet assez parlant que la référence à Bach vienne, à ces deux occasions, peu après une allusion à Beethoven, au sujet duquel Gide et Huxley semblent cependant – on y reviendra – en désaccord. C'est que le choix de la figure de Bach comme modèle esthétique, dans l'entre-deux-guerres, va souvent de pair avec un anti-romantisme certain[8]. En témoigne cette formule pour le moins lapidaire de Jean Cocteau, extraite de son essai *Le Coq et l'Arlequin* :

> Beethoven est fastidieux lorsqu'il développe, Bach pas, parce que Beethoven fait du développement de forme, et Bach du développement d'idée. Beethoven dit : « Ce porte-plume a une plume neuve – il y a une plume neuve à ce

6 André Gide, *Journal. 1889-1939*, 1er décembre 1921, Paris, Gallimard, « Bibliothèque de la Pléiade », 1948, p. 705-706.

7 Lettre à Schudder Klyce, 6 juin 1930. « *Beethoven's "Missa Solemnis", for example, and his posthumous quartets, Bach's "Art of the Fugue" have always struck me as te subtlest, profoundest and completest metaphysical works ever composed.* », cité dans Jean-Louis Cupers, *Aldous Huxley et la musique : à la manière de Jean-Sébastien*, Bruxelles, Facultés universitaires Saint-Louis, 1985, p. 35.

8 C'est, en substance, le propos de l'article de Timothée Picard : « L'art en tant qu'éthique sonore, fugue et contrepoint : le modèle de Jean-Sébastien Bach dans la littérature européenne du XXe siècle », in *Musique et Littérature : jeux de miroirs*, Andrée-Marie Harmat (dir.), Toulouse, Éditions universitaires du Sud, 2009. Il commente également les aspirations formalistes des auteurs anti-wagnéristes : *L'Art total : grandeur et misère d'une utopie (autour de Wagner)*, Rennes, Presses Universitaires de Rennes, 2006.

> porte-plume – neuve est la plume de ce porte-plume » ou « Marquise, vos beaux yeux… »
>
> Bach dit : « Ce porte-plume a une plume neuve pour que je la trempe dans l'encre et que j'écrive, etc. » ou « Marquise, vos beaux yeux me font mourir d'amour, et cet amour, etc. » Voilà toute la différence[9].

EN FINIR AVEC WAGNER

Sans pour autant se présenter comme des anti-romantiques – Huxley n'évoquera jamais Beethoven en des termes comparables, et Gide dédiera les pages que l'on sait de Chopin –, Gide et Huxley partagent la même aversion pour Wagner, ce dont témoignent plusieurs de leurs écrits respectifs. Ainsi, dans une lettre à Stravinsky, Huxley ne l'évoquera qu'en ces termes lapidaires :

> Je partage votre avis sur Wagner. J'ai entendu un morceau de *Parsifal* à la radio pour Pâques – le concert du Vendredi saint – et tout cela m'a donné encore plus mal au cœur – à l'estomac, diraient les Américains – qu'auparavant. La spiritualité selon Wagner était une sorte *d'onanisme prolongé à l'infini*[10].

On lit également dès 1907 dans le journal de Gide ces propos pour le moins véhéments à l'encontre de Strauss, à propos de sa pièce la plus wagnérienne, *Salomé* :

> indiscrétion des moyens et monotonie des effets, fastidieuses insistances, insincérité flagrante ; mobilisation indiscontinue de toutes les ressources. De même Hugo, de même Wagner, quand les métaphores leur viennent en tête pour exprimer une idée, ne choisira pas, ne nous fera grâce d'aucune. Inartistisme foncier de cela. Amplification systématique, etc. Défaut qu'il n'est même pas intéressant d'examiner. Mieux vaut condamner l'œuvre en bloc, et attendre les baïonnettes, parce que, cet art-là, c'est vraiment *l'ennemi*[11].

---

9 Jean Cocteau, *Le Coq et l'Arlequin* [1918], in *Romans, poésies, œuvres diverses*, Paris, La Pochotèque, 1995, p. 431.

10 En français dans le texte : « *I agree with you about Wagner. I heard a bit of the* Parsifal *Good Friday music at Easter time on the radio, and it made me feel even more "sick to my stomach", as the Americans say, than in the past. Wagner's idea of spirituality was a kind of* onanisme prolongé à l'infini. » *Letters of Aldous Huxley. 1889-1939*, New York, Harper & Row, 1970, p. 570.

11 André Gide, *Journal*, 22 mai 1907, *op. cit.*, p. 246.

Ennemi dont il détaille davantage les travers huit mois plus tard :

> J'ai la personne et l'œuvre de Wagner en horreur ; mon aversion passionnée n'a fait que croître depuis mon enfance. Ce prodigieux génie n'exalte pas tant qu'il n'*écrase*. Il a permis à quantité de snobs, de gens de lettres et de sots de croire qu'ils aimaient la musique, et à quelques artistes de croire que le génie s'apprenait. L'Allemagne n'a peut-être jamais rien produit à la fois d'aussi grand ni d'aussi barbare[12].

L'aversion devient ici « passionnée », et ni le génie, ni la grandeur de Wagner ne sont véritablement remis en cause. Le vrai problème de Gide n'est donc pas tant, semble-t-il, le wagnérisme que les wagnériens. Huxley adopte quant à lui une position certes tranchée, mais plus réfléchie. Admiratif des ambitions totalisantes de Wagner, il se montre peu convaincu quant à la réussite de la démarche :

> parmi les compositeurs, certains, hommes de lettres des plus doués – Berlioz par exemple, et Wagner – ont laissé leur littérature contaminer leur musique : le résultat s'avère inquiétant, voire désastreux[13].

Ce n'est finalement pas le dialogue entre littérature et musique qui semble poser problème, mais bien la tournure prise par une telle réappropriation. Le rapprochement de Berlioz et de Wagner renvoie de toute évidence aux concepts très similaires d'« idée fixe » et de leitmotiv, qui, bien que théorisés respectivement par Berlioz et à propos de Wagner, trouvent, comme le rappelle à juste titre Isabelle Piette, leur origine dans la littérature[14]. Les notes de Philip Quarles dans *Point Counter Point*, lorsqu'elles évoquent la possibilité de dire la musique, évacuent donc en premier lieu tout héritage wagnérien et symboliste.

Il s'agira alors d'échapper à un énième dialogue stérile entre les arts, où la littérature, art représentatif, se voit contrainte de glisser vers le présentatif, parallèlement au mouvement inverse observé du côté musical,

12 André Gide, *Journal. 1889-1939*, 25 janvier 1908, *op. cit.*, p. 259.

13 « *some of the most gifted literary men among the composers – Berlioz, for example, and Wagner – have allowed their literature to get into their music, with disquieting and even disastrous results.* » Aldoux Huxley, *Vogue*, 15 février 1953, cité dans Jean-Louis Cupers, *Aldous Huxley et la musique : à la manière de Jean-Sébastien*, *op. cit.*, p. 386.

14 Isabelle Piette, *Littérature et musique : contribution à une orientation théorique 1780-1985*, 1987, Namur, PUN, 1987, p. 93.

résumé assez brillamment par Jean-Louis Cupers dans son essai *Euterpe et Harpocrate, ou le défi littéraire de la musique* :

> la musique à programme se veut narrative là où la littérature renonce à raconter, la littérature se veut répétitive là où la musique renonce à répéter[15].

ROMAN D'IDÉES ET FUGUE

Huxley rejoint ici la démarche d'un Gide tour à tour « symboliste et déserteur[16] », en plaidant, non seulement pour l'intrusion de la musique dans la fiction, mais au même titre, et dans le même truchement schopenhauerien, pour un « roman d'idées » :

> Roman d'idées. Le caractère de chaque personnage doit être indiqué, autant que possible, dans les idées dont il est le porte-parole. Tant que les théories restent des rationalisations de sentiments, d'instincts, d'états d'âme, cela reste faisable[17].

La référence au dialogue entre Sophroniska, Bernard, Laura et Édouard, qui oppose roman d'idées et roman à thèse – peu traduisible en anglais puisque les deux dénominations désignent des genres tenus pour équivalents, malgré l'usage péjoratif de la seconde – est évidente :

> En guise de roman d'idées, on ne nous a servi jusqu'à présent que d'exécrables romans à thèses. Mais il ne s'agit pas de cela, vous pensez bien. Les idées…, les idées, je vous l'avoue, m'intéressent plus que les hommes ; m'intéressent par dessus tout. Elles vivent ; elles combattent ; elles agonisent comme les hommes[18].

---

15 Jean-Louis Cupers, *Euterpe et Harpocrate, ou le défi littéraire de la musique : aspects méthodologiques de l'approche musico-littéraire*, Bruxelles, Facultés universitaires Saint-Louis, 1988, p. 54.

16 Pour reprendre le mot de Jean-Michel Wittmann, *Symboliste et déserteur : les œuvres « fin de siècle » d'André Gide*, Paris, Honoré Champion, 1997.

17 « Novel of ideas. The character of each personage must be implied, as far as possible, in the ideas of which he is the mouthpiece. In so far as theories are rationalizations of sentiments, instincts, dispositions of soul, this is feasible. » Aldous Huxley, *Point Counter Point*, *op. cit.*, p. 385-386.

18 André Gide, *Les Faux-Monnayeurs*, *op. cit.*, p. 208-209.

La « tentation de l'écriture fuguée[19] » revendiquée par Édouard et Philip Quarles prend alors tout son sens : contrôlée, codée, la fugue permet, davantage que le recours au leitmotiv et à d'autres modes d'écriture purement harmoniques, d'instaurer le principe d'une polyphonie réfléchie dans le roman. Le contrepoint, discipline d'écriture horizontale par excellence, permet de faire cohabiter dans un même espace des voix d'égale importance là où l'harmonie permet avant tout l'émergence de la mélodie. La fugue, forme d'écriture contrapuntique la plus aboutie, établit des liens d'imitation entre les idées développées – sujet, réponse, contre-sujet et ainsi de suite. Et, chez Gide, plus encore qu'à la fugue, c'est à la fugue-miroir que s'apparente la structure du roman, celle dont la réponse au sujet n'est autre que le sujet inversé. Deux fugues de ce genre sont effectivement présentes dans l'*Art de la Fugue* (Contrepoint XVI et XVII).

Référence qui permet à Gide, selon Guy Michaud, de réaliser le projet d'Édouard, à savoir mettre en scène « la rivalité du monde réel et de la représentation que nous nous en faisons[20] » – comparable à la démarche de Quarles, présentant « des gens dissemblables résolvant les mêmes problèmes » et « des gens semblables confrontés à des problèmes différents[21] » –, mise en pratique dès lors qu'Édouard formule du même coup le point de départ de son roman et celui des *Faux-Monnayeurs* :

> J'invente un personnage de romancier que je pose en figure centrale ; et le sujet du livre, si vous voulez, c'est précisément la lutte entre ce que lui offre la réalité et ce que, lui, prétend en faire[22].

Les thèmes développés dans *Les Faux-Monnayeurs*, non contents de se voir accorder une importance presque égale, et de s'emmêler tout au long de l'intrigue en se répondant les uns aux autres, se définissent dans leurs correspondances et similitudes les uns avec les autres, et dans leur rapport à une réalité difficile à définir.

Guy Michaud voit ainsi dans *Les Faux-Monnayeurs* une fugue se composant d'un sujet (la fausse monnaie), de sa réponse (la fausse monnaie

19 Pour reprendre la formule de Pierre Brunel, dans *Basso Continuo. Musique et Littérature mêlées*, *op. cit.*, p. 51.
20 André Gide, *Les Faux-Monnayeurs*, *op. cit.*, p. 206.
21 Cité dans Jean-Louis Cupers, *Aldous Huxley et la musique : à la manière de Jean-Sébastien*, *op. cit.*, p. 195.
22 André Gide, *Les Faux-Monnayeurs*, *op. cit.*, p. 206.

morale), d'un contre-sujet (l'aventure) et de sa réponse (la sincérité). Il propose également la piste de lecture suivante[23] :

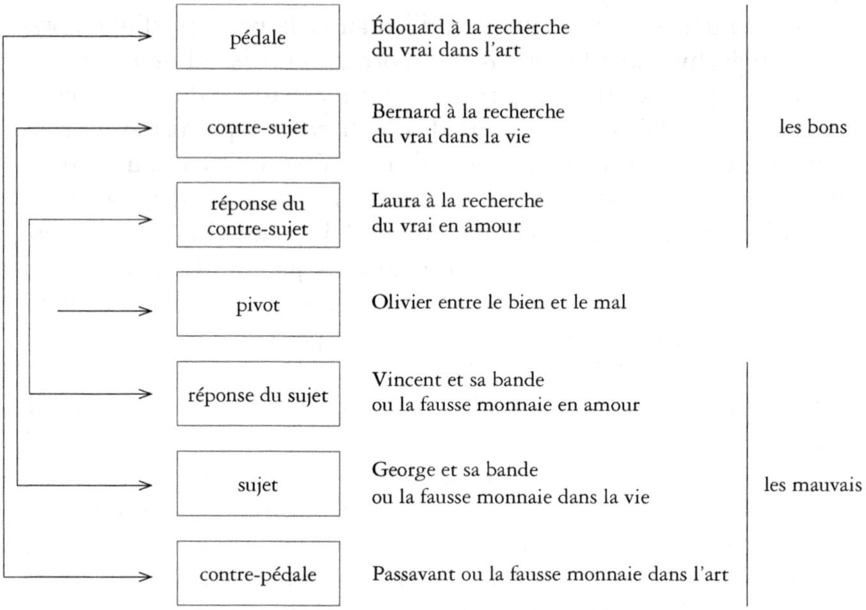

Tout à fait convaincante tant qu'elle énonce les procédés imitatifs et les liens d'interdépendance des thèmes développés, cette analyse ne permet cependant pas d'appliquer à l'ensemble du récit la structure à proprement parler d'une fugue. La linéarité du roman, monodique, ne peut produire, à défaut d'un contrepoint, qu'un effet de contrepoint[24].

Jean-Louis Cupers lit, pour sa part, dans la structure de *Point Counter Point* une structuration du récit autour de références musicales précises et empruntant à la fugue non pas uniquement le procédé d'entrelacement de ses voix – ici aussi, de toute évidence, moins strict et réglé – mais l'évolution de l'agencement au fil des phases d'une fugue d'école, à savoir l'exposition des thèmes, puis leur développement, et, pour conclure, la strette – le resserrement des voix – et la coda[25] :

23 Guy Michaud, *L'Œuvre et ses techniques*, Paris, Nizet, 1957, p. 168 et 171.
24 Françoise Escal, *Contrepoints*, Paris, Méridiens Klincksieck, 1990, p. 170.
25 Jean-Louis Cupers, *Aldous Huxley et la musique : à la manière de Jean-Sébastien*, *op. cit.*, p. 198.

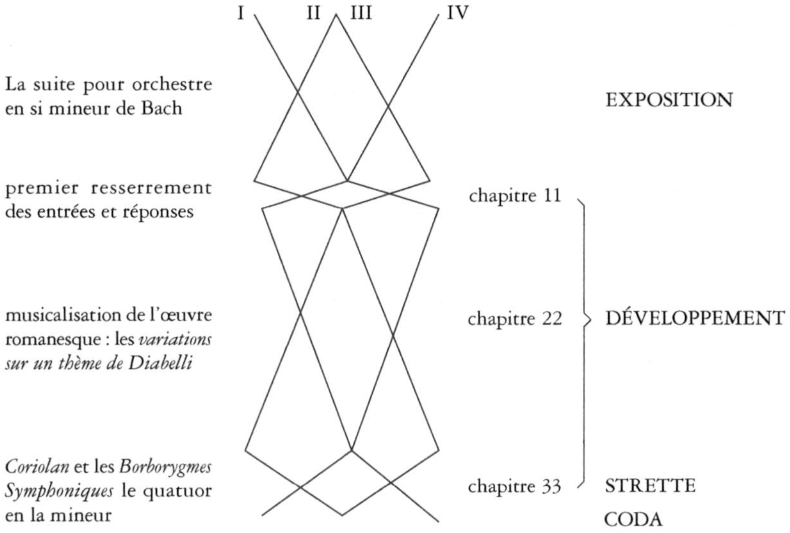

BACH COMME CANON

Plus logogène que le roman fugué avant tout méloforme d'André Gide[26], *Point Counter Point* invoque quatre références musicales explicites : trois occurrences de Beethoven, et seulement une de Bach[27], ce qui semble pour le moins paradoxal pour un roman se revendiquant du contrepoint. C'est que, comme l'analysera à juste titre Jean-Louis Cupers, chez Huxley, le commentaire sur Bach *est* Beethoven :

> C'est Beethoven plutôt que Bach qui constitue la présence musicale majeure du roman, et tout particulièrement le Beethoven de la dernière manière,

26 Frédéric Sounac, dans sa thèse, *Modèle musical et « composition » romanesque dans la littérature française et allemande du* XX*e siècle : genèse et visages d'une utopie esthétique*, distingue trois modes de présences musicales dans la littérature : le mode « logogène », consistant à tenir un discours sur le musical, le mode« méloforme », procédant à une application de techniques musicales sur la structure même de l'œuvre, et le mode « mélogène », opérant une musicalisation de la langue.

27 Jean-Louis Cupers, *Aldous Huxley et la musique : à la manière de Jean-Sébastien*, *op. cit.*, p. 182.

> celui dont on a dit que Beethoven y est doublé de Bach puisqu'il fait revivre fugue, variation et récitatif[28].

Le carnet de Quarles, en plaidant pour une musicalisation du roman, n'évoque effectivement pas Bach, mais Beethoven :

> Méditer Beethoven. Les changements d'humeur, les transitions abruptes. La majesté alternant avec la plaisanterie, comme dans le premier mouvement du quatuor en si bémol majeur [...]. Un thème est exposé, puis développé, changé, imperceptiblement déformé, jusqu'à ce que, tout en restant le même, reconnaissable, il soit devenu tout à fait différent. Dans les séries de variations, le procédé est porté un pas plus loin. Par exemple, ces incroyables variations sur un thème de Diabelli[29].

Les deux références musicales citées ici comportant chacune un mouvement de fugue (dont la célèbre *Grande Fugue opus 133*), on comprend cependant que le sujet n'est peut-être pas tant l'œuvre de Beethoven même mais sa continuation de Bach et de son genre de prédilection, enrichi d'un apport beethovénien considérable, à savoir la variation amplificatrice. On en aura la confirmation, un peu plus loin :

> Mettre un romancier dans le roman. Il étaye des généralisations esthétiques, ce qui peut être intéressant – du moins pour moi. Il justifie également le recours à l'expérience. Des échantillons de son œuvre pourront illustrer d'autres manières, possibles ou impossibles, de raconter une histoire. Et en lui faisant raconter des parties de la même histoire qu'on raconte soi-même, on peut élaborer une variation sur le thème[30].

C'est également à un continuateur de Bach qu'André Gide fait allusion dès l'ouverture de son *Journal des Faux-Monnayeurs* :

---

28 *Ibid.*, p. 182.

29 « *Medidate on Beethoven. The changes of moods, the abrupt transitions. Majesty alternating with a joke, for example, in the first movement of the B flat major quartet. [...] A theme is stated, then developed, pushed out of shape, imperceptibly deformed, until, though still recognizably the same, it has become quite different. In sets of variations the process is carried a step further. Those incredible Diabelli variations, for example.* » Aldous Huxley, *Point Counter Point*, *op. cit.*, p. 384.

30 « *Put a novelist into the novel. He justifies aesthetic generalizations, which may be interesting – at least to me. He also justifies experiment. Specimens of his work may illustrate other possible or impossible ways of telling a story. And if you have him telling parts of the same story as you are, you can make a variation on the theme. But why draw the line at one novelist inside your novel? Why not a second inside his? A.* » *Ibid.*, p. 385.

> Je suis comme un musicien qui cherche à juxtaposer et imbriquer, à la manière de César Franck, un motif d'andante et un motif d'allegro[31].

Les deux mouvements cités renvoient au célèbre *Prélude, Fugue et variation op. 18* pour orgue. Le tempo d'andante y est indiqué à la fois pour le prélude et la variation, soit à l'ouverture et à la conclusion de l'opus. Conclusion inspirée des variations sur choral de Bach, qui échafaude au clavier de Positif de nouveaux développements autour du thème du Prélude, là où Bach les basait avant tout sur un *cantus firmus*, avant de réadapter ces œuvres vocales à l'orgue. Quant à l'allegro, il désigne évidemment la fugue, invoquant l'œuvre de Bach mais s'affranchissant considérablement des règles du contrepoint fleuri, en introduisant notamment un intervalle de quarte à vide entre les deux premières voix.

Si Bach constitue donc le point de départ des *Faux-Monnayeurs* et de *Point Counter Point*, l'évolution de ces deux tentatives de romans fugués vers des procédés compositionnels postérieurs, relevant davantage de l'harmonie que du contrepoint – la variation amplificatrice et la forme cyclique, donc –, indique, sinon un potentiel aveu d'échec de la réappropriation littéraire de la fugue, du moins une volonté de réinscrire cette forme d'écriture dans l'histoire de la musique. Si Timothée Picard met avant tout sur le compte de ce développement important, au lendemain de la Première Guerre mondiale, d'une littérature inspirée de la fugue, ce désir de « parrainage spirituel[32] » ambigu, il relève cependant surtout de problématiques éminemment musicales et propres à leurs auteurs.

Le désaveu de Gide devient alors parlant, à la lecture de ces quelques mots pour le moins expéditifs au sujet de *Point Counter Point* :

> Pour la troisième fois (je crois même : la quatrième) je prends un grand élan pour me lancer dans le *Contrepoint* de Huxley, car on m'a dit qu'il faut savoir dépasser le début. Mais que penser d'un livre dont je lis attentivement les 70 premières pages sans y pouvoir trouver un trait un peu fermement dessiné, une pensée, une émotion ou une sensation personnelle, le moindre appât pour le cœur ou l'esprit, qui m'invite à continuer ? Poussé jusqu'à la page 115, à

31 André Gide, *Journal des Faux-Monnayeurs*, Paris, Gallimard, 1927, p. 13-14.

32 Timothée Picard, « L'art en tant qu'éthique sonore, fugue et contrepoint : le modèle de Jean-Sébastien Bach dans la littérature européenne du XXe siècle », dans *Musique et Littérature : jeux de miroirs*, *op. cit.*, p. 261.

> grand effort. Illisible. J'ai pourtant du cran pour les lectures. J'en suis à ne point comprendre qu'il y ait eu des gens pour continuer[33].

Malgré tout manifestes esthétiques et musicaux, *Les Faux-Monnayeurs* et *Point Counter Point*, en partant de Bach et de la fugue, dessinent effectivement des itinéraires foncièrement différents. Ne serait-ce que dans leurs choix musicaux. Gide propose comme unique référence, du moins au sein même des *Faux-Monnayeurs*, l'*Art de la Fugue*, « symbole relativement flou de cette relation idéale qu'il voit entre l'art et l'existence[34] », selon Cupers, mais surtout œuvre confidentielle, dont la première exécution orchestrale et dans son intégralité n'aura lieu qu'en 1927 à Leipzig, et dont l'interprétation au clavier, en public, n'était pas courante – d'où sa qualification d'*Augenmusik*. Le choix de la suite en si mineur, moins austère et plus accessible, par Aldous Huxley place ici ses personnages en position d'auditeurs. Ce qui explique donc que les deux auteurs élaborent, malgré un modèle et des motifs communs, deux romans aux conclusions dissemblables.

Suzanne Lay
Université Aix-Marseille I

33 André Gide, *Poésie, Journal, Souvenirs*, Paris, Gallimard, 1952, p. 353.

34 Jean-Louis Cupers, *Aldous Huxley et la musique : à la manière de Jean-Sébastien*, *op. cit.*, p. 257.

DARIUS MILHAUD, LECTEUR DE *LA PORTE ÉTROITE*

En 1913, à l'époque où, sous le titre d'*Alissa*, il met pour la première fois en musique *La Porte étroite*, Darius Milhaud a tout juste 21 ans. Claudel écrit alors à Gide :

> Il y a un jeune juif d'Aix nommé Darius Milhaud qui désire vivement faire votre connaissance. Il a fait des mélodies sur des poèmes de Jammes et de moi et il voudrait en faire sur les vôtres. C'est un garçon très doué, plein de force, de rythme, de virilité, ce qui est rare chez les musiciens d'aujourd'hui[1].

À travers ces quelques éléments de présentation, on saisit d'emblée tout ce qui peut alors séparer le compositeur du romancier, notamment sur un sujet comme celui de *La Porte étroite*. Non seulement Darius Milhaud s'oppose à l'écrivain par sa jeunesse et par sa fougue, mais il se met au service d'une foi profondément enracinée dans la culture israélite – foi qui ne peut que trancher sur celle que saurait exprimer, avec plus d'austérité et sans doute plus d'inquiétude, un écrivain de tradition protestante. Outre que Milhaud est un juif croyant – il le sera jusqu'à la fin –, sa musique vocale, notamment en ses vertes années, est profondément influencée par la liturgie du Peuple élu. En 1916, il met en musique huit *Poèmes juifs* pour voix et piano et neuf ans plus tard six *Chants populaires hébraïques* et surtout *Esther de Carpentras*, divertissement sous-titré *Carnaval hébraïque*, et destiné à la fête de Pourim. En 1926, il compose l'*Hymne de Sion* et *Israël est vivant*, sur des paroles d'Albert Cohen, puis, l'année suivante, trois *Prières journalières à l'usage des juifs du Comtat venaissin*. En 1928 enfin, il achève sa *Cantate pour louer le Seigneur*, fondée sur les Psaumes 117, 121, 123 et 150. Bref, entre 1913, année où il met au point la première partition d'*Alissa*, et 1931, année

1 Paul Claudel – André Gide, *Correspondance 1899-1926*, Robert Mallet (éd.), Paris, Gallimard, 1949, p. 212, lettre du 9 octobre 1913.

où il en donne la version définitive révisée, il ne cesse de reprendre des mélodies ou des textes juifs.

Sans doute peut-on donner raison à Anne L. Patterson, lorsqu'elle estime que le tempérament de Milhaud est plus latin, méditerranéen même, que réellement israélite. Dans un essai inédit, rédigé aux alentours de 1945 et intitulé « The Problem of Jewish Music », le compositeur lui-même le reconnaît volontiers :

> J'ai étudié à fond la liturgie des juifs provençaux et l'ai utilisée dans certaines de mes œuvres à caractère juif ou religieux. Mais toutes les caractéristiques de ma musique sont françaises et méditerranéennes, et même plus précisément latines. Mon âme de Français du midi se sent à l'aise dans n'importe quelle atmosphère latine[2].

Quelques années plus tôt d'ailleurs, dans une autre conférence inédite, en langue française cette fois, Milhaud avait vanté les « claires mélodies que chantent sur leurs galoubets les tambourinaires au rythme soutenu et monotone des tambourins, rythme aussi régulier et vital que celui du sang qui bat dans nos artères[3] ».

Mais ce n'est là sans doute qu'une différence de plus à l'égard d'André Gide et l'on comprend que celui-ci écrive dans son *Journal*, à la date du 28 septembre 1915 :

> Darius Milhaud est venu hier, vers la fin du jour, jouer le poème symphonique qu'il vient de composer sur un des poèmes de Tagore que j'ai traduits. Où je n'ai entendu que du bruit[4].

Si l'écrivain a bien peu apprécié les arpèges impressionnistes du poème du *Gitanjali*, on peut supposer qu'il a reçu *Alissa* de façon moins

---

2 Je traduis. Cité par Anne L. Patterson, *The Solo Songs of Darius Milhaud. A Historical and Analytical Contribution to the Curriculum of the College Voice Studio*, Thèse inédite, Université de Floride, 1989, p. 37 : « *I have studied very deeply the liturgy of the Provençal Jews and use it in some work of Jewish or religious character. But all the characteristics of my music are French and mediterranean, or even more accurately, Latin. [...] My Southern French soul feels at ease in any Latin atmosphere.* » La conférence a été publiée tardivement dans une version française : « La Musique juive », dans *Revue des études juives*, n° 155, 1996.

3 « La Musique en Provence », conférence présentée à la « Fédération régionaliste », 1938, Archives Milhaud, p. 10. Voir, dans le même esprit, « La Musique méditerranéenne », Alger, 1934, archives Milhaud ; cité par Barbara L. Kelly, *Tradition and Style in the Works of Darius Milhaud, 1912-1939*, Hants, Ashgate, 2002.

4 André Gide, *Journal*, t. II, p. 891.

enthousiaste encore. Milhaud ne s'en cache pas, lui qui note dans son autobiographie :

> Je ne pense pas qu'*Alissa* (la Suite que j'avais extraite de *La Porte étroite*) plut beaucoup à Gide. Après l'avoir entendue, il me dit de sa voix chantante : « Je vous remercie de m'avoir fait sentir si belle ma prose[5]. »

Pour autant, peut-on estimer que le musicien a été un lecteur partiel, voire partial de *La Porte étroite* ? La thèse s'est imposée chez les musicologues. Ainsi, Barbara L. Kelly écrit-elle dans l'important essai qu'elle a consacré au compositeur aixois :

> Milhaud élabore sa propre structure à partir des passages qu'il sélectionne dans *La Porte étroite* de Gide. La forme qui en résulte diffère considérablement de l'original gidien[6].

Le présent article se fixe au contraire comme but de faire apprécier la finesse de la lecture « intuitive » qu'a menée le compositeur. Milhaud ne pouvait certes, dans un cycle de mélodies, reprendre l'ensemble du roman, mais il n'en fournit pas moins une interprétation empathique et subtile de l'œuvre. Voilà bien ce que démontrent non seulement la structure du « cycle » de mélodies – puisque c'est à cette forme qu'on rattache le plus souvent *Alissa* –, mais encore le traitement musical exceptionnel que le compositeur fait du lexique de Gide ; deux caractéristiques fortes qui permettent de mesurer à quel point la musique de Milhaud peut être entendue comme une interprétation subtile des structures profondes de *La Porte étroite*.

---

5 Darius Milhaud, *Ma vie heureuse*, Paris, Belfond, 1987, p. 43.

6 Je traduis. Barbara L. Kelly, *Tradition and Style in the Works of Darius Milhaud*, *op. cit.*, p. 110 : « *Milhaud built his own structure from selected passages of Gide's* La Porte étroite. *The resulting shape [...] differs considerably from the Gide original.* »

ALISSA ET *LA PORTE ÉTROITE*, DEUX ÉDIFICES PARALLÈLES

Commençons donc par l'examen de ces deux édifices jumeaux : *La Porte étroite* et *Alissa*. En écho aux propos de Barbara L. Kelly, Pierre Cortot, auteur d'une thèse remarquable sur *Darius Milhaud et les poètes*, fait état de façon très exagérée des libertés qu'aurait prises le compositeur à l'égard du texte. Il écrit par exemple :

> le texte lui-même n'est pas tout à fait celui que Milhaud a trouvé dans le roman. La partition des éditions Heugel signale en note au bas de la première page, après la mention du titre (*Alissa*, paroles d'André Gide), que les paroles sont « extraites » de *La Porte étroite*. Rappelons à ce propos une des approches à peu près constantes du texte de Milhaud. Le travail de création musicale s'accompagne la plupart du temps d'une recomposition de l'ensemble des textes. L'ordre des fragments peut se trouver profondément modifié [...]. Dans la « suite » d'*Alissa*, la tâche du musicien se trouve encore compliquée par l'emprunt des textes à une œuvre romanesque – donc narrative[7].

Or, il est clair que Darius Milhaud tout en transformant, c'est vrai, le roman en drame poétique, suit avec une fidélité remarquable le fil du récit gidien et, ce faisant, poursuit un projet qui n'est pas si éloigné de celui du romancier.

La remarque fondamentale que formule Barbara L. Kelly et que reprend implicitement Pierre Cortot concerne la première pièce du cycle. Un bon exemple, écrit Barbara L. Kelly, à propos de ce morceau et des modifications que fait subir le compositeur au texte original,

> est la décision que prend Milhaud de commencer son cycle de mélodies par la citation biblique [...] paraphrasée par Gide. [...] Le passage fonctionne différemment dans le roman de Gide. Bien qu'il intitule son œuvre *La Porte étroite*, la citation biblique n'est pas placée au début du récit. C'est bien le pasteur qui en fait lecture durant son sermon, lors d'un office religieux auquel assistent Jérôme, Alissa et leurs familles. Jérôme, frappé par ces mots, se convainc de figurer parmi ceux qui trouvent la porte étroite afin d'être digne d'Alissa. En plaçant ce passage au premier plan, Milhaud déplace la référence de Jérôme à Alissa[8].

---

7 Thèse inédite soutenue à l'EHESS le 15 mars 2003, p. 280.

8 Je traduis. *Tradition and Style in the Works of Darius Milhaud, 1912-1939*, *op. cit.*, p. 110 : « *A case point is Milhaud's decision to begin the song-cycle with the biblical quotation [...]*

Certes, on y reviendra, Milhaud privilégie de façon évidente le personnage féminin. Mais ce choix est sans conséquence immédiate sur la structure même de l'œuvre, entendue comme séquence chronologique. Ce premier emprunt de Milhaud au texte de Gide se trouve dans le chapitre inaugural du roman. Il ne bouleverse donc en rien l'ordre des fragments utilisés par le compositeur, puisque les passages repris par la suite appartiennent tous aux chapitres suivants.

Par ailleurs, ce fragment remplit une triple fonction. Il renvoie tout d'abord au titre de Gide – qui n'est pas celui de la partition. Il fait en outre écho à l'épigraphe du roman, lequel renvoie le lecteur au début de la citation biblique. Ainsi, et contrairement à ce que prétend Barbara L. Kelly, cet air inaugural reprend les premiers mots du texte : le titre et l'exergue. Bien plus, et c'est là sa troisième fonction, il légitime le mouvement d'ensemble qui donne à la fois au roman et à la composition musicale tout leur dynamisme. Il justifie la suprématie du personnage féminin. Dans son *Journal*, en date du 7 novembre 1909, Gide soulignait déjà à quel point la prose d'Alissa l'emportait sur celle de Jérôme :

> Le livre à présent m'apparaît comme un nougat dont les amandes sont bonnes (*id est* : *Lettres et Journal d'Alissa*), mais dont le mastic est pâteux, médiocrement écrit ; mais il ne pouvait en être autrement avec la première personne, le flasque caractère de mon Jérôme impliquant la flasque prose[9].

Dès avant cette prise de conscience d'ailleurs, le roman signifiait cette prééminence d'Alissa par sa structure même. Le chapitre V et, à un moindre degré, les deux suivants, font alterner les lettres d'Alissa et la prose de Jérôme, simulant de la sorte une lutte entre deux instances narratives. Puis, après le chapitre VIII où l'on apprend la mort d'Alissa, le narrateur premier s'efface entièrement pour céder la place à la jeune mystique, encore vivante à travers les pages de son journal. Jérôme ne reprendra la parole que pour un bref épilogue. On verra dans un instant comment Darius Milhaud retranscrit cette dynamique qui vise à mettre progressivement en valeur les « amandes » du texte. On se contentera de

---

paraphrased by Gide. [...] The passage functions differently in Gide's book. Although he names his work The Narrow Door, *the biblical quotation does not begin the story. Rather the pastor quotes it during his sermon at a service attended by Jérôme, Alissa and their families. Jérôme is struck by these words, resolving to be among those who find the narrow door in order to be worthy of Alissa. In foregrounding this passage, Milhaud shifts the reference from Jérôme to Alissa.* »

9 André Gide, *Journal*, *op. cit.*, p. 612.

souligner ici que le choix de ce premier extrait est tout à fait capital, en ce qu'il légitime la décision du compositeur non seulement de ne pas reprendre comme titre celui du roman, mais encore de confier toutes les parties vocales à une seule voix de mezzo-soprano. L'idée en effet n'allait pas de soi. Lorsqu'il fit part à son ami Armand Lunel de son projet de mettre en musique *La Porte étroite*, Milhaud tint des propos à peu près identiques à ceux de Gide trois ans plus tôt :

> J'avais pensé à un dialogue entre Jérôme et Alissa. Mais Jérôme m'ennuie... J'écrirai : *Paroles d'Alissa – Lettres d'Alissa – Journal d'Alissa*[10]...

Or, le sermon qu'évoque le narrateur dans le chapitre inaugural de *La Porte étroite* – et auquel Milhaud emprunte les éléments textuels de sa première pièce –, est précédé d'une remarque que le compositeur a dû trouver particulièrement frappante, une remarque qui explique finalement les choix opérés dans la partition et qui annonce en quelque sorte la lutte entre les instances narratives, telle qu'elle opère chez Gide :

> Alissa se tenait à quelques places devant moi. Je voyais de profil son visage ; je la regardai fixement, avec un tel oubli de moi qu'il me semblait que j'entendais à travers elle ces mots que j'écoutais éperdument[11].

Alissa apparaît donc d'emblée comme un *porte-parole*. Elle semble être en mesure de relayer aussi bien le discours sacré que le discours profane. Assumer les propos de Jérôme comme s'ils étaient les siens lui est donc parfaitement naturel.

Le choix du texte de la première pièce relève ainsi d'une totale logique[12]. Mais qu'en est-il de la suite ? Un relevé des sondages – j'entends ce mot dans le sens que lui donnent les scientifiques – que pratique Milhaud montre à quel point le jeune compositeur s'est efforcé de suivre le texte dans le détail de son développement. En 1913, notamment, sa volonté de « coller » à la progression sinon narrative du moins psychologique de l'ensemble est manifeste en ce qu'il emprunte à chacun des chapitres du roman – à l'exception du chapitre IV (voir ci-dessous, Tabl. I).

10 Cité par Pierre Cortot, *op. cit.*, p. 27.

11 André Gide, *La Porte étroite*, dans *Romans et récits*, Pierre Masson (éd.), Paris, Gallimard, « Bibliothèque de la Pléiade », tome I, p. 820.

12 D'autant que le texte de Gide fait la part belle aux mécanismes de substitution. Voir *infra*, note 274.

Pièces composant *Alissa*	Localisation du texte dans *La Porte étroite*
I – Jérôme	Ch. I – « Efforcez-vous d'entrer… »
II – Jérôme et Alissa	Ch. II (début) – « Elle devint tout à coup très grave… »
III – Jérôme et Alissa	Ch. II (fin) – « J'ai fait un triste rêve… »
IV – Lettre d'Alissa	Ch. III (début) – « Mon cher Jérôme, / J'ai beaucoup réfléchi… »
V – Jérôme et Alissa	Ch. III (milieu) – « C'est ta lettre qui m'a fait revenir… »
VI – Lettres d'Alissa 1) 2) 3) 3) 4) 5) 6)	 Ch. V (début) – « Ici rien n'est changé. » Ch. V (suite) – « Non, n'écourte pas ton voyage » Ch. V (suite) – « Je lisais hier ces paroles » Ch. V (milieu) – « La crainte de t'inquiéter » Ch. V (milieu, suite de la lettre) – « Je vais un peu… » Ch. V (fin, avant-dernière lettre) : « À mesure que le jour… » Ch. V (fin, dernière lettre du chapitre)
VII – Prélude et Lettre d'Alissa	Ch. VI – « Mon ami quel triste revoir »
VIII – Jérôme et Alissa	Ch. VII – « Je parlais lentement, les yeux sur elle »
IX Lettre d'Alissa	Ch. VII (suite) – « That Strain again… »
X	Ch. VIII – « Non mon ami il n'est plus temps »
XI Journal d'Alissa 1) 2) 3) 4) 5)	 Dernier cahier, 17-21 septembre 27 septembre 3 octobre 5 octobre 12-16 octobre

TABL. 1 – Prélèvements textuels effectués par Darius Milhaud en 1913.

On comprend que le compositeur ait écarté le chapitre IV de sa mise en musique. Il s'agit en effet de pages centrées sur le désespoir amoureux de Juliette, la sœur d'Alissa, pages qui auraient obligé Milhaud à toute une série de développements secondaires que la seule voix d'Alissa ne pouvait plus porter. Ce renoncement traduit très certainement un choix du compositeur : celui d'écarter tout le romanesque – un romanesque que Gide a voulu un peu ridicule dans ce qui reste avant tout une « sotie ». Ces scènes, qui auraient sans doute eu leur place dans un opéra, ne pouvaient être retenues pour un cycle de mélodies où elles n'auraient fait qu'ajouter de la confusion à la ligne épurée que le musicien veut donner à sa composition.

Y a-t-il là pour autant trahison du roman de Gide ? On peut en douter. Car le travail de clarification se poursuit dans la révision que fait subir Milhaud à sa partition en 1931. Le compositeur saisit alors que c'est un mouvement général qu'il doit rendre de façon musicale et qu'à ce titre, il importe peu de reprendre des extraits de (presque) chaque chapitre. Le nombre d'emprunts qu'il a faits au chapitre v va l'inciter à rendre plus nerveuse la progression de l'ouvrage. Il constate que les sections VII, VIII, IX et X de la partition originelle n'apportent rien de très neuf à l'ensemble. Elles reprennent par leurs tonalités (littéraires) des éléments des parties II, III, IV et V et font très largement – trop largement – appel au personnage de Jérôme. Mais surtout, elles interrompent la progression que la version de 1931 établit nettement en trois actes : *Dialogues de Jérôme et Alissa*, *Lettres d'Alissa*, *Journal d'Alissa*, soit exactement les trois temps que le compositeur évoquait avec Armand Lunel : *Paroles d'Alissa*, *Lettres d'Alissa*, *Journal d'Alissa* (voir ci-dessous, Tabl. II).

Pièces composant *Alissa* (durée)	Localisation du texte dans *La Porte étroite*
I – Jérôme (1 :28)	Ch. I – « Efforcez-vous d'entrer… »
II – Jérôme et Alissa (2 :19)	Ch. II (début) – « Elle devint tout à coup très grave… »
III – Jérôme et Alissa (3 :31)	Ch. II (fin) – « J'ai fait un triste rêve… »
IV – Lettre d'Alissa (1 :42)	Ch. III (début) – « Mon cher Jérôme, / J'ai beaucoup réfléchi… »
V – Jérôme et Alissa (1 :54)	Ch. III (milieu) – « C'est ta lettre qui m'a fait revenir… »
VI – Lettres d'Alissa 1) 2 :55 2) 1 :37 3) 2 :00 4) 0 :31 5) 1 :15 6) 0 :59	 Ch. V « Ici rien n'est changé. » Ch. V (suite) – « Non, n'écourte pas ton voyage » Ch. V (fin) – « La crainte de t'inquiéter » Ch. V (fin, suite de la lettre) – « Je vais un peu… » Ch. V (fin, avant-dernière lettre) : « À mesure que le jour… » Ch. V (fin, dernière lettre du chapitre)
VII – Prélude 3 :06	Piano seul
XI Journal d'Alissa 1) 1 :54 2) 1 :27 3) 1 :29 4) 1 :12 5) 2 :43	 Dernier cahier, 17-21 septembre 27 septembre 3 octobre 5 octobre 12-16 octobre

TABL. 2 – Prélèvements textuels effectués par Darius Milhaud en 1931.

Ainsi recomposée, la partition se construit sur un double mouvement complémentaire : l'importance progressive prise par le personnage féminin et la disparition parallèle du masculin. Alors que dans le premier acte, le narrateur-protagoniste intervient directement, dans le deuxième, il n'est présent que comme un destinataire, un « tu » auquel s'adresse Alissa. Dans le « Journal » enfin, il n'apparaît plus que comme un « il » lointain, l'interlocuteur de la jeune mystique étant cette fois l'Éternel :

> Mon Dieu, vous savez bien que j'ai besoin de lui pour vous aimer. Mon Dieu, donnez-le-moi, afin que je vous donne mon cœur. Mon Dieu, faites-le-moi revoir seulement[13] ! !

Seule l'avant-dernière phrase mise en musique par Milhaud fait revenir Jérôme sur le devant de la scène. Le protagoniste réapparaît en tant qu'interlocuteur privilégié d'Alissa, laquelle lance soudain du fin fond de sa retraite : « Jérôme, je voudrais t'enseigner la joie parfaite[14]. » Ce passage *a capella* – le seul de la partition – témoigne cependant avant tout du complet isolement de la jeune femme. Le « tu » aimé n'est pas moins absent que le Dieu caché de la morale protestante. La phrase vient ainsi, comme le voulait Gide, jeter le doute sur la sanctification d'Alissa. Après un bref intermède instrumental, en effet, cette « joie parfaite » de la vie en Dieu se trouve niée par les derniers mots de la jeune fille – c'est aussi, chez Gide, la dernière phrase que nous pourrons lire dans le « Journal[15] » :

13 *La Porte étroite*, *op. cit.*, p. 901 et *Alissa*, Paris, Heugel, 1947, p. 36.
14 *Ibid.*, p. 906 et [9]45.
15 *Ibid.*, p. 906 et [9]46.

Ill. 1 – *Alissa*, extrait 1.

L'expérience mystique n'est-elle pas illusoire ? C'est ce doute que Darius Milhaud, tout croyant qu'il soit, retranscrit dans la partition, donnant ainsi un caractère déchirant aux dernières mesures de son ouvrage et retrouvant par ce biais très exactement l'inspiration de Gide.

LE « PRÉLUDE » ET SES EFFETS

Le « Prélude », qui ne se composait que de quelques mesures dans la version de 1913, change dès lors totalement de nature. Confié au seul piano – et annonçant par contraste le passage *a capella* –, il augure désormais, dans la version de 1931, de cet isolement qu'Alissa prend pour une fusion avec Dieu. Car si cette pièce « prélude » au destin de l'héroïne, elle se présente plutôt comme un nocturne. Au XVIIIe siècle, on le sait, les pièces portant ce titre étaient des compositions orchestrales, destinées à faire ressentir les délices d'une fête et à permettre à chacun d'éprouver les dimensions de l'espace noyé dans les ténèbres[16]. Avec les compositeurs romantiques, le nocturne change totalement d'allure. Il devient une pièce intimiste et le plus souvent mélancolique, exécutée par un interprète seul et chargé de faire ressentir à son auditoire toute la mélancolie de la nuit. Son principe de base consiste très souvent à faire entendre des triolets de croches à la main gauche, tandis qu'à la main droite se déploie une mélodie langoureuse, un chant très simple, que vient parfois troubler un rythme inattendu de marche. C'est ainsi que se présente le 10e *Nocturne* de John Field :

ILL. 2 – John Field, *Nocturne n° 10 en Mi mineur, incipit.*

Darius Milhaud reprend très exactement ce principe. La main gauche reproduit un motif obstiné de croches, sur une pédale de Fa, dans un premier temps (voir extrait 2 ci-dessous), puis sur un Fa♯ et enfin sur un Do♯. Parallèlement, le *legato* sur les 4 dernières croches de chaque mesure, donne l'impression d'une superposition conforme à la tradition inaugurée par Field : le procédé suggère, en effet, qu'une mesure binaire à 3/4 sert de soubassement à une mélodie, elle, nettement ternaire, en 6/8 :

16 Le *Notturno en Ré majeur* de Mozart (K. 286) fait par exemple entendre 4 petits orchestres en écho.

Ill. 3 – *Alissa*, extrait 2.

Dans la séquence conclusive du morceau, le compositeur n'oublie pas qu'un rythme de marche, clairement binaire, venait par instant contredire, chez Field comme chez Chopin, le flot continu des groupes ternaires de croches. C'est bien en tout cas ce rythme qui apparaît dans les dernières mesures de son « Prélude », écrites, explicitement cette fois, en 3/4 :

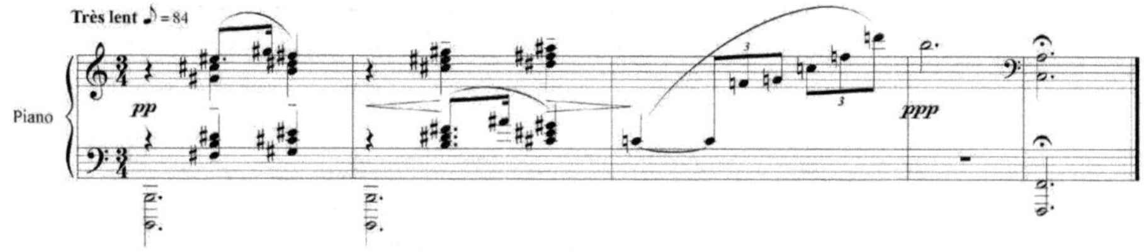

Ill. 4 – *Alissa*, extrait 3.

Si, de la sorte, le compositeur fait appel aux matériaux conventionnels du nocturne, c'est bien pour annoncer le changement qu'il va opérer par la suite, et mettre notamment l'accent sur la solitude d'Alissa. Ne l'oublions pas, c'est l'adjectif « seule » qui est le dernier mot du texte chanté comme du « Journal ». Le nocturne romantique est bien la production musicale d'un solitaire, perdu dans l'immensité de la nuit. Or, c'est précisément cet état d'âme, bercé par la mélancolie amoureuse, qui transparaît dans le troisième fragment du « Journal d'Alissa » :

> Tout s'est éteint. Hélas ! il s'est échappé d'entre mes bras, comme une ombre. Il était là ! Il était là ! Je le sens encore. Je l'appelle. Mes mains, mes lèvres le cherchent en vain dans la nuit[17]…

17 *La Porte étroite*, *op. cit.*, p. 903, *Alissa*, *op. cit.*, p. 41-42.

Notons enfin que ce « Prélude » est le lieu d'un transfert capital. Dans la première pièce, l'entrée en scène de Jérôme après la citation biblique était ponctuée par un motif arpégé caractéristique :

ILL. 5 – *Alissa*, extrait 4.

Ce motif réapparaît à la fin de l'œuvre (voir extrait 1), non plus sur un Fa♯, mais transposé sur un Do, et attribué à Alissa la solitaire. Il traduit clairement la substitution qui s'est opérée du narrateur vers la jeune femme et vient conclure très logiquement le cycle. Or, la fin du « Prélude » reprend en l'altérant ce même motif (voir ci-dessus, extrait 3). Darius Milhaud fait donc bien plus qu'isoler des fragments textuels sans leur faire subir d'autres modifications que quelques rares coupes. Il retient les « amandes » du texte, un texte qu'il sonde d'une façon très particulière. Il faut noter, en effet, que les emplacements de ces fragments, pour n'être pas distribués régulièrement, rendent compte une fois de plus du dynamisme interne de l'ensemble du roman. Le graphique ci-dessous (voir Graphique I) montre que Darius Milhaud emprunte tout d'abord les 5 premières pièces (à gauche) au début du roman, et plus précisément aux trois premiers chapitres. Une seconde série d'emprunts (au centre) est constituée par la 6e pièce, « Lettres d'Alissa (fragments) » qui trouve sa matière dans six extraits, très rapprochés du chapitre 5. Quant au dernier ensemble, figuré ici à droite, il est composé des 5 extraits formant la 8e pièce, 5 extraits plus rapprochés encore dans le « Journal d'Alissa ». Bref, non seulement le cycle conduit à privilégier, comme chez Gide, le personnage féminin, mais il se concentre progressivement sur l'amande exquise entre toutes que forment les derniers mots d'Alissa.

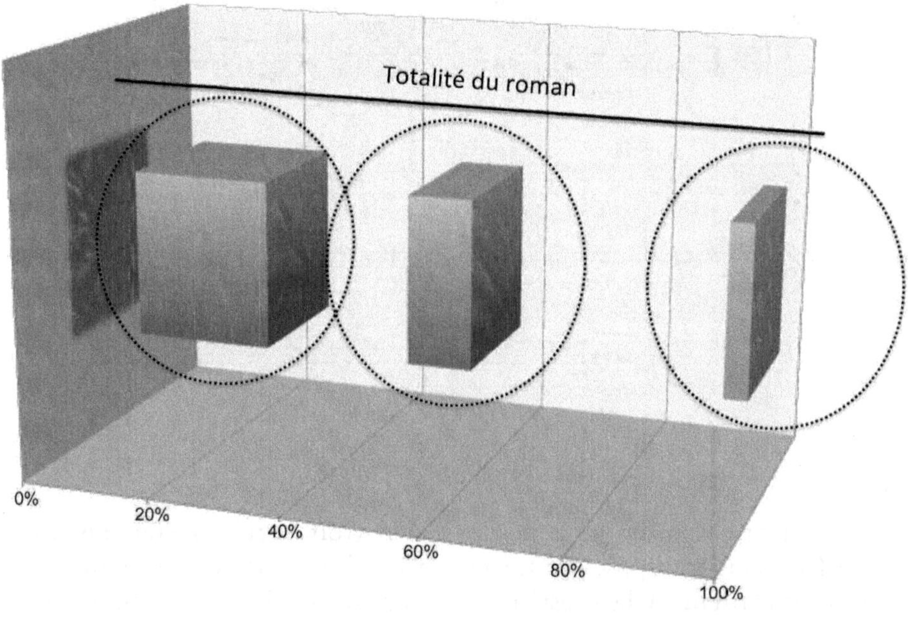

GRAPHIQUE 1

Un second graphique (voir ci-dessous Graphique II) révèle alors qu'une loi de proportion rigoureuse (figurée par la ligne pointillée y = 10 x) régit l'ensemble de ces « prélèvements ». Darius Milhaud écrit 5 pièces dont le texte est emprunté au premier tiers du roman, puis une pièce composée de 6 mouvements empruntée au centre, enfin une pièce composée de 5 mouvements (mais précédée d'un prélude instrumental) empruntée à la fin du récit. Le premier « acte » s'ouvre ainsi sur un fragment situé dans les premiers 10 % du texte, le deuxième commence aux alentours de 50 % et le troisième dans les derniers 10 % du roman. Tout en se distribuant avec cet étonnant équilibre, la composition organise sa matière sonore de façon parfaitement égale puisque, si l'on intègre le « Prélude » à la 8e pièce on obtient les durées suivantes : 10'53", 9'17" et 11'51". En un mot, toute la dynamique de l'œuvre musicale sert à mettre en valeur les ultimes paroles d'Alissa.

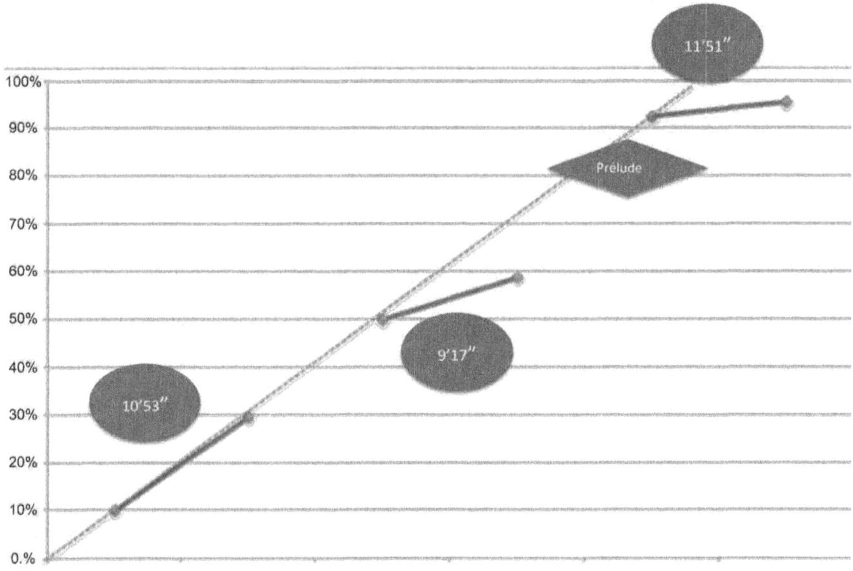

GRAPHIQUE 2

Les trois actes qu'on a pu repérer dans la partition correspondent exactement à la dramaturgie du roman. À mesure que la musique progresse, elle révèle un processus d'intériorisation dont le compositeur est évidemment allé chercher l'origine dans le texte. Parallèlement, Milhaud structure sa suite sur le principe des cycles de *lieder* les mieux achevés. Maurice J. E. Brown a démontré que Schubert avait organisé les vingt pièces de sa *Belle Meunière* selon les 5 actes de la tragédie classique[18]. Darius Milhaud ne fait pas autre chose, même si, plus modestement – Gide ne parle-t-il pas de « sotie » ? – il organise l'ensemble de l'ouvrage selon un découpage en trois actes.

18 *The New Grove Schubert*, New York, W. W. Norton & Co., 1983.

LE TRAITEMENT MUSICAL DU LEXIQUE GIDIEN

Darius Milhaud, toutefois, n'est pas seulement sensible à l'architecture d'ensemble de *La Porte étroite.* Il accorde un soin tout particulier au traitement du lexique gidien. Même s'il ne s'agit pour l'essentiel que de mots outils, il est frappant de constater que les 5 formes les plus utilisées dans les deux œuvres sont rigoureusement identiques :

La Porte étroite			*Alissa*		
Forme	Occurrences	‰	Forme	Occurrences	‰
de	1405	34,6	je	82	52,1
je	1263	31,1	que	53	33,7
que	955	23,5	de	49	31,1
a	954	23,5	la	38	24,1
la	790	19,5	a	33	21,0

TABL. 3 – Les cinq premières formes de *La Porte étroite* et d'*Alissa*.

De façon semblable, les pronoms privilégiés par les deux auteurs – « je », « tu », « nous » – sont analogues. On note en outre fort peu de différence entre les mots-clefs de *La Porte étroite* et ceux d'*Alissa* (voir ci-dessous Tableau IV). Si l'on élimine du texte de Gide les quelques termes faisant référence au contexte familial et romanesque de la « sotie » – « Juliette », « Abel », « tante », « oncle » –, on constate, comme le montre ce tableau que sur les 25 mots-clefs de *La Porte étroite*, 18 figurent également parmi les 25 premiers des mots-clefs d'*Alissa*, ce qui porte la congruence des deux textes à 72 %, résultat parfaitement remarquable.

La Porte étroite			*Alissa*		
Formes	Occurrences	‰	Formes	Occurrences	‰
Alissa	190	4,7	Alissa	10	6,3
jour(s)	98	2,4	Dieu	9	5,7
amour	76	1,9	vie	9	5,7
Jerôme	76	1,9	cœur	8	5,1
cœur	67	1,7	Jerôme	7	4,4
Dieu	60	1,5	jour(s)	6	3,8
lettre	58	1,4	matin	5	3,2
temps	55	1,4	**nuit**	5	3,2
soir	54	1,3	revoir	5	3,2
mère	53	1,3	jardin	4	2,5
présent	53	1,3	mort	4	2,5
aime(r)	52	1,3	amour	3	1,9
vie	46	1,1	lettre	3	1,9
bonheur	44	1,1	**paroles**	3	1,9
doute	44	1,1	porte	3	1,9
joie	44	1,1	**prière**	3	1,9
jardin	43	1,1	**rêve**	3	1,9
porte	43	1,1	temps	3	1,9
enfant	42	1,0	aime(r)	2	1,3
âme	37	0,9	âme	2	1,3
matin	37	0,9	**attente**	2	1,3
chambre	36	0,9	joie	2	1,3

mal	36	0,9	mal	2	1,3
revoir	36	0,9	**lèvre(s)**	2	1,3
instant	34	0,8	présent	2	1,3

TABL. 4 – Les vingt-cinq mots-clefs
de *La Porte étroite* et d'*Alissa*[19].

Mais il y a plus, car le traitement musical de certains de ces mots-clefs est proprement étonnant. Ainsi en va-t-il des 9 occurrences de « Dieu ». Dans le texte mis au point par le compositeur, le mot apparaît dans la 2e pièce au terme du premier dialogue entre les deux protagonistes. C'est le moment où, rapportant une discussion avec son père, Alissa rappelle à Jérôme qu'il n'est pas dépourvu de soutien dans la vie, puisqu'il a encore sa mère. Le héros se récrie, affirmant que « Ce n'est pas la même chose ». La jeune femme alors ironise. « N'es-tu pas assez fort pour marcher seul ? » demande-t-elle, avant d'ajouter : « C'est tout seul que chacun de nous doit gagner Dieu » :

19 Les caractères en gras font apparaître les spécificités de chaque lexique. Ces différences rendent compte des fréquences. Milhaud n'introduit aucun terme qui n'apparaisse pas chez Gide, mais il lui arrive de donner à certains d'entre eux une prépondérance qui n'est pas celle du texte original, celui-ci recourant plus volontiers à d'autres termes. C'est le cas par exemple de « soir » chez Gide, et de « nuit » chez Milhaud, mais encore de « mère » chez Gide, qui ne compte qu'une occurrence chez Milhaud, ou encore de « paroles » chez ce dernier, proportionnellement plus présent que chez Gide.

ILL. 7 – *Alissa*, extrait 5.

La voix combinée à l'accord de Fa# en quintes « creuses » réorganise le matériel mélodique du motif arpégé qui annonçait comme on l'a vu (voir extrait 4) la vocation de Jérôme : Fa#, Do#, Sol#, Ré#, Do#. Le passage obéit donc, tout à la fois, à une logique musicale et narrative. Mais parallèlement, il assigne au vocable « Dieu » une note particulière, le Do#, ce que souligne l'accompagnement qui conclut sur le même Do#, soutenu cette fois encore par un accord de Fa# – celui-ci étant toutefois plein, mais précédé là aussi par les mêmes notes obsédantes présentées sous la forme d'une suite de quintes : Ré#, Sol#, Do#.

Le motif est d'autant plus important qu'il ne résonne pas seulement comme par sympathie avec la résolution de Jérôme telle que celle-ci se présente dans le premier morceau : « Je serai de ceux-là », portée, là aussi, par un Do# (voir extrait 4). Il est annoncé quelques mesures plus haut par un autre Do# accompagné lui aussi par un accord de Ré# mineur, et associé à la série de quintes, renversées sous forme de quartes. Or, ce Do# est chanté sur le mot « Vie », une vie majuscule qui renvoie évidemment à la Vie en Jésus Christ et annonce donc manifestement le Do# de Dieu. Ainsi préparé, le Do# « divin » prend donc toute sa force.

ILL. 8 – *Alissa*, extrait 6.

Nous sommes alors dans la 1re partie du drame en 3 actes. Et l'on ne sera pas surpris de découvrir que la 2e occurrence du mot « Dieu » se trouve située dans l'acte II, dans le premier fragment des « Lettres d'Alissa ». Plus étonnant toutefois, est le fait que le mot se trouve là aussi chanté sur un Do♯, tandis que l'accompagnement fait entendre – entre autres – le Ré♯ ainsi que le Fa♯ et le Sol♯ devenus les quintes de deux accords superposés : Si et Do♯ :

ILL. 9 – *Alissa*, extrait 7.

Mais la suite est plus frappante encore. Conformément à la logique de concentration progressive qui régit toute l'œuvre, les sept autres occurrences se trouvent rassemblées dans le troisième acte du cycle. Six d'entre elles sont regroupées dans la première pièce du « Journal d'Alissa », et traduisent ainsi la progression psychologique qui s'est effectuée depuis le « Merci mon Dieu » de la pièce précédemment évoquée, laquelle se trouvait, elle aussi, placée en position inaugurale, en tant que premier fragment des « Lettres d'Alissa ». Mais nous sommes à présent dans l'acte III. Que de chemin parcouru depuis le début de l'Acte II ! Les remerciements ne sont plus de mise. C'est un véritable drame qui se met en œuvre sur un accompagnement aux allures de *boogie-woogie*. Vous l'avez sans doute remarqué, le Do♯ « divin » sert visiblement d'horizon et de point de fuite à la mélodie qui semble tourner autour de ce pivot sans réussir à s'y fixer. À la main gauche, un motif obstiné en Fa mineur soutient l'apparition d'un premier « Mon Dieu », placé très logiquement sur un Fa, puis d'un second sur Do, la dominante. Une brusque modulation en Fa♯ mineur permet enfin l'apparition du Do♯ « divin » pour la troisième occurrence du syntagme. Mais la voix n'a pas le loisir de s'y reposer. Alors que les deux premiers appels au divin s'espaçaient de 4 en 4 mesures, cette troisième supplique cède la place, deux mesures plus loin à une quatrième occurrence du syntagme un demi-ton plus haut, sur le Ré. Il faut ensuite attendre huit mesures pour que résonne le cinquième « Mon Dieu », et 8 mesures encore pour le sixième, tous deux sur Mi♭. Le Do♯ réconfortant du premier acte de la tragédie, ne correspond plus qu'à un bref passage, situé au milieu du texte – la 3e occurrence sur 6 –, et tendu tout entier vers le Mi♭. C'est d'ailleurs sur un Ré♯, l'équivalent enharmonique du Mi♭ que s'achève ce premier fragment du « Journal ». Mais ce n'est plus alors de Dieu qu'il s'agit, mais du délirant souhait du *cœur* d'Alissa :

ILL. 9 – *Alissa*, extrait 8.

Quelques équivalents du signifiant divin confirment ce mouvement autour d'un Do♯ sans cesse fuyant. « Je ne donnerai plus qu'à Vous », lance Alissa. Et le « Vous » majuscule est tout naturellement entonné sur un Do♯. Mais là encore, la note « divine » est presque aussitôt effacée par une « vie » minuscule, chantée sur un Do♮[20]. Cette « vie » s'oppose clairement à la « Vie » majuscule qu'on avait pu rencontrer dans la

20 La note est d'autant plus inattendue qu'elle se trouve précédée d'harmonies qui nous installent en La, puis en Mi majeur.

première pièce de l'œuvre, cette Vie dans l'amour de Dieu, chantée, elle, sur un Do♯. Comme le traduit le Do♮, l'amour terrestre entre en compétition avec la félicité divine. Le second « Vous » majuscule, 12 mesures plus loin, n'est plus qu'un Ré. Bientôt, deux substituts au nom divin viendront confirmer cette échappée en forme d'échec : « Votre nom », sur un Mi♭ et « Seigneur » sur un Do♮.

Le Créateur échappe donc aux vaines étreintes de la jeune mystique. La dernière occurrence du signifiant « Dieu » n'est pas traitée de façon moins suggestive. Placé au début du quatrième des cinq fragments du « Journal d'Alissa », le vocable est certes chanté sur un Do♯, mais sans aucun espoir de repos, puisqu'il ne dure que le temps d'une double croche (voir ci-dessous, extrait 9). Alors que la première occurrence de « Dieu », dans l'acte I, s'attardait sur une ronde au *tempo* de 60 à la noire, nous voici à 84 à la noire. Le dernier « Dieu » dure donc, en valeur absolue, 22 fois moins longtemps que le premier ! Ainsi, tant du point de vue mélodique que rythmique, la composition fait du Créateur un être durablement inaccessible. C'est bien « seule » qu'Alissa termine le périple de son existence[21].

21 On vient déjà d'en donner un exemple, « Vie », l'un des autres mots clefs des deux textes, reçoit de la part de Darius Milhaud un traitement tout à fait exceptionnel qui confirme cette évanescence du divin. Non seulement la Vie divine, chantée sur un Do♯, se change en vie quotidienne sur Do♮, mais cette dernière devient, à la toute fin de l'acte II, un prétexte pour éviter le Do♯ divin. Elle constitue en effet le dernier mot de la 5e des « Lettres d'Alissa ». Préparée par un accord de Sol# mineur avec sixte, elle apparaît une fois de plus et de façon tout à fait inattendue sur un Do♯, note étirée sur une longue durée – elle équivaut à deux rondes – et soulignée par un accompagnement qui exécute un sorte de cadence plagale en Fa majeur – cadence typique, faut-il le rappeler, de la musique religieuse et donc en totale contradiction avec le caractère profane de la « vie ».

Ill. 10 – *Alissa*, extrait 9.

DARIUS MILHAUD ET LES STRUCTURES PROFONDES DE *LA PORTE ÉTROITE*

La façon qu'a le compositeur de mettre en musique les débats entre l'amour de Dieu et de l'amour profane manifeste clairement cette exceptionnelle intuition qui consiste à traduire – malgré la foi inébranlable qui est la sienne – le questionnement profond que Gide a introduit dans son roman et que la plupart des lecteurs de l'époque, y voyant la preuve d'une conversion du romancier, ont si mal compris. Mais le lien empathique qui unit le musicien à l'écrivain est sans doute plus fort encore, car Milhaud met en scène de façon inattendue le drame œdipien sur lequel se fonde *La Porte étroite*. Chez Gide, en effet, le débat qui s'instaure entre l'âme et le cœur d'Alissa, partagée entre la Vie majuscule avec Dieu et la vie minuscule avec Jérôme, reproduit avec assez de netteté la structure triangulaire, chère à Freud. Le Dieu jaloux – celui du dernier Do♯ chez Darius Milhaud – est l'être qui « dépossède », celui qui interdit au fils la mère comme objet du désir. C'est celui dont le saint Nom est aussi un « non ! », incarnant la loi morale de *La Porte étroite* et, à travers cette limite qu'est le Do♯, la loi musicale d'*Alissa*. En face de cette figure du Père, l'héroïne de Gide incarne manifestement la Mère interdite. Cousine germaine de Jérôme, Alissa fait partie de la famille et laisse planer une menace d'inceste à peine masquée sur la relation amoureuse qu'elle entretient avec le narrateur. Qui plus est, Alissa, de deux ans l'aînée de Jérôme, ressent fortement cette différence d'âge : « J'ai peur d'être trop âgée pour toi[22] » écrit-elle dans une de ses lettres. Une fois la mère de Jérôme décédée, Miss Ashburton viendra d'ailleurs fort à propos confirmer les liens qui existent entre la défunte et la jeune demoiselle Bucolin : « Ta mère », dira-t-elle, « c'est Alissa qui la rappelle[23]. » On comprend dès lors que, dans le seul des passages repris par Darius Milhaud où il est question de la mère de Jérôme, Alissa se présente d'elle-même comme un véritable substitut maternel. C'est l'instant où la jeune fille rapporte à son amoureux transi le détail d'une conversation qu'elle a eue avec son père, l'oncle de Jérôme :

> – Quand il a parlé de soutien dans la vie, [dit-elle,] j'ai répondu que tu avais ta mère.
> – Oh ! Alissa, tu sais bien que je ne l'aurai pas toujours… Et puis ce n'est pas la même chose…
> Elle baissa le front :
> – C'est aussi ce qu'il m'a répondu[24].

Avec une rare finesse, Darius Milhaud reprend ce dialogue[25]. Il le place au début de sa deuxième pièce, « Jérôme et Alissa », et suit fidèlement le texte de Gide jusqu'au mot « Dieu » et jusqu'à la manifestation inaugurale de ce Do♯ dont on a pu voir l'importance. Ainsi, le premier dialogue entre les deux jeunes gens concentre tous les éléments de la relation triangulaire entre les deux figures parentales – Alissa et son divin époux – et le fils, Jérôme. Voilà pourquoi, chez le compositeur comme chez le romancier, Alissa, après avoir haussé les épaules et avant d'évoquer Dieu, a cette remarque ironique : « N'es-tu pas assez fort pour marcher seul ? » – remarque qui renvoie Jérôme au stade de la prime enfance.

Darius Milhaud a donc intuitivement saisi une situation œdipienne dont le texte de Gide donne deux importantes variantes, l'une et l'autre élaborées du côté du père divinisé. Dès l'*incipit* du roman, après avoir

22 André Gide, *La Porte étroite*, *op. cit.*, p. 837.
23 *Ibid.*, p. 830.
24 *Ibid.*, p. 825.
25 « II. Jérôme et Alissa », *Alissa*, *op. cit.*, p. 3-5.

évoqué la mort de son géniteur, Jérôme explique qu'il ne peut voir sa mère qu'en deuil – donc mariée à un époux absent, substitut du *deus absconditus*. Il rapporte alors cette anecdote :

> Un jour, et, je pense, assez longtemps après la mort de mon père, ma mère avait remplacé par un ruban mauve le ruban noir de son bonnet du matin :
> « Ô maman ! » m'étais-je écrié, « comme cette couleur te va mal ! »
> Le lendemain elle avait remis un ruban noir[26].

Si l'on songe que chez les Chrétiens, le violet est également couleur de deuil, on voit à quel point la pauvre femme se voit interdire par son fils, devenu défenseur de l'honneur paternel, la plus innocente manifestation de coquetterie. Pourtant, lorsque sa mère sera morte, Jérôme transférera à Alissa – il est vrai sous la forme ambiguë d'une croix – cette faculté de séduction qu'il refoule. En souvenir de sa mère, il donne à la jeune fille, qui la porte « dans l'échancrure de son corsage clair, une ancienne croix d'améthyste » que sa couleur mauve apparente évidemment au ruban interdit.

Que Jérôme, dans *La Porte étroite*, se débatte entre désir et refoulement, le personnage de Lucile Bucolin en donne la preuve éclatante. Car la mère d'Alissa est d'emblée présentée comme objet de scandale, précisément parce qu'elle se refuse à porter le deuil de son beau-frère, le père de Jérôme. Tout entière abandonnée aux regards masculins et paraissant à peine plus vieille qu'Alissa, elle aussi se distingue par l'échancrure de son corsage :

> Lucile Bucolin était très belle. Un petit portrait d'elle que j'ai gardé me la montre telle qu'elle était alors, l'air si jeune qu'on l'eût prise pour la sœur aînée de ses filles, assise de côté, dans cette pose qui lui était coutumière : la tête inclinée sur la main gauche au petit doigt mièvrement replié vers la lèvre. [...] Dans l'échancrure du corsage pend, à un lâche collier de velours noir, un médaillon de mosaïque italienne. La ceinture de velours noir au large nœud flottant, le chapeau de paille souple à grands bords qu'au dossier de la chaise elle a suspendu par la bride, tout ajoute à son air enfantin. La main droite, tombante, tient un livre fermé[27].

Lucile érige donc en règle générale ce qui, chez la mère du narrateur, n'avait été qu'un manquement passager. En mère infidèle au souvenir du Père – de tous les pères –, Madame Bucolin est également la séductrice,

---

26 André Gide, *La Porte étroite*, *op. cit.*, p. 811.
27 *Ibid.*, p. 814.

qui inspire au jeune Jérôme un « sentiment complexe », « fait de trouble, d'une sorte d'admiration et d'effroi[28] ». On se souvient de cette scène où le narrateur, entrant dans le salon pour y chercher un livre, décèle la présence de sa tante. Il veut quitter aussitôt les lieux, mais la jolie femme l'arrête, le laisse approcher et, prétextant que « les cols marins se portent beaucoup plus ouverts », fait « sauter un bouton de [la] chemise » du jeune garçon :

> Tiens ! [lui dit-elle alors] regarde si tu n'es pas mieux ainsi ! – et, sortant son petit miroir, elle attire contre le sien mon visage, passe autour de mon cou son bras nu, descend sa main dans ma chemise entr'ouverte, demande en riant si je suis chatouilleux, pousse plus avant… J'eus un sursaut si brusque que ma vareuse se déchira ; le visage en feu, et tandis qu'elle s'écriait : – Fi ! le grand sot ! – je m'enfuis[29]…

Or, même si Jérôme nous confie accessoirement qu'il aime l'étude du piano, c'est bien sa tante Lucile qui fait figure de musicienne dans *La Porte étroite* :

> Le soir, après dîner, Lucile Bucolin ne s'approchait pas à notre table de famille, mais, assise au piano, jouait avec complaisance de lentes mazurkas de Chopin ; parfois rompant la mesure, elle s'immobilisait sur un accord[30]….

À travers cette évocation lascive, Darius Milhaud ne pouvait qu'être frappé par le réseau que tisse Gide autour du complexe d'Œdipe. Car il vouait lui-même un amour très profond à sa mère. Une mère italienne qui plus est – tout comme le médaillon en mosaïque de la belle Lucile Bucolin. Le musicien a pu ainsi opérer, à travers sa lecture du roman, un système de transferts assez analogues à ceux que pratique l'écrivain et dont le texte porte maintes traces[31]. Gide épouse Madeleine Rondeaux, sa cousine et lui dédie *La Porte étroite.* Or, Milhaud épouse également

28 *Ibid.*, p. 815.
29 *Ibid.*, p. 817.
30 *Ibid.*, p. 815.
31 Il n'est pas possible de développer ici une analyse de ce processus essentiel dans l'architecture du roman. Le principe de transfert y est omniprésent : Jérôme perçoit les paroles du pasteur qui cite l'Évangile à travers le filtre d'Alissa, Alissa relaie les propos de son père, Jérôme lit une lettre d'Alissa adressée à sa tante, Abel voit Juliette s'émouvoir à l'idée de Jérôme… On peut même songer que le choix du prénom de Jérôme est dicté par cet impératif. Saint Jérôme, le traducteur de la Vulgate, est l'intermédiaire par lequel Alissa apprend le latin en compagnie du héros.

une cousine nommée Madeleine – il est vrai six ans après avoir écrit la première version d'*Alissa*. Et ce mariage ne l'empêche pas de rester extrêmement proche de sa mère, puisque selon Georges Jessula, il conserve l'habitude de lui écrire « tous les jours [...] jusqu'à 1940 au moins » et de recevoir « tous les jours une lettre d'elle[32] ».

Il se trouve que Sophie Allatini, la mère de Darius, avec laquelle le futur compositeur devise en italien, est musicienne tout comme Lucile Bucolin, la mère désirée et refoulée de *La Porte étroite*. Elle n'est pas pianiste, mais chanteuse, et aime à interpréter des airs traditionnels juifs. Le père de Darius, Gad Gabriel Milhaud est également musicien. Il fonde notamment la Société musicale d'Aix-en-Provence. Toutefois, alors que Sophie Allatini, de 15 ans moins âgée que lui, descend de commerçants juifs originaires de Thessalonique – elle est donc vraisemblablement de culture séfarade –, la famille de Gad Gabriel Milhaud implantée de longue date dans le sud de la France appartient à cette communauté juive du Comtat Venaissin, parfaitement intégrée à la culture française et placée depuis 1326 sous la protection du pape[33]. Ni séfarades, ni ashkénazes, les juifs de la région d'Aix parlent un dialecte judéoprovençal, le *shadit*, et suivent un rituel particulier. Darius Milhaud connaît parfaitement leurs traditions. Il dresse d'ailleurs l'historique de la communauté aussi bien au début de son autobiographie, *Ma vie heureuse*[34], qu'au cours du premier de ses *Entretiens avec Claude Rostand*[35]. Peut-être est-ce cette association singulière de deux origines juives essentiellement différentes qui fonde son attachement d'une part, à la culture française de Provence et d'autre part à la religion israélite. Mon hypothèse est que le débat œdipien qu'il a su si bien repérer chez Gide se transpose musicalement chez lui dans la mise en perspective qu'effectue la partition d'Alissa entre tradition française et tradition juive. Car, contrairement à ce que dit le compositeur lui-même[36] – qui refuse lui aussi le petit ruban mauve – il n'y a pas que dans sa musique religieuse qu'il fait appel au lyrisme juif. La polymodalité qui se manifeste dans *Alissa* en porte manifestement la marque. En effet, les traditions séfarades comme ashkénazes

32 Georges Jessula, « Darius Milhaud, compositeur de musique (Marseille, 4 septembre 1892 – Genève, 21 juin 1974) », dans *Archives juives*, vol. 36, janvier 2003, p. 140.

33 Il est, comme ses ancêtres, président du Consistoire d'Aix en Provence.

34 Darius Milhaud, *Ma vie heureuse*, *op. cit.*, p. 9.

35 Darius Milhaud, *Entretiens avec Claude Rostand* [1952], Paris, Belfond, 1992, p. 24-25.

36 *Ibid.*, p. 25.

accordent une importance toute particulière aux gammes dérivées de l'ancien mode phrygien, que les spécialistes nomment généralement *Ahava Rabbah* – un mode de Mi altéré ou non, selon que le 3e degré est ou non rehaussé. La musique séfarade, par exemple, s'inspire volontiers du *maqam* arabe connu sous le nom d'« *Hijaz* » :

La musique ashkénaze utilise pratiquement le même mode phrygien, baptisé « *Frejgish* » en yiddish :

Or, si l'on observe l'*incipit* de la partition, c'est bien ce mode phrygien, hésitant entre majeur et mineur, qu'on retrouve non altéré tout d'abord, puis altéré. Les deux premières mesures de la partition font résonner au piano les Ier et IIe degrés d'un mode phrygien sur Si :

ILL. 11 – *Alissa*, extrait 10 : les deux premières mesures et le mode phrygien dont elles sont tirées.

Les quatre mesures suivantes nous acheminent vers des harmonies d'un mode phrygien, altéré cette fois, sur Do♯. La partition enchaîne ensuite avec deux mesures qui répètent les premières en les transposant un demi-ton plus bas. Nous retrouvons donc un mode phrygien non altéré. Puis, surviennent deux mesures nouvelles qui confirment l'émergence du mode phrygien altéré sur Do♯, puisqu'elles installent la mélodie sur un accord de Do♯ majeur.

Bref, le mode phrygien engendre toute la page initiale de la partition, et l'on n'est guère surpris de voir les dernières mesures de cette première pièce consacrer les mêmes principes, avec l'affirmation d'un mode phrygien non altéré sur Ré♯. Quant à ces harmonies finales qui, comme les premières, enchaînent Ier et IIe degrés, elles s'apparentent aux cadences de base du mode phrygien ainsi que les utilisent les musiques juives. Voici, par exemple, une cadence typique de l'*Ahavah-Rabbah*, telle que la donne Abraham Z. Idelsohn dans sa *Jewish Music*[37] :

On voit bien que le cheminement harmonique de la première pièce d'*Alissa* – cheminement dont on peut reprendre les accords récurrents après les avoir transposés en Fa –, procède d'une inspiration identique :

ILL. 12 – Mesures 1-2 : la cadence traditionnelle ;
Mesure 3-4 : les harmonies de Milhaud transposées en Fa.

Ce n'est toutefois pas là le seul exemple de recours à une inspiration typiquement juive. On en retrouve aussi la trace, par exemple, dans la quatrième pièce, « Lettre d'Alissa », lorsque la jeune femme demande à Jérôme d'attendre qu'il soit plus avancé dans la vie – qu'il ne soit plus

37 Abraham Z. Idelsohn, *Jewish Music. Its Historical Development* [1929], New York, Dover, 1992, p. 489.

un enfant devant sa mère. C'est toutefois le « Prélude » – dont on a vu le rôle essentiel – qui fournit l'illustration la plus intéressante de l'emploi du mode phrygien. Un motif obstiné de basse nous installe d'emblée en Fa mineur, mais avec un Sol♭ (voir plus haut, extrait 2). Or, c'est exactement cette formule, mais en mode phrygien altéré, qu'on retrouve dans le 3ᵉ fragment du « Journal », lorsqu'Alissa chante la solitude terrible de la nuit. L'influence du « Prélude » est très nette dès le début du fragment, à travers les triolets et la superposition d'accords de Fa et de Sol♭ :

Ill. 13 – *Alissa*, extrait 11.

Et cette influence reste sensible jusqu'à la fin, où le mot « nuit » est chanté sur un Si bécarre, note enharmonique du Do♭ qui, dans le « Prélude », venait mettre un terme à l'utilisation du mode phrygien. C'est donc ici l'inspiration juive qui met en relation ce « Prélude », dont la composition s'apparente à un nocturne, avec la thématique des ténèbres et de la nuit. Ainsi, le mode phrygien assure la cohérence d'une forme musicale répertoriée dans la musique occidentale, une forme où s'est illustré un Frédéric Chopin, compositeur favori de Lucile Bucolin et de Gide lui-même. Tout se passe donc comme si la musique de la mère désirante – les chants hébraïques de Sophie Allatini – ne pouvait avoir d'autre but que de célébrer le père divinisé, Gad Gabriel, défenseur d'une musique plus manifestement occidentale. Voici donc bien, musicalement transposée, la structure œdipienne développée par Gide.

Au terme de ses *Entretiens avec Claude Rostand*, Darius Milhaud célèbre la magie de certaines rencontres fortuites qu'il interprète comme une illustration de son tempérament « de Français de Provence et de religion israélite » :

> À propos de cette phrase de mes mémoires [explique-t-il], je peux signaler une autre rencontre qui m'a beaucoup frappé, rencontre absolument fortuite, en tout cas tout à fait extramusicale et en-dehors de moi-même. C'est la similitude qui existe entre le paysage provençal qui m'est familier depuis l'enfance, et le paysage palestinien que j'ai découvert au cours d'un récent voyage que je viens de faire en Israël, le premier voyage que j'aie fait là-bas[38].

Coïncidence de deux paysages : telle est sans doute l'histoire double du roman de Gide et de la partition de Milhaud. Tout en l'adaptant à son univers personnel, le compositeur a su parfaitement servir *La Porte étroite* jusque dans ses replis les plus intimes. Le plus curieux est sans doute que c'est sa culture juive qui lui a permis de transposer musicalement les débats très jansénistes qui sous-tendent le roman. Milhaud a su trouver les matériaux musicaux pour restituer les singularités du triangle œdipien. Tout en rêvant à la voix de sa mère, l'Italienne qui lui chantait les vieux airs juifs, il a pu conserver les « amandes » du texte gidien. Et c'était là sans doute la meilleure façon de servir aussi la mémoire de son père. Car la profession de Gad Gabriel Milhaud était celle-là précisément : il faisait commerce d'amandes.

Éric Lysøe
Université Clermont-Ferrand-II

38 Darius Milhaud, *Entretiens avec Claude Rostand*, *op. cit.*, p. 150.

AUTOUR DE LA SCÈNE
ET DE L'OPÉRA

GIDE FACE AU *PROCÈS*

Le récit kafkaïen au double passage de l'écrivain et de Jean-Louis Barrault pour sa transposition scénique

Les multiples collaborations entre André Gide et Jean-Louis Barrault ne sont guère le fruit du hasard, mais bien le résultat d'une connaissance profonde, mutuelle, de leurs travaux respectifs. Et si, pour Gide en tant qu'écrivain, cela peut représenter une évidence – au moins du point de vue de sa production littéraire –, ce n'est pas le cas pour Barrault.

Réaffirmons immédiatement une évidence : les deux générations qui séparent Gide et Barrault sont comblées par leur appartenance à la même famille culturelle. Une famille où se retrouvent des membres de tous genres : légitimes, naturels, adoptifs… Cependant, dans le cas en question, il s'agit d'une descendance directe. C'est du noyau, c'est du cœur de *La NRF* que naît l'expérience fondatrice pour le théâtre du XXe siècle, celle du Vieux-Colombier. Et comme on sait en quelle considération Jacques Copeau tenait le jugement et l'avis de Gide[1], on ne peut pas s'empêcher de répéter que l'utopie du Vieux-Colombier doit beaucoup aux fondateurs de *La NRF* et à Gide surtout, qui veut, comme d'autres écrivains, que sa dramaturgie soit représentée au mieux. Et pour faire cela, Copeau comprend qu'il faut sortir le théâtre des mécanismes du Boulevard, des contraintes économiques du spectacle entendu comme divertissement exclusif. Un théâtre qui avait maintenu, et en quelque sorte institutionnalisé, la marginalisation sociale du comédien.

Copeau veut donc un nouvel homme de théâtre *sdoganato*, comme on le dirait en italien, dédouané, dans le sens de légitimé, c'est-à-dire un homme avec un métier avoué. Il s'élève ainsi contre l'opinion commune

1 La correspondance entre Gide et Copeau débute à la toute fin de l'année 1902. Voir *Correspondance André Gide-Jacques Copeau, I*, Jean Claude (éd.), Paris, Gallimard, « Cahiers André Gide, 12 », 1987, p. 65. Les premières lettres avaient été déjà transcrites. Voir Jacques Copeau, *Registre I, Appels*, Paris, Gallimard, « Pratique du théâtre », 1974, p. 49-56.

de son époque, qui voit s'aggraver « de jour en jour le divorce abstrait entre deux notions inséparables : la notion d'art et la notion de métier[2] ». En effet, Copeau souhaite qu'un homme de théâtre soit en mesure de comprendre un texte littéraire, de le travailler, de l'interpréter et de le restituer. Il désire enfin quelqu'un qui ait les moyens d'entrer en dialogue avec les écrivains et les dramaturges. Des hommes de théâtre capables de mettre en place de véritables collaborations où, inéluctablement, l'un a besoin de l'autre pour voir s'accomplir les travaux respectifs.

L'enseignement et les idées de Copeau se sont développés progressivement et leur efficacité s'est affirmée, tant dans ses projets personnels que dans sa filiation : ses élèves ont, en effet, pu profiter mieux que le « Patron[3] » des rapports professionnels avec les écrivains, s'il est vrai que Louis Jouvet doit à sa collaboration avec Giraudoux[4] certaines de ses meilleures réussites, comme ce fut le cas de Charles Dullin avec Jules Romains[5] et Armand Salacrou[6].

Barrault, qui a revendiqué et mis en avant les idées de Copeau, se trouve parmi les élèves de Dullin, fort nombreux d'ailleurs, comme Jean Vilar, Alain Cuny, Roger Blin et Jean Dasté. Il a étroitement collaboré avec les auteurs dramatiques de son temps[7], dans son rôle de *capocomico*, de chef de troupe, le but de sa carrière.

Pour ce qui concerne les rapports entre Gide et Barrault, si l'on considère d'un côté le nombre de collaborations, de projets et le dialogue ininterrompu depuis 1942 – au moment où Barrault demande à Gide d'achever une nouvelle traduction d'*Hamlet* – et d'autre part la durée

2 Jacques Copeau, « Le métier au théâtre », dans Jacques Copeau, *Registre I*, *op. cit.*, p. 101. Article déjà paru dans *La NRF*, n° 4 du 1er mai 1909, p. 319-326.

3 Barrault reporte ledit surnom de Copeau dans la plus connue des ses autobiographies. Voir Jean-Louis Barrault, *Souvenirs pour demain*, Paris, Seuil, 1972, p. 64.

4 Voici une courte liste de leurs collaborations, complétée par la date de la première représentation : *Siegfried*, 3 mai 1928 ; *Intermezzo*, 1er mars 1933 ; *La Guerre de Troie n'aura pas lieu* 22 novembre 1935 ; *Électre*, 13 mai 1937 ; *Ondine*, 4 mai 1939.

5 C'est le cas de l'adaptation de *Volpone* de Ben Jonson qui débute le 23 novembre 1928, de *Musse* ou *L'École de l'hypocrisie* créé le 22 novembre 1930 et de *L'An Mil* qui est à l'affiche du 1er Mars 1947.

6 Nous citons trois spectacles avec la date de la présentation au public : *Patchouli* ou *Le désordre de l'amour*, 24 janvier 1930 ; *Atlas Hôtel*, 16 avril 1931 ; *La Terre est ronde*, 8 novembre 1938.

7 Évidemment, il n'est guère ici question d'énumérer toutes ces collaborations, mais on peut néanmoins citer les noms de Claudel, Camus, Anouilh, Ionesco, Beckett, Genet, Duras, Sarraute, Salacrou, Schéhadé et bien sûr André Gide.

et le nombre de spectacles préparés par Barrault et Gide, il devient indispensable de se pencher sur la nature de leur collaboration.

Le dialogue entre Gide et Barrault est bien plus étendu que le rapport professionnel, car les deux se fréquentent depuis que le dernier a loué un très grand grenier, 7 rue des Grands-Augustins, endroit où Picasso peindra *Guernica* en 1937. La location des trois grandes pièces qui composent ce grenier est payée avec l'argent de son tout premier film, *Les Beaux Jours*, réalisé par quelqu'un de très proche de Gide lui-même, Marc Allégret. Pendant presque un an, entre septembre 1935 et juillet 1936[8], Barrault organise, comme il le dit lui-même, de « vastes pique-niques » où « chacun amène l'ami qu'il veut[9] ». Et lors de ces mercredis, jour choisi, Barrault est le maître d'une maison qui accueille toutes sortes d'artistes, mais surtout des écrivains : Artaud, Breton, Desnos, Éluard, Prévert et « souvent[10] », comme l'écrira Barrault, Gide.

C'est à partir de cette période que Barrault commence une immersion, pas seulement dans la littérature, mais aussi dans d'autres domaines qui ont trait au théâtre. Mais l'aspect central est que le metteur en scène entre en contact avec des auteurs qui sont bien conscients que le théâtre est un vecteur d'idées et de travail, permettant d'obtenir une réponse plus immédiate que dans d'autres domaines à la diffusion plus lente ou parcellaire. Il est vrai que, pour les auteurs, la réception d'un spectacle représente un résultat nécessaire pour comprendre davantage la direction dans laquelle travailler.

Copeau, dans ce sens, a voulu et a réussi à ouvrir une voie : un dialogue entre les hommes de lettres, les peintres et les musiciens d'un côté, et de l'autre, les hommes de théâtre. Barrault, qui naît et qui se forme professionnellement avec la conscience de cette exigence, rencontre Gide, qui désire tirer du théâtre des satisfactions qu'il a rarement connues. D'après Claude Mauriac, Gide affirme encore ceci en 1939 :

> Il [Gide] avoue que s'il avait eu du succès au théâtre, il aurait tout abandonné pour continuer dans cette voie, quitte à faire des concessions au public[11].

8 Jean-Louis Barrault, *Saisir le présent*, Paris, Robert Laffont, 1984, p. 35.

9 *Ibid.*, p. 36.

10 *Ibid.*

11 Claude Mauriac, *Conversations avec Gide*, p. 161, cité dans Jean Claude, *André Gide et le théâtre*, *II*, Paris, Gallimard, « Les Cahiers de *La NRF* », 1992, p. 249.

Il a fallu six ans à Barrault et le statut de vedette de la Comédie-Française pour proposer à Gide de travailler avec lui, en 1942[12], pour la traduction d'*Hamlet*, et cela après avoir refusé en 1938[13], avec respect mais fermeté, la mise en scène du tourmenté *Robert ou l'intérêt général*. Gide, à son refus, répondra : « Vous avez peut-être raison : *j'ai jeté mon filet trop bas*[14]. »

C'est Jean Claude, dont la portée de la réflexion sur le théâtre de Gide est capitale, qui parle justement de la période des collaborations avec Barrault, c'est-à-dire entre 1942 et 1951, comme d'« un nouveau tournant[15] », d'« une nouvelle carrière[16] ». Jean Claude l'affirme carrément « Ce renouveau d'intérêt, Gide le connaît d'abord grâce à Jean-Louis Barrault[17]. »

Rappelons que parmi les quatre collaborations entamées et achevées et les projets non aboutis[18], l'adaptation du *Procès* de Kafka mérite davantage d'attention, car il s'agit d'un ouvrage et d'un écrivain chéris de Gide et qu'il considère inexploités.

L'engagement de Gide vis-à-vis de Kafka commence au début des années 1930. Il avait signé[19] le *Hinweis auf Franz Kafka* que Max Brod avait soumis à l'attention de Jean Paulhan dans une lettre datée du 4 février 1931, pour favoriser la publication des ouvrages posthumes de l'auteur tchèque[20]. Brod avait demandé le soutien de deux écrivains représentatifs en France, Gide et Valéry, mais seul le premier signa[21]. On trouve une trace marquante et très connue de l'attachement de Gide pour Kafka dans son *Journal*, à la date du 28 août 1940 :

> Je relis *Le Procès* de Kafka avec une admiration plus vive encore, s'il se peut, que lorsque je découvris ce livre prestigieux. Pour habile que soit la préface de

---

12 Rencontre du 5 mai 1942 à Marseille. Voir André Gide, *Journal II*, Martine Sagaert (éd.), Paris, Gallimard, « Bibliothèque de la Pléiade », 1997, p. 118.

13 Jean Claude, *André Gide et le théâtre, I*, *op. cit.*, p. 183.

14 Jean-Louis Barrault, *Souvenirs*, *op. cit.*, p. 197. L'italique est de Barrault.

15 Jean Claude, *André Gide et le théâtre*, *op. cit.*, p. 201.

16 *Ibid.*

17 *Ibid.*

18 Parmi les projets inaboutis, citons la reprise d'*Antoine et Cléopâtre*, *Œdipe*, que Gide avait laissé en exclusive à Jean Vilar, et enfin la traduction d'*Arden de Feversham*.

19 Alexandre Vialatte – Jean Paulhan, *Correspondance 1921-1968*, Denis Wetterwald (éd.), Paris, Julliard, 1997, p. 83.

20 *Ibid.*, p. 79.

21 *Ibid.*, p. 84.

> Groethuysen[22], elle ne me satisfait guère ; nous renseigne très insuffisamment sur Kafka lui-même. Son livre échappe à toute explication rationnelle ; le réalisme de ses peintures empiète sans cesse sur l'imaginaire, et je ne saurais dire ce que j'y admire le plus : la notation « naturaliste » d'un univers fantastique mais que la minutieuse exactitude des peintures sait rendre réel à nos yeux, ou la sûre audace des embardées vers l'étrange. Il y a là beaucoup à apprendre. L'angoisse que ce livre respire est, par moments, presque intolérable, car comment ne pas se dire sans cesse : cet être traqué, c'est moi[23].

En mai 1942, les propositions de Barrault incluent aussi des références au *Procès*. Elles ont été faites à Marseille avant le départ de Gide pour Tunis. Dans son *Journal*, celui-ci parlera de ces deux rencontres en des termes enthousiastes pour la chaleur de l'échange et surtout pour les projets proposés par Barrault. Dans une lettre de septembre de la même année, le metteur en scène, qui envisage de quitter la Comédie-Française, lui fait part de ses projets et de ses désirs :

> Je suis de plus en plus décidé à quitter le Théâtre Français et à prendre une salle et parmi mes plus chers projets viennent en tête : *Saül*, *Antoine et Cléopâtre* et maintenant *Hamlet*[24].

Sans craindre de détériorer son rapport avec Gide, Barrault évoque même ses futures collaborations avec Claudel :

> Pour vous mettre mieux au courant, vous considérant comme véritable parrain et conseil, à côté de vos 3 pièces, il y en aurait autant de Claudel, *Tête d'or*, *Christophe Colomb* et peut-être *Partage de midi*[25].

Cet échange montre bien l'attitude du metteur en scène qui connaît les rapports dégradés entre les deux écrivains, tout en sachant leur estime professionnelle réciproque. En ce qui concerne Kafka, Barrault en avait parlé à Gide au cours de leurs rencontres à Marseille. Dans la réponse à la lettre précédemment citée, l'écrivain semble « tâter le terrain » tout en confirmant son accord pour les projets mentionnés :

---

22 Franz Kafka, *Le Procès*, préface de Bernard Groethuysen, traduit de l'allemand par Alexandre Vialatte, Paris, Gallimard, 1933.

23 André Gide, *Journal II*, *op. cit.*, p. 726.

24 Jean Claude, « "Deux jeunes gens des *Faux-Monnayeurs*" André Gide et Jean-Louis Barrault. Correspondance inédite (1935 – 1950) », dans *Bulletin des Amis d'André Gide*, n° 126-127, 33ᵉ année, avril-juillet 2000, p. 238.

25 *Ibid.*, p. 238-239.

> En tous cas, considérez cette carte comme un assentiment formel. Ah si Sartre tirait une pièce (ou moi) du *Procès* de Kafka ! Quel rôle pour vous ! ! Un mot à ce sujet et je me mettrai au travail[26].

La réponse de Barrault ne tarde guère et le ton respire la même énergie, la même envie de faire, de travailler ensemble, qui anime Gide :

> Quant au *Procès*, est-ce bien vrai que vous voulez l'aval ? Je n'aurais jamais osé l'espérer. Puisque vous dites qu'il vous faut un mot de moi pour que vous vous mettiez au travail, je dis, je hurle le mot. Quelle merveilleuse œuvre vous allez faire ! Pour ma part j'y pensais depuis longtemps. Nous en avons souvent parlé avec Sartre. Quelle joie pour moi de voir accompli par vous ce projet ! J'avais pensé pour traiter le sujet au théâtre à une forme particulière qui évitait la monotonie des tableaux successifs et qui tendait à traduire plus physiquement le cauchemar. K. avait l'humanité sur l'estomac d'où résulte l'ankylose de son rêve, je songeais par cette forme à avoir sur l'estomac tout notre appareil théâtral et à donner à la représentation des jambes de coton. Si cela vous intéresse, dites-le moi. Comme le *starter*, je dis : partez[27] !

Le projet s'est ainsi défini, et il n'est guère étonnant de constater que Gide est davantage stimulé par *Le Procès*. D'abord, parce qu'il s'agit d'un nouveau projet, c'est un ouvrage qu'il admire et Barrault lui propose de l'adapter ensemble, en sachant que le théâtre pourra donner une liberté de manœuvre supérieure à une traduction. Et enfin, c'est du théâtre !

Continuons avec cette courte analyse du rapport écrivain-metteur en scène. On pourrait trouver une trace immuable de l'admiration de Gide pour Barrault dans un autre ouvrage tourmenté de l'écrivain. Il ne s'agit pas de théâtre mais cet écrit fait songer au théâtre. De plus, on peut ajouter que Gide achève cet ouvrage au milieu de sa période de collaboration avec Barrault. Il s'agit de *Thésée*, publié en avril 1946 dans *Les Cahiers de la Pléiade*[28] et qui est considéré comme une sorte de testament de l'écrivain. Toutefois, Thésée-Gide aurait pu rendre hommage à son jeune collaborateur en prononçant les paroles de Dédale, achevant sa rencontre avec Thésée. Nous aimons songer à Barrault, ou pourquoi pas même à Gide, quand il lui dit :

---

26 *Ibid.*, p. 242. Lettre du 12 septembre 1942.

27 *Ibid.*, p. 243. Lettre du 19 septembre 1942.

28 Céline Dhérin, « Note sur le texte, "*Thésée*" », dans André Gide, *Romans et récits II*, Pierre Masson (éd.), Paris, Gallimard, « Bibliothèque de la Pléiade », 2009, p. 1377.

> Or ce que j'aime en toi, c'est la joie; par quoi tu diffères d'Hercule. Je te louerai de ne point te laisser embarrasser par la pensée. C'est affaire à d'autres, qui eux n'agissent pas, mais fournissent belles et bonnes raisons d'agir[29].

Cependant, le véritable travail de collaboration commence à partir d'une lecture du canevas rédigé par Barrault, qui a lieu le 7 novembre 1945[30] chez Gide. Barrault est encore sociétaire de la Comédie-Française, qu'il quittera entre le 28 février et le 14 mars 1946[31]. À l'époque, ce fut un authentique scandale. En effet, tout sociétaire était engagé à vie mais un changement autorisa le départ sans conséquences.

Ce cadre donné, on remarque le très modeste nombre d'études sur ce qui est, incontestablement, l'un des moments les plus significatifs de l'aventure de Gide au théâtre. Dans les deux tomes de quelques 1 100 pages *André Gide et le théâtre* de Jean Claude, seulement une vingtaine de pages sont consacrées au *Procès*[32].

Évoquons à présent le spectacle. Comment se sont déroulées les représentations ? La première du *Procès* de Kafka devant un public payant a eu lieu le samedi 11 octobre 1947, au théâtre Marigny, avec une distribution qui prévoyait, Barrault mis à part, Madeleine Renaud dans le rôle de Leni, André Brunot, Marie-Hélène Dasté et, dans un tout petit rôle, Marcel Marceau, qui créa son célèbre personnage Bip, pendant son court passage de deux années au sein de la Compagnie Renaud-Barrault.

Nous sommes là dans la deuxième année de vie de la compagnie de Barrault et *Le Procès* est joué en alternance[33] avec *Hamlet*, traduit

---

29 *Ibid.*, p. 1002.

30 *Bulletin des Amis d'André Gide*, n° 126-127, avril-juillet 2000, p. 258.

31 D'après l'article n° 32 du Décret n. 46-310 du 27 février 1946. Voir Vincenzo Mazza, « Le Patron et l'élève : quelques dates clés pour éclairer le rôle de Jacques Copeau dans l'envol professionnel de Jean-Louis Barrault », dans Miloš Mistrík (éd.), *Jacques Copeau, hier et aujourd'hui*, Bratislava-Paris, VEDA vydavateľstvo SAV-Les Éditions de l'Amandier, 2014, p. 225.

32 Signalons deux études : Dominique Jardez, « *Le Procès* de Gide et de Barrault », dans Philippe Zard (éd.), *Sillage de Kafka*, Paris, Le Manuscrit, 2007, et Christiane et Gilbert Ravy, *Kafka mis en scène*, Mont Saint-Aignan, Publications de l'Université de Rouen, 1987, p. 7-25. Le premier article s'appuie sur la consultation d'une partie des documents d'archive et analyse certains choix de traduction. Le deuxième est essentiellement un collage de citations tirées des auteurs conclu par une brève analyse de la réception du spectacle à l'automne 1947.

33 Exception encore aujourd'hui pour une compagnie privée et non subventionnée. Barrault suit les enseignements de Copeau sur l'alternance. Voir Jean-Louis Barrault, *Nouvelles réflexions sur le théâtre*, Paris, Flammarion, 1959, p. 22-23.

d'ailleurs par Gide, et *Les Fausses confidences* de Marivaux qui formaient un seul spectacle avec *Baptiste*, la pantomime de Prévert tirée des *Enfants du Paradis*. La réception critique du spectacle fut excellente. Celle du public fut bonne. Au total, entre le 11 octobre 1947 et le 22 avril 1948 *Le Procès* a tenu l'affiche 42 fois. L'énorme succès de deux nouvelles mises en scène de Barrault, *Amphitryon* de Molière et surtout *Occupe-toi d'Amélie* de Feydeau, a empêché la complète exploitation de l'adaptation de Gide et Barrault.

La représentation avait un levé de rideau, c'est-à-dire que *Le Procès* était précédé d'un autre spectacle plus court. Au début, ce fut *Le Pays des cerisiers* d'André Dhôtel, monté par Jean Desailly, qui resta à l'affiche une seule soirée avant d'être remplacé par une autre pièce en un acte, *L'Ours* de Tchékhov dans la traduction d'Elsa Triolet, et adaptée par Marcel Achard et Jacques-Henri Duval, qui en assura également la mise en scène[34]. *Le Procès* a été repris pendant la saison 1949-1950, toujours au Marigny, pour seulement quatre représentations entre octobre et novembre 1949. Il y eut aussi une autre reprise, cette fois plus importante, dans le cadre institutionnel de l'Odéon-Théâtre de France, dont Barrault fut directeur de l'automne 1959 à octobre 1961.

Pour parler de la constitution et de la construction du spectacle, nous nous appuyons sur la consultation des notes de mise en scène de Barrault, qui a numéroté ce qu'on pourrait appeler les nœuds dramatiques des deux parties qui composent le spectacle. Cela, autant pour faciliter le travail des répétitions avec une division en scènes non prévue dans l'ouvrage de Kafka, que pour les nombreuses questions techniques à régler, comme le changement de décor[35], le changement de lumières, et surtout le règlement du bruitage.

Les deux parties du spectacle, « qui doivent être jouées sans entracte[36] » avec « 1 minute pour les changements[37] », comme l'indique Barrault dans ses notes, sont divisées respectivement en 36[38] et 39[39] courtes séquences

---

34 BnF : Fonds Renaud-Barrault, 4°COL-178 (210). Dans ce qui reste la biographie la plus riche du metteur en scène, on trouve que la mise en scène est assurée par Barrault lui-même. Voir Gérard Bonal, *Les Renaud-Barrault*, Paris, Seuil, 2000, p. 339.

35 La réalisation des décors et des costumes est confiée au peintre Félix Labisse.

36 BnF : Fonds Renaud-Barrault, 4°COL-178 (203).

37 *Ibid.*

38 *Ibid.*

39 BnF : Fonds Renaud-Barrault, 4°COL-178 (204).

qui ont, chacune, des caractéristiques dramaturgiques et techniques différentes. L'adaptation publiée est très simplifiée de ce point de vue, car elle est composée de deux et trois scènes par partie, là où le roman inachevé dans l'édition déjà mentionnée de 1933 comporte dix chapitres, dont le dernier, celui de l'exécution, est très court.

L'idée que le spectacle suive les règles d'une composition, on la tire encore une fois des cahiers de mises en scène de Barrault. Les « Notes sur le rythme et l'esprit général de la pièce n° par n° comme dans une partition musicale[40] », qui suivent les 75 sous-scènes qui composent l'adaptation entière et qui s'étalent sur deux cahiers, concernent uniquement le rythme auquel le spectacle doit obéir. Ce résumé du point de vue « musical » occupe en revanche seulement douze pages[41]. L'intention de Barrault, vu le caractère sombre du sujet, est d'éviter l'absence de rythme et de la chute dans une série de tableaux séparés qui pourraient donner une dérangeante sensation d'allure saccadée.

Sur le programme, on découvre que les « fonds sonores[42] » sont confiés à deux musiciens : Joseph Kosma et le très jeune Pierre Boulez, qui commence sa carrière, à un peu plus de vingt et un ans, comme directeur de la musique des spectacles de la Compagnie Renaud-Barrault. Revenons aux bruitages du spectacle. Voici deux exemples des expédients trouvés pour augmenter l'efficacité des effets scéniques :

1. À la fin de la première scène, quand Joseph K[43]..., après avoir rencontré les deux inspecteurs, arrive à la banque, le fond sonore doit être constitué par : des bruit de grouillements d'insectes ; par des sonnettes de la fin de ligne d'une machine à écrire ; par la sonnerie de téléphones, par des portes qui battent et par des tampons.
2. Vers la fin de la deuxième scène de la première partie, quand K...-Barrault est congédié par l'Huissier, il entre dans un couloir et la bande-son est composée par la musique d'un

40 *Ibid.*

41 *Ibid.*

42 BnF : Fonds Renaud-Barrault, 4°COL-178 (210).

43 Le personnage principal est nommé dans cette forme extensive à sa première apparition pour rester par la suite simplement K..., il n'y a pas de différences entre la traduction de Vialatte et l'adaptation de Gide et Barrault. Barrault note : « On ne prononcera jamais le nom de Kafka, on dira Joseph K. (Kâ, ou cas) ». Voir BnF : Fonds Renaud-Barrault, 4°COL-178 (203).

> disque joué à l'envers[44] et le bruit d'un métronome qui était déjà présent dans la scène avec l'Huissier mais qui marque un tempo plus lent.

Outre les photos et les souvenirs, que reste-t-il concrètement de ce spectacle ? Quels sont ses vestiges ? Ci-dessous, nous énumérons une partie de la liste des documents que Jean Claude a pu consulter et qui ne contient que les documents qui appartiennent aux différents fonds d'archives André Gide[45] :

> Manuscrit dactylographié, 38 ff., canevas établi par Jean-Louis Barrault.
> Manuscrit autographe, 84 ff., formats divers.
> Manuscrit autographe, 40 ff., formats divers.
> Manuscrit autographe, environ 100 ff. (certains déchirés), corrections et ajouts de la main de Gide.
> Copie Compère, 123 ff. dactylographiés, corrections de la main de Gide[46].

Pour compléter cette liste, il faut accéder à l'autre côté des sources primaires, le fonds Renaud-Barrault[47], fonds que malheureusement Jean Claude n'a pas pu consulter car à l'époque de son étude, Barrault était encore vivant.

Le fonds Renaud-Barrault a été acquis par la BnF en 1995, à la suite d'un accord préalable conclu avec le fils de Madeleine Renaud, le comédien et metteur en scène Jean-Pierre Granval. Ensuite, il y eut une vente aux enchères organisée par le cabinet Tajan le 27 juin 1995, précisément au théâtre Marigny. L'achat par la BnF de la part la plus importante du patrimoine intellectuel de Jean-Louis Barrault et Madeleine Renaud a évité une dispersion de précieux documents qui témoignent de l'activité

---

44 Barrault note : « Au Martenot [instrument musical électronique appelé Ondes Martenot] on peut utiliser une sorte de bruitage qui imite une discussion rapide et incompréhensible comme lorsqu'on fait tourner un disque à l'envers ». Voir BnF : Fonds Renaud-Barrault, 4°COL-178 (203).

45 Au moment d'achever cette présentation du *Procès* adapté par Gide et Barrault, qui précède une recherche plus large en cours, est arrivée l'autorisation à consulter les documents concernant *Le Procès* du Fonds André Gide. Nous en remercions M. Peter Schnyder, spécialiste de Gide et responsable dudit fonds d'archives.

46 Voir Jean Claude, *André Gide et le théâtre, II*, *op. cit.*, p. 473.

47 Enfin, on arrive à cette courte liste des documents liés à l'adaptation de Kafka dans le fonds Barrault. On y trouve, en citant seulement les documents principaux : 2 cahiers autographes de Barrault de 70 pages chacun avec des annotations de Gide ; lot de 51 ff. autographe de la main de Barrault.

de deux références pour la pratique théâtrale au XXe siècle ; activité qui couvre plus de trois quarts de siècle[48].

Parmi les spectateurs des premières représentations du *Procès*, il y eut un étranger, un Allemand. Quelqu'un qui connaît bien le théâtre ; ses idées et ses écrits ont influencé profondément de brillants intellectuels à partir des années 1950, lesquels ont même joué un rôle majeur dans le jugement porté sur les spectacles de Barrault, sur son rôle dans le panorama des hommes de théâtre de son temps et de la génération suivante[49]. Il s'agit évidemment de Bertolt Brecht.

Nous citons, dans la traduction de Philippe Ivernel, l'annotation, dans son *Journal de Travail* du 5 novembre 1947, de ses réactions au spectacle de Barrault :

> lundi [c'est le 3 novembre 1947]. le soir au théâtre de barrault « *Le Procès* » d'après kafka, par andré gide. brillante mise en scène, beaucoup de ficelles, au lieu d'une représentation de la confusion, rien qu'une représentation confuse ; tentative pour transmettre la peur au public. *De gaulle ante portas*[50].

Suivre l'annotation de Brecht et essayer de l'interpréter en fonction de ses écrits et à travers les idées des brechtiens comme Barthes, Dort et Dumur nous emmènerait trop loin, mais c'est un exercice qui demande à être accompli. Cependant, cette citation est utile car sa présence, paradoxalement, nous parle d'une autre absence, qui n'a rien à voir avec l'impénétrabilité des règles qu'on trouve dans les mondes créés par Kafka. L'absence concerne un travail sur la réception du *Procès*. Depuis quelques années, la Bibliothèque de la Pléiade, dans l'appareil critique, prévoit un *Dossier de réception* qui clôt l'étude sur un ouvrage[51]. Dans le cas du *Procès*, nous avons commencé un travail de consultation et d'analyse de la presse[52] depuis l'achèvement de notre travail de thèse

48 À l'époque de la vente publique, la presse et un nombre non négligeable de personnalités afférentes au milieu théâtral, mais pas seulement, s'étaient mobilisées afin que l'État fasse un geste pour sauvegarder la mémoire des Barrault.

49 Nous nous référons à la rédaction de la revue *Théâtre populaire*. Voir Marco Consolini, *Théâtre populaire, 1953-1964, histoire d'une revue engagée*, Paris, Éditions de l'IMEC, 1998.

50 Bertolt Brecht, *Journal de travail, 1938-1955*, Philippe Ivernel (éd.), Paris, L'Arche, 1976, p. 454. Comme dans l'original, il n'y a pas de majuscules dans ses annotations.

51 À titre d'exemple, voir Jean-Paul Sartre, *Théâtre complet*, Michel Contat (éd.), Paris, Gallimard, « Bibliothèque de la Pléiade », 2005.

52 Dans le fonds Renaud-Barrault pour le *Procès*, on trouve à peu près 250 textes (articles, essais, entrefilets et caricatures), tout cela en au moins cinq langues différentes. Voir

sur la collaboration entre Barrault et Albert Camus[53], qui a abouti à un échec, dont les raisons sont plus complexes qu'une éventuelle discutable forme esthétique du spectacle. Cela advient juste un an après la réussite du *Procès* et avec des modalités dans la collaboration qui permettent de les comparer. *Le Procès* et *L'État de siège* représentent, en effet, un véritable diptyque dans la carrière de Barrault et constituent deux exemples majeurs dans le théâtre du XXe siècle de ce que peut être une collaboration entre le monde des lettres et celui du plateau.

En revanche, nous regrettons que le *Journal* de Gide ne comporte pas d'indications à propos de la collaboration avec Barrault ; presque aucune annotation n'est présente entre le 29 décembre 1946 et le 4 janvier 1948[54]. On aurait pu se pencher sur deux des questions qui ont engendré des différends entre Barrault et Gide. Il s'agit de deux questions fort différentes. Une d'ordre scénique et l'autre liée à la publication de l'adaptation.

En ce qui concerne le spectacle, Gide aurait voulu participer davantage pendant les répétitions, mais il n'a pas voulu, ou peut-être pas osé, s'imposer d'avantage[55]. En revanche, la question de la publication de l'adaptation montre une grande ouverture et générosité de sa part, dans une période où, encore, la primauté du texte reste incontestable sur le spectacle. Gide a accepté d'ajouter une grande partie des notes de mise en scène de Barrault en incluant des schémas, des dessins explicatifs de scènes au dispositif scénique plus complexe. Il a accepté cela, en se souciant de la réussite de la publication, comme on l'apprend dans une lettre du 29 juillet 1947 à son ami Roger Martin du Gard[56]. D'ailleurs, avec un achevé d'imprimer qui date du 30 novembre 1947, *Le Procès, pièce tirée du roman de Kafka (traduction Vialatte) par André Gide et Jean-Louis Barrault*, paraît chez Gallimard – laissant une trace indéniable de cette collaboration.

Ces deux questions font la différence dans la collaboration entre Barrault et Camus. Malgré l'enthousiasme et l'euphorie dans lesquels ont

BnF : Fonds Renaud-Barrault, 4°COL-178 (211).

53 Vincenzo Mazza, *Albert Camus et* L'État de siège. *Genèse d'un spectacle*, Paris, Classiques Garnier, 2017.

54 À l'exception de quelques pages. Voir André Gide, *Journal II*, *op. cit.*, p. 1039-1049.

55 Voir *Les Cahiers de la Petite Dame, 1945-1951*, Paris, Gallimard, « Cahiers André Gide, 7 », 1977, p. 72-73.

56 André Gide-Roger Martin Du Gard, *Correspondance, 1935-1951*, Paris, Gallimard, 1968, p. 374.

travaillé les deux auteurs, *L'État de siège* fut un échec. Paradoxalement, c'est cette entente professionnelle fusionnelle qui rend impossible la répartition des tâches entre l'écrivain et le metteur en scène : le spectacle devint un monstre de symbolismes en contradictions les uns avec les autres. De plus, pour la publication de la pièce, le travail de Barrault qui datait des années trente fut complètement effacé : plus aucune trace du travail de Barrault ne reste de la collaboration avec Camus. Dans *L'État de siège. Spectacle en trois parties*, publié en décembre 1948, il ne reste que les remerciements de l'auteur à Barrault.

Pour conclure, nous aimerions citer une expression de Gide à l'égard de Barrault, à l'occasion de la longue série d'entretiens avec Jean Amrouche à l'automne 1949. Gide parle d'une « tendre insistance[57] » de la part de Barrault pour qu'il accepte d'abord d'achever la traduction d'*Hamlet* et ensuite de collaborer avec lui à d'autres projets auxquels on a brièvement fait référence. Et alors, il nous plaît de penser qu'une des raisons majeures qui ont poussé Gide à travailler à maintes reprises avec Barrault, à part la satisfaction pour les résultats espérés et enfin atteints, aurait été justement ce dont Gide parle lors de son travail pendant l'adaptation du *Procès*, à savoir cette tendre insistance.

Vincenzo MAZZA
Université Paris Ouest-Nanterre

57 Archives de l'INA, émission *Archives de la littérature* du 16 février 1952 enregistrée le 15 février 1946 dans le cadre d'une série d'entretiens entre Jean Amrouche et Gide. N. id. notice INA : PHD99101400.

DES *NOTES SUR CHOPIN* À L'OPÉRA

L'angle mort du *Journal* de Gide

Le *Journal* de Gide est imprégné de musique ; Gide est un pianiste amateur – tout comme Nietzsche, Sartre, ou Barthes – qui transforme le piano, à la fois touchant et touché, en un instrument du contretemps. Il a eu une relation réussie, *musicale*, dirait Barthes, avec Chopin. La musique de Chopin est devenue pour lui une « bonne métaphore[1] » tout en annonçant les interprétations contemporaines du musicien, par son Chopin fondamentalement double, à la fois romantique et classique, polonais et français, qui récuse les mythes d'un Chopin sentimental et d'un Chopin des virtuoses. Le Chopin gidien, décidément anti-germanique, est un anti-Wagner, et surtout un anti-wagnérien. À partir de cette définition négative, et quelque peu sommaire, va ressortir ce que Gide dit ou ne dit pas sur Wagner, après Baudelaire, Mallarmé, Nietzsche et Heidegger.

Cette position décidément anti-wagnérienne de Gide nous a amené à la question du statut de l'opéra chez lui. En fait, l'opéra est étrangement absent de son *Journal*. Les compositeurs y défilent ; tout d'abord, ceux avec un nombre important de références : Bach, une certaine antithèse de son Chopin, même si l'analyse musicale des *Faux-Monnayeurs* de Jean Guillou[2] le présente comme l'illustration architecturale de *L'Art de la Fugue*, Beethoven, Mozart, Debussy, Schumann, Schubert, Liszt et Wagner. Au fil des pages, Gide mentionne toute une liste de compositeurs qu'il n'aborde que sporadiquement[3]. Ils y figurent, pour la plupart, par leurs

---

1 Roland Barthes, *La Musique, la voix, la langue*, dans *Œuvres complètes V*, Paris, Seuil, 2002, p. 528.

2 Jean Guillou, « L'analyse musicale des *Faux-Monnayeurs* d'André Gide », dans : Jean Guillou, *La Musique et le Geste*, Paris, Beauchesne, 2012, p. 74-87. Voir aussi Peter Schnyder, « Gide et la musique dans *Les Faux-Monnayeurs* », dans Frank Lestringant (dir.), *Lectures des* Faux-Monnayeurs, Rennes, PUR, 2012, p. 129-141.

3 Notamment Heinrich Schütz, Haendel, Domenico Scarlatti, Haydn, Couperin, Rameau, Brahms, Berlioz, Johann Strauss, Paganini, Johann Nepomuk Hummel, Edvard Grieg, Hans von Bülow, Ignacy Jan Paderewski, Gabriel Fauré, César Franck, Ferruccio Busoni

œuvres instrumentales. Toutefois, les rares compositeurs d'opéras qu'il mentionne sont : Claudio Monteverdi et l'*Orfeo*, Vincenzo Bellini, Léo Delibes et *Lakmé*, Debussy et *Pelléas et Mélisande*, Maurice Ravel, Charles Gounod, Jacques Offenbach, Nikolaï Rimski-Korsakov, Olivier Métra et la *Polka des roses*, aujourd'hui presque oublié, mais à l'époque l'un des plus populaires, auquel fait allusion Proust dans *Du côté de chez Swann*, Modeste Moussorgsky (chez Gide avec un « y »), et Richard Strauss et *Salomé*.

Face à l'abondance des références à Chopin, les quelques mentions d'opéras ne peuvent qu'être le signe d'un choix délibéré que va confirmer un écrit inédit de Gide, tiré à l'insu de l'auteur à sept exemplaires « en tout et pour tout » en 1946, *Fragment d'un opéra*. Sa conception de l'opéra ne peut être tirée de ce texte qu'en négatif, en une *mise en abyme* ; l'opéra comme œuvre musicale y est absente, il ne se réduit qu'à une *certaine histoire*. D'où l'intérêt spécifique d'essayer de raconter l'histoire du rapport de Gide à l'opéra, en commençant par Chopin, qui va nous mener vers deux figures de compositeurs importants pour Gide, Wagner, qui y prédomine, et Stravinsky, à l'encontre de la pénurie relative des notes au sujet du compositeur de la musique pour son livret de *Perséphone* (quatre au total, dont deux sporadiques, et une seule sur *Perséphone*).

LE CHOPIN DE GIDE : UN ANTI-WAGNER (ANTI-WAGNÉRIEN)

> Aussi bien celui que je veux opposer à Wagner, ce n'est point Bizet, comme Nietzsche se plaisait à faire et non sans malignité, mais Chopin. Et si l'on m'objecte qu'il y a disproportion ridicule avec la masse énorme de Wagner, et qu'à côté de son œuvre gigantesque l'œuvre de Chopin paraît incomparablement menue, je répondrai que c'est par là précisément que je les veux opposer d'abord, et que c'est par l'énormité que l'œuvre de Wagner me paraît le plus germanique. Cette énormité, je la sens non seulement dans la longueur inhumaine de chaque œuvre, mais dans les excès de tous genres, dans l'insistance, dans le nombre des instruments, dans le surmenage des voix, dans le *pathos*. Dès avant lui, la musique s'était faite surtout effusive,

---

(à cause de son amour pour le piano), Giacomo Carissimi (l'oratorio *Jephté*) et même Ernest Chausson (compositeur romantique), Anatoly Liadov, qui ne réalisa que de petites compositions, et Giuseppe Vannicola.

> étalant l'émotion le plus amplement et le plus intensément qu'il se pouvait. Chopin, le premier, bannit au contraire tout développement oratoire. Il n'a souci semble-t-il, que de rétrécir des limites, de réduire à l'indispensable les moyens d'expression. Loin de charger de notes son émotion, à la manière de Wagner par exemple, il charge d'émotion chaque note, et j'allais dire : de responsabilité. Et s'il est sans doute de plus grands musiciens, il n'en est pas de plus parfait. (Gide 1949, p. 9).

Confrontées aux autres contributions du numéro spécial de *La Revue musicale* sur Chopin, de décembre 1931, les *Notes sur Chopin* montrent qu'un certain idéal d'écriture découle naturellement de l'expérience musicale gidienne. Vers la fin de ses *Notes*, Gide met en valeur son interprétation propre des liens existant entre la littérature et la musique :

> Je n'éprouve nul besoin, pour goûter la musique, de la faire passer à travers la littérature ou la peinture, et me préoccupe fort peu de la « signification » d'un morceau. Elle le rétrécit et me gêne. Et c'est aussi pourquoi, malgré les prestigieuses adéquations de Schubert, de Schumann ou de Fauré, me plaît par-dessus tout une musique sans paroles, ou que, tout au plus, vient prétexter la mystique d'une liturgie. La musique échappe au monde matériel et nous permet d'en échapper. (*Ibid.*, p. 21)

En soulignant la « puissance expressive » de Chopin[4], Gide annonce que l'héritage rousseauiste et la conception romantique de la musique sont encore bien vivants à l'époque dite « moderne », tout autant que ses efforts de vaincre les mythes désuets, caricaturaux sur son compositeur et musicien préféré. Le Chopin gidien est un Chopin à la fois aimé (la note baudelairienne et barthésienne)[5] et atticiste (Gustave René Hocké),

4 « À la manière de Valéry qui, tout au contraire, part du mot, du vers, Chopin, en parfait artiste, part des notes (c'est aussi là ce qui faisait dire qu'il "improvisait") mais, plus que Valéry, il laisse aussitôt une émotion toute humaine envahir cette très simple donnée, qu'il élargit jusqu'à la magnificence. / Oui, Chopin, cela est très important à dire, se laisse conduire et conseiller par les notes ; on dirait qu'il médite sur la puissance expressive de chacune. Il sent que telle note ou telle double note, tierce ou sixte, change de signification suivant sa position dans la gamme et, par une modification inespérée de la basse, soudain lui fait dire autre chose que ce qu'elle disait d'abord. C'est là qu'est sa puissance expressive. » (*Ibid.*, p. 13).

5 Gide ne cesse de répéter son désir d'être l'exégète idéal de Chopin, d'« être » Chopin, et refuse, dans un geste rhétorique, la virtuosité et l'effet : « Et j'admire qu'en se refusant toutes ruses et ses artifices les plus particuliers, il reste encore si personnel que, ces quelques mesures toutes simples et lisses, on ne puisse les imaginer écrites par nul autre, et qu'il ne soit jamais plus Chopin que lorsqu'il semble chercher le moins à l'être. Aucun développement rhétorique ; aucun désir de gonfler l'idée musicale et d'en obtenir

un représentant de l'idéal de l'« art pur », toujours problématique, qui s'oppose à l'asianisme d'un Wagner ou d'un Hugo. Le génie de la « note bleue » (Delacroix, Sand) promeut ici un art anti-rhétorique et anti-pathétique, à la fois romantique et classique. Le Chopin gidien est dit être une figure de la joie, mais surtout un compositeur qui use du *sfogato*[6]. Or, la « nationalisation » de Chopin chez Gide prend l'allure d'un effort de dire un Chopin « polonais » – « slave » – et un Chopin « français », pour inaugurer la conclusion qu'« il n'est pas, me semble-t-il, de musique moins germanique » (*Ibid.*, p. 9)[7]. Ce caractère décidément anti-germanique de Chopin va devenir le socle d'une interprétation qui va le transformer en un anti-Wagner, voire en un anti-wagnérien.

Quelles sont, en fait, les limites de cet idéal de l'« art pur », et de cette définition de l'anti-Wagner, et surtout de l'anti-wagnérien[8] ? Que vise Gide par ce

davantage, mais au contraire, celui de simplifier son expression jusqu'à l'extrême, jusqu'à la perfection. » (*Ibid.*, p. 22).

6 « Avant Debussy et certains Russes, je ne pense pas que la musique ait encore jamais été aussi pénétrée de jeux de lumière, de murmure d'eau, de vent, de feuillages. *Sfogato*, inscrit-il : aucun autre musicien a-t-il jamais usé de ce mot eût-il jamais le désir, le besoin d'indiquer cette aération, cette bouffée de brise, qui vient, interrompant le rythme, inespérément rafraîchir et parfumer le milieu de sa barcarole ? » (*Ibid.*, p. 13).

7 Les essais de Gide de faire connaître *son* Chopin rappellent quelque peu l'intention de « sauver » l'œuvre d'art, que Walter Benjamin, dans *L'Origine du drame baroque allemand*, identifie comme une intention de « mortifier » les œuvres pour en extraire une seconde beauté de leurs *ruines*. Car Gide est ambitieux – il prétend montrer la « vérité » de son Chopin, son *Wahrheitsgehalt*, en perpétuant, lui aussi, après Hegel, Schelling, Nietzsche, Heidegger et Adorno, l'horizon *dévastateur* du « grand art » nécessairement *moderne*. Ains prétend-il faire voir le *langage musical* de son Chopin qui essaie de dire, comme toute musique, « le Nom lui-même, au lieu de communiquer des significations » (Adorno 1982, p. 4). Tout compte fait, la tentative gidienne est *reconnaissable* et *moderne* ; elle énonce la *césure* de la religion (Lacoue-Labarthe 1991, p. 264).

8 Vu les différences respectives entre l'œuvre de Wagner, « énorme », de compositeur (surtout d'opéra), de dramaturge, de théoricien, et celle de Chopin, « menue », pour le piano, sans aucun support autoréflexif, théorique, les différences entre ce qui est devenu le wagnérisme (et nous ne parlons que du wagnérisme en France) comme phénomène historique, et ce qui n'a jamais été nommé le « chopinisme », même s'il existait sous la forme de certains mythes récurrents, ne deviennent que plus flagrantes. Les mythes créés autour de la figure de Chopin n'ont jamais eu, au moins en France, les conséquences sociales, idéologiques et politiques de l'« esthétisation », de la « *figuration* du politique » (Lacoue-Labarthe, 1991, p. 12) d'un Wagner. La situation change radicalement si cette *figure* est étudiée en Pologne. Ces mythes-là, nationaux et politiques, rappellent étrangement ceux sur Wagner car les mythes se ressemblent, ils parlent le même langage. Le wagnérisme même, comme phénomène de masse dans la bourgeoisie cultivée, tout en étant le modèle accompli de cette poétique de l'amplification musicale et de l'accumulation esthétique, déploie ses « affinités électives » avec les mythes polonais sur Chopin, comme les modèles mêmes

> nom ? Wagner l'artiste ? Le théoricien ? L'image de Wagner ? Le wagnérisme ? La musique ? Le théâtre ? Le drame musical ? L'opéra ?

C'est au *Journal* que revient la tâche de nuancer les propos de Gide sur Wagner, notamment par la notation du 11 mars 1889[9]. Lors de ses projets pour écrire *Alain*, l'auteur identifie l'intensité que « certaines sonorités étranges de Wagner ou de Schumann » semblent lui faire découvrir « je ne sais quels mondes inconnus », qu'il en a presque peur, « comme si l'âme frémissait trop fortement » et « que l'on pleure… » Et il finit par : « Ô ces larmes trop douces, elles vont font du mal à pleurer comme si elles jaillissaient du cœur. » Avant, donc, de « se dresser » contre Wagner, comme Nietzsche devait le faire avant lui[10], Gide reconnaît l'envoûtement de la musique wagnérienne, que Michel Poizat nomme « jouissance », en la distinguant nettement du « plaisir[11] ». De plus, dans les *Notes et variantes (Journal*, I : 1538), Éric Marty mentionne une lettre inédite (n° XXXIX, B.L.J.D.) à Pierre Louÿs du 13 avril 1890, où Gide écrit : « Wagner aura sa chapelle en mon âme (j'allais dire son maître-autel). »

Toutefois, la plupart des notes sur Wagner, et sur la musique romantique en général, du *Journal* vont répéter ce qu'il affirme dans ses *Notes sur Chopin* : l'utilisation du stéréotype de l'Allemand, mentionné en passant au sujet du livre auquel Groethuysen pensait dès avant la guerre, dont déjà

---

du « grand art » et de la religion de l'art. En Pologne, la vertu figurative et le pouvoir « fictionnant » de Chopin ont eu leur efficacité politique – l'avenir de la Pologne était en question – tout comme son image de l'exilé polonais cosmopolite, qui était censée inaugurer le « style national » prôné par une certaine musicologie d'époque.

9 « – Allain, Allain, je te le ferai dire. La puissance de jouissance par les sens aussi bien que par l'esprit prend une force et une acuité singulière lorsque le rêve les excite et les éduque. Ils deviennent si sensibles que certaines jouissances trop pénétrantes les affectent comme une souffrance ; quelque chose en même temps de doux, de voluptueux et de si énervant que cela devient insupportable. Je me suis ainsi exaspéré par la contemplation d'une teinte d'étoffe neuve, de cette couleur indéfinissable qui semble une pulpe d'abricot ; j'étais auprès si énervé que j'aurais crié et je ne pouvais cesser de la regarder. Il est aussi certaines sonorités étranges de Wagner ou de Schumann qui semblent vous découvrir je ne sais quels mondes inconnus, de sorte qu'on a presque peur, comme si l'âme frémissait trop fortement en vous et que l'on pleure… Ô ces larmes trop douces, elles vont font du mal à pleurer comme si elles jaillissaient du cœur. » (11 mars 1889, *Journal*, I, 1996, p. 52).

10 « Le peu de valeur de l'ennemi démoralise. Nietzsche, contre Wagner, dut *se dresser* », Saint-Martin de Vésubie, 29 juin 1923, *Journal*, I, 1996, p. 1219.

11 Voir Michel Poizat, *L'Opéra ou le cri de l'ange, Essai sur la jouissance de l'amateur d'Opéra*, Paris, Métailié, 2001/1986.

le titre « De *Parsifal* au “pas de l’oie” » devait montrer que l’Allemand est « composé de deux extrêmes : une âme et un automate », et « ne parvient presque jamais à remplir l’espace intermédiaire, communément et simplement *humain*[12] », à l’horreur de Wagner à son paroxysme, qui se cristallise lors de l’enquête du *Berliner Tageblatt*, « à l’occasion du XXVe anniversaire de la mort de Wagner », quand il s’agit « de pressentir les “sommités artistiques et intellectuelles de toute l’Europe pour avoir leur opinion sur l’influence du wagnérisme, spécialement en France” ». Gide note le 25 janvier 1908, en répondant à l’enquête :

> J’ai la personne et l’œuvre de Wagner en horreur ; mon aversion passionnée n’a fait que croître depuis mon enfance. Ce prodigieux génie n’exalte pas tant qu’il n’écrase. Il a permis à quantité de snobs, de gens de lettres et de sots de croire que le génie s’apprenait. L’Allemagne n’a peut-être jamais rien produit à la fois d’aussi grand ni d’aussi barbare. (Gide, *Journal*, I, p. 587-588)

Ainsi, tout comme Chopin en Pologne, Wagner devient-il le prototype du compositeur chez qui l’« esthétique » de la *mimèsis* – présentation, représentation et imitation (des affects, des passions, des idées, des poèmes) – surpasse la musique (Lacoue-Labarthe, 1991, p. 13-14), qui devient une *musica ficta*. Gide identifie bien cet « expressionisme », cette « pathétisation » et « dramatisation » des passions du *sujet* (assujetti aux affects). Cet art de l’affect visait à devenir un art de l’*effet*. Et cependant, la critique gidienne de la *figure* de Chopin et l’inauguration d’un Chopin gidien ne sont pas sans ambiguïtés[13]. Une question qui s’impose, que Gide passe sous silence (et accepte tacitement), et qui a été inaugurée

12 André Gide, *Feuillets, Conversation avec Rathenau*, 1921, *Journal* I, *op. cit.*, p. 1153.

13 Tout d’abord, son admiration propre et son désir d’être l’exégète idéal de l’œuvre de Chopin côtoient presque l’émerveillement de Baudelaire devant la figure de Wagner, surtout son « impossibilité de tout dire » (Baudelaire, *Œuvres complètes*, II, Paris, Gallimard, « Bibliothèque de la Pléiade », 1976, p. 1452-1453). Bien qu’il se batte contre l’aphasie castratrice de l’Amoureux barthésien qui ne peut que répéter interminablement un seul mot : « Je t’aime », Gide s’approprie cette musique – elle devient *sienne*. Or, tout en étant *sienne*, la musique déborde infiniment les possibilités d’écriture. Gide et Baudelaire diffèrent, mais moins que *leurs* compositeurs. En fait, entre Chopin et Wagner, à première vue, il y a un océan. Wagner, c’est l’opéra, le mythe national, le théâtre, et Chopin, c’est la musique pour le piano. Wagner écrit une œuvre théorique (*Opéra et drame, Lettre sur la musique)*, Chopin s’en passe. Baudelaire se confronte à l’art de Wagner comme le seul à pouvoir menacer la suprématie de la poésie et représenter un défi à la littérature. Gide ne se sent pas menacé par Chopin, il l’accueille sans réserve, bien qu’il laisse de côté le Chopin « polonais ».

par le romantisme, est le caractère purement subjectif de la musique, qui serait le seul *art du sujet*, où l'intimité pure de l'intuition singulière assurerait la production d'un discours « purement humain », « universel ». D'où s'ensuit que le langage ne permet ni l'appropriation subjective ni la constitution de la littérature comme telle[14]. L'anti-wagnérisme gidien se confine à la condamnation de quelques défauts wagnériens : l'énormité, la longueur, l'excès, l'insistance, une multitude d'instruments, le surmenage des voix, le *pathos*, l'effusion, l'émotion, et enfin l'effet – *le* rhétorique[15]. Dans son accusation, Gide suit Mallarmé, qui a essayé à

14 Il n'en est rien dans la condamnation gidienne de Wagner et dans ses efforts de célébrer l'idéal musical atteint dans la musique de Chopin. Son « Contre Wagner » n'identifie pas la métaphysique du langage à l'œuvre, toute rousseauiste, appartenant à « l'époque de Rousseau » derridienne, qui oppose le langage/la langue – comme l'intelligible, et la musique – comme le sensible, une affaire du sentiment, du cœur. Nulle mention non plus ni de la contradiction dite innée entre la langue comme instrument et sa visée, l'expression du sentiment, ni de cette place cruciale assignée au sentiment. La prise en étau de la poésie par Wagner, l'incapacité fondamentale prétendue de la poésie de créer un effet de fascination, d'envoûtement, qui n'a rien de l'effet intellectuel ou rhétorique, n'est pas mise en question. Ni le partage présumé des mêmes présupposés métaphysiques de la poésie et de la musique, c'est-à-dire, le constat que la musique serait une proto-musique, ce qui n'est encore qu'un dogme à l'époque (Lacoue-Labarthe 1991 : 50). Or, Wagner va en tirer les dernières conséquences, comme d'habitude, en systématisant, totalisant, et professer que « l'œuvre la plus complète du poète devrait être celle qui, dans son dernier achèvement, serait une parfaite musique » (Wagner, 1941 : 46). Plus d'un siècle plus tard, Barthes va renverser le constat en professant que le parfait musicien devrait être écrivain.

15 Gide ne mentionne pas la métaphysique schopenhauerienne, à peine paraphrasée chez Wagner, qu'il lisait depuis les années 1880 (*Le Subjectif*). La musique est chez Gide révélation, épiphanie de la métaphysique même, tout comme chez le Nietzsche de *La Naissance de la tragédie*. Les implications d'une telle conception de la musique sont cruciales – la seule poésie possible pour Wagner, c'est la poésie dramatico-musicale, le livret d'opéra, le mythe, d'où l'enjeu *politique* de cette poétique, ou mieux, la politique esthétisée, même esthétique tapie derrière l'image, que Baudelaire, à l'encontre de Gide, reconnaît. Les réactions des deux, Baudelaire et Gide, sont pourtant semblables. Tous deux se disent « désarmés », soumis au génie musical de leurs compositeurs préférés. Les deux acceptent le primat inconditionné de la subjectivité et le rôle de l'Amoureux barthésien. Les deux parlent en leur nom propre, acceptent de raconter leurs propres impressions, et attendent de la musique qu'elle les constitue comme tels (ils *se* demandent, dit Lacoue-Labarthe). La musique est censée leur renvoyer leur propre image – leur donner l'occasion de se (ré) approprier, de *s'identifier*. Les deux se laissent pénétrer, envahir par la musique – ils *jouissent*, l'un comme auditeur–spectateur, l'autre comme amateur, ce qui fait toute la différence. Les deux *jouissances* diffèrent, elles aussi. La jouissance de Baudelaire, non pas « plaisir », mais « jouissance » barthésienne, reprise à Lacan, dépossession, désappropriation, pourrait être considérée comme une plateforme qui fait la substance même du « sujet » Wagner du wagnérisme, contre qui Gide s'insurge. Pour Baudelaire, Wagner est essentiellement un

son tour de se démarquer du wagnérisme ambiant, en refusant l'idée du *Gesamtkunstwerk* et le drame musical *trop théâtral* (Lacoue-Labarthe 1991, p. 120). Ce « trop théâtral » sous-entend que la musique est, par elle-même, « déjà théâtrale », « productrice – à sa manière – de *fiction* » (*Ibid.*, p. 129) – une *musica ficta* – non pas *la* musique, mais *de la* musique (*Ibid.*, p. 137), une « musique de scène » (*Ibid.*, p. 138), qui ne fait que *signifier*, *illustrer* le personnage. La musique de Wagner est dite être un « drapé », un signal, car elle *représente*, d'où l'image d'un Wagner dramaturge épigone, *anti-moderne*, dans le sens qu'il ne crée pas un théâtre qui interroge sa propre possibilité. Son théâtre n'est pas le Théâtre. L'argument mallarméen que va reprendre Gide, est que la véritable musique ne doit pas *accompagner*. L'appel mallarméen à « l'esprit français », « strictement imaginatif et abstrait, donc poétique », « en cela d'accord avec l'Art dans son intégrité » (Mallarmé, 1945, p. 544-545), qui refuse la légende, résonne à l'unisson avec à la fois le rappel gidien du *classicisme* de Chopin (la *sobriété* hölderlinienne ?) et l'idéal romanesque du jeune Gide et de son « roman-théorème » (*Les Cahiers d'André Walter*) qui est le fils de l'Ode mallarméenne. La *sublimation*, l'*épuration* de la *mimèsis* de Mallarmé rappelle le défaut majeur de Wagner aux yeux de

« *pathos*, un sujet comme *pathos* », et « un tel *pathos* le définit comme "moderne" » (Lacoue-Labarthe, 1991, p. 71-72). Gide dénonce ce « *sujet en excès*, au-delà du sujet même » (*Ibid.*, p. 73), le « surhumain » baudelairien – l'*infini* (*Ibid.*, p. 75). L'auteur, dans sa critique de Wagner et du wagnérisme, quelque modeste qu'elle paraisse, condamne sans réticence l'immensité, l'incommensurable et l'excessif de l'œuvre wagnérienne. Et cependant, cette équation serait caricaturale si elle n'introduisait pas la nuance proprement baudelairienne de sa *religion* esthétique de Wagner : « Baudelaire ne retient au fond de la musique de Wagner que ce qui, en elle, excède la *musica ficta*. La représentation, au sens où l'on peut dire que le *stile rappresentativo* culmine dans Wagner – mais au sens, aussi, où il faut à cette musique un théâtre, des figures et une illustration –, n'intéresse pas réellement Baudelaire. De là qu'au bout du compte son Wagner n'est pas Wagner » (*Ibid.*, p. 77). Baudelaire, en créateur qu'il est, « baudelairise » Wagner. Il l'*écrit* en *extatique* (*Ibid.*, p. 80). D'une certaine manière, Baudelaire *théâtralise* encore celui qui est, pour Gide, le synonyme même de la rhétorique. Bref, les deux utilisent *leurs* compositeurs pour y déployer leurs propres esthétiques. Et cependant, ils procèdent dans le sens inverse – alors que Baudelaire décèle dans Wagner le partage entre le classique et le romantique, ou le moderne, Gide essaie de dire son Chopin qui serait à la fois romantique et classique. Ainsi les deux *pervertissent*-ils leurs « doubles »-musiciens, mais, tandis que Baudelaire acquiesce avec Wagner que la musique a pris le relais de la poésie, Gide ne désespère pas autant – il est l'élève de celui qui va mettre en question cette suprématie de la musique, Mallarmé. Ce dernier fait égaler musique et mystère – initiation, « église », où l'auditeur devient participant (Mallarmé, *Œuvres complètes*, Paris, Gallimard, « Bibliothèque de la Pléiade », 1945, p. 395) qui doit « croire, simplement, rien de plus » (*Ibid.*, p. 542).

Gide – l'excès, le trop de tout. Gide suit Mallarmé à la lettre quand il transforme la musique de Chopin en une « bonne métaphore » – la poésie étant l'accomplissement de la musique (*Ibid.*, p. 367), cette dernière est, tout comme le musicien, incapable d'auto-réflexion (Lacoue-Labarthe, 1991, p. 154). La parole seule, donc, peut ne pas manquer l'essence de la musique, mais Wagner l'utilise en forgeant son projet *esthétique* décadent, restaurateur, en nostalgie du « grand art[16] ».

Comment se fait-il que les défauts de Wagner, aux yeux de Nietzsche et de Heidegger, ressemblent tant à ceux que lui impute Gide – essentiellement, l'absence de *style* ? Selon Nietzsche et Heidegger, elle serait une impuissance à *figurer*, un défaut du *rythme* qui n'est pas seulement cadence – marche ou pas. Selon cette interprétation, qui entraîne toute une tradition que Gide transpose au niveau de l'écriture, la cadence serait la qualité non pas de *homo (Mensch)*, mais de *vir (Mann)*. L'humanité supposerait ainsi un *héroïsme* – une *virilité.* Et la musique n'est pas un art viril – elle n'attend de l'auditeur qu'une pure passivité. Elle serait un art *féminin, hystérique.* Pour Nietzsche, au moins une certaine musique *est* hystérie (*Ibid.*, p. 198). Heidegger reprend l'analyse nietzschéenne et utilise tous les termes que Gide va employer pour un certain écrire (« écrire *fémininement* ») qui déborde, flotte et se dilue. Or, la synonymie de cette réceptivité impressionnable / malléabilité démesurée / plasticité

16 L'esthétique portée à sa limite, diagnostiquée chez Wagner par Heidegger comme « le négatif photographique de l'accomplissement hégélien de l'esthétique » (Lacoue-Labarthe 1991, p. 189), est l'héritière de la radicalisation nietzschéenne de Wagner *via* le « grand style ». Elle amène Heidegger à l'opposition fondamentale entre le classicisme et le romantisme. Gide essaie de faire rejoindre ces deux notions tout en les utilisant à la manière de Heidegger – en dressant une typologie. Ni Gide ni Heidegger n'entrent dans les distinctions doctrinales, et ne touchent à la théorie finalement romantique de l'art qui inaugure une esthétique *religieuse*, donc nécessairement *politique*. Et pourtant, les deux critiquent les *figures* de Wagner comme des relais de la musique considérée comme ce que Heidegger va nommer « le règne du pur état affectif ». Les deux inaugurent un autre idéal esthétique : celui de Hölderlin (Heidegger) et celui de Chopin (Gide) en protestant contre cette « barbarisation de l'état affectif même » « devenu pur bouillonnement, pure effervescence du sentiment abandonné à lui-même » (*Ibid.*, p. 85). En souscrivant à la condamnation nietzschéenne de Wagner, Heidegger critique l'idéologie de « l'expérience vécue » et dit en langage philosophique ce que Gide va diagnostiquer comme son anti-wagnérisme, car le wagnérisme ne vise, selon eux, que « l'impression », le « choc » et « l'effervescence », « du "théâtre" » – « l'effet ». La citation heideggerienne du fragment n° 839 de la *Volonté de puissance* réintroduit la problématisation des moyens wagnériens pour hypnotiser l'auditeur (Mallarmé le disait déjà), « et davantage l'auditrice », comme précise Nietzsche, et l'extase somnambulique des wagnériennes (« *Come si dorme con questa musica !* »).

dévergondée, de l'état esthétique et de l'hystérie, qui sous-entend toujours une théâtralité, une dramatisation, n'est qu'une hypothèse, qui semble presque impossible à surpasser au sein des interprétations binaires.

Pour ce qui est de sa haine de la musique romantique, qu'y déteste-t-il ? Le 22 mai 1907 (*Journal*, I, p. 570-571), Gide écrit :

> Hier soir, *Salomé* de Strauss. [...] Exécrable musique romantique, d'une rhétorique orchestrale à vous faire aimer Bellini. [...] Et mêmes causes des défauts : indiscrétion des moyens et monotonie des effets, fastidieuses insistances, insincérité flagrante ; mobilisation indiscontinue de toutes les ressources. De même Hugo, de même Wagner, quand les métaphores lui viennent en tête pour exprimer une idée, ne choisira pas, ne nous fera gré d'aucune. Inartistisme foncier de cela. Amplification systématique, etc. Défaut qu'il n'est même pas intéressant d'examiner. Mieux vaut condamner l'œuvre en bloc, et attendre les baïonnettes, parce que, cet art-là, c'est vraiment *l'ennemi*[17].

Ou encore, le 28 septembre 1915 (*Journal*, I, p. 891) :

> [...] La veille j'avais accompagné Marie-Anne Delacre. Elle a chanté du Chausson et du Duparc. L'intention, la signification psychologique, me gênent toujours, en musique. Elle perd, pour moi, sa véritable signification, à vouloir en prendre une trop précise[18].

Si la musique ne peut signifier (comme langage) que sous forme de « blasonner », d'« emblématiser », de « *typer* », de laisser une empreinte, une frappe (*Prägung*), Gide affiche sa volonté de *littéraliser* son Chopin. Il n'y a, chez lui, que la figure de l'amateur qui inaugure une nouvelle

17 Une critique *en creux* même de la musique contemporaine est visible dans son commentaire sur l'ouverture des *Noces de Figaro* : « [...] l'orchestre Chevillard donne trop de son à cette musique aérienne et passionnée. Mozart est le musicien dont l'*époque* nous a le plus éloignés : il ne parle qu'à demi-mot et le public n'entend plus que des cris » (1er décembre 1910, *Voyage en Andorre*, *Journal*, I, 1996, p. 665).

18 D'où l'importance primordiale du statut et de la figure de l'amateur pour Gide. L'Amateur est celui qui ne peut pas être seulement en effusion affective ; il est la figure qui pourrait engendrer une pensée nouvelle sur la musique, en dehors de l'affection, de la métaphysique du « sentiment » (dite schopenhauerienne) et de l'« inconscient », qui s'accomplit aussi dans le « mélocentrisme » wagnérien. Telle est la leçon gidienne, que va confirmer aussi Barthes. Un certain nombre d'écrivains et de philosophes ont eu *leurs* artistes – Adorno avait Schœnberg, le premier Nietzsche Wagner, puis Bizet (Chopin ?) ; Heidegger avait Hölderlin, tout comme Hegel avait Schiller et Gide Chopin. Ils ne voulaient pas renoncer à « l'offrande d'une œuvre qui, en cela moderne, thématise explicitement la question de sa propre possibilité comme œuvre et par là même comporte, comme son sujet le plus propre, la question de l'essence de l'art » (Lacoue-Labarthe, 1991, p. 232-233).

approche de la musique qui ne doit, à l'encontre de la conviction baudelairienne, ni « égaler » la poésie, ni présenter des idées. L'invocation gidienne de *son* Chopin classique et romantique, anti-Wagner et antiwagnérien, se réduit à une condamnation de l'effet, de l'*ekphanestaton* comme comble du paraître, tout en héritant à la fois de la véhémence baudelairienne dans son ardeur et sa décision de dire « je », et de la critique mallarméenne, nietzschéenne et heideggerienne de l'*effet.* Tout en insistant sur le caractère double de son Chopin, romantique et classique, Gide ne renonce pas à la tentation du « grand art ».

De toute évidence, il faudrait voir dans l'horreur gidienne pour Wagner beaucoup plus qu'une simple question de goût, ou que le fruit de sa propre sensibilité ; tout d'abord, son caractère propice à devenir l'antipode du Chopin gidien, mais surtout le représentant de la musique romantique honnie et de l'opéra romantique. En fait, à l'encontre de l'impressionnante quantité des références musicales, celles sur l'opéra demeurent modestes. Le *Fragment d'un opéra* de Gide le confirme. Ce court fragment en 4 scènes représente l'histoire d'une attente et de retrouvailles[19]. Ce fragment n'est que l'ébauche d'un drame au flair de mélodrame, mais il ne rappelle ni un livret ni un opéra – il n'y a qu'une seule mention de la musique, à la fin du fragment, quand Horace dit à demi voix à Lucile, « la petite effrontée », qui lui demande qu'est-ce qu'il lui a rapporté de son voyage : « À chaque objet [de mes malles] je vous raconterai son histoire… (La musique couvre parfois sa voix.) J'ai rapporté pour vous dans une petite cage / Un écureuil des îles – il est tout noir… » Même dans ce fragment d'opéra, l'opéra est le grand absent.

19 Le vieux salon provincial au soir, où l'on entend la pluie et le vent, qui ouvre l'histoire, introduit trois personnages : le grand-père et deux sœurs, Marthe et Lucile. Le principe antithétique régit leur rapport, qui rappelle celui de Marie Dorval et Lucile du manuscrit *Mané Thékel Pharès* que donne en appendice Claude Martin dans *La Maturité d'André Gide – de Paludes à l'Immoraliste (1895-1902)* (Paris, Klincksieck, « Bibliothèque du XXe siècle », 1977, p. 585-594). Marthe, l'aînée, attend patiemment et fidèlement son époux Horace depuis trois ans, en toute confiance et simplicité, « jamais alarmée », et elle croit à sa promesse de retour (« Le revoir que je veux / C'est un revoir très calme et sans surprise. »). Elle n'est ni « assez jeune » « ni belle », et « pour lui (elle) ne (peut) qu'être fidèle ». Lucile, plus impatiente et coquette, et très excitée, mise sur le changement pour qu'il lui dise qu'elle est belle (« une femme nouvelle »). Horace, le fidèle époux revient.

IGOR STRAVINSKY

La rareté relative des mentions de l'opéra dans le *Journal* de Gide se confirme aussi avec Stravinsky. Ce dernier ne fait l'objet que d'une seule mention importante, celle où Gide identifie ce qu'il admire chez lui, le fait qu'il était parvenu « à reculer dans le passé les sonorités précédentes, jusqu'à ne plus nous laisser émouvoir que par les accents uniquement sincères et complètement exempts de rhétorique. De même en littérature, tout développement oratoire[20]… » Il mentionne aussi l'« entente parfaite » avec lui pour le projet avec Ida Rubinstein en 1933[21], quand Gide écrit le livret pour *Perséphone*, opéra en trois tableaux mis en musique par Stravinsky, qui fut d'abord publié par *La NRF* de mai 1934 (n° 248), puis aux Éditions Gallimard, la même année[22]. Or, dans les *Notes et variantes* (*Journal*, I., p. 1400-1401), Éric Marty identifie le premier contact de Gide avec le mythe de Proserpine dans sa lecture d'enfance du *Livre des merveilles* de Nathaniel Hawthorne (La Bibliothèque rose, 1858), où figure la légende des *Grains de la grenade.* Il met en évidence que Gide s'est servi plusieurs fois du mythe : une première dans *Les Nourritures terrestres*, dans la « Ronde de la grenade » du Livre IV.

Dès 1894, il avait l'intention d'écrire une *Proserpine*, comme il l'affirme dans une lettre à Marcel Drouin du septembre 1893[23]. Un fragment

---

20 « Je ne me suis un peu ressaisi qu'au piano, où je poursuis l'étude des pièces d'Albeniz. […] Repris également *Prélude, Choral et fugue* et quelques *Études* de Chopin. Mais ici, autant et plus peut-être que pour les autres arts, ne me quitte pas le sentiment de l'archaïque, du périmé. Cette guerre achève de ruiner dans mon esprit toutes les formes du passé avec quoi nous avons vécu jusqu'à ce jour et qui nous ont élevés jusqu'à la communion la plus parfaite avec Dieu, je veux dire le sentiment de la noblesse et de la beauté – autant qu'elle fait Reims ou Louvain. La musique également réclame aujourd'hui une langue nouvelle, des intonations inouïes, une gamme encore inconnue. J'admire combien déjà certains (Debussy, Stravinsky surtout) étaient parvenus à reculer dans le passé les sonorités précédentes, jusqu'à ne plus nous laisser émouvoir que par les accents uniquement sincères et complètement exempts de rhétorique. De même en littérature, tout développement oratoire… » (25 février 1915, *Journal*, I, 1996, p. 889).

21 « Trop affairé ces temps derniers pour tenir à jour ce carnet. Voyage à Wiesbaden, où je retrouve Stravinsky avec qui je dois travailler pour Ida Rubinstein. Entente parfaite » (8 février 1933, *Journal*, II, 1997, p. 400).

22 Pour la genèse de *Proserpine* et de *Perséphone*, voir l'édition critique établie et présentée par Patrick Pollard, Lyon, Centre d'études gidiennes, 1977.

23 Jean Delay, *La Jeunesse d'André Gide, D'André Walter à André Gide, 1890-1895*, II, Paris, Gallimard, coll. « Vocations, VII », p. 364.

« Proserpine. Fragment de drame » paraîtra dans le numéro 12 du *Pays de France* de décembre 1899, et l'argument complet va être publié dans le tome IV des *Œuvres complètes* en 1933.

Dans le *Journal*, il n'y a qu'une seule mention de *Proserpine* (13 septembre 1893, *Journal*, I, p. 173-174), dans la note sur Goethe, « Morale »:

> Il faut que l'esprit soit plus grand que le monde ; qu'il le contienne ; ou bien il s'y dissout piteusement et n'est plus même original. D'où les deux états ; d'abord l'état de lutte ; le monde est tentation ; il ne faut pas céder aux choses. Puis l'état supérieur, où n'atteignit pas Proserpine qui se souvint toujours d'avoir pris les grains de grenade ; ou Goethe entra vite et pouvait, ne se refusant plus rien, écrire : Je me sentais assez dieu pour descendre vers les filles des hommes. (Gide, *Journal*, I, p. 173-174)

Il y a trois mentions de *Perséphone* – la première évoque l'étude sur *Perséphone* de Pater[24], la deuxième une chorale d'enfants que Gide, Rubinstein et Stravinsky songeaient à emprunter pour le 3e tableau (Cuverville, 2 juin 1933, *Journal*, II, p. 415), et la troisième (31 mars 1943, *Journal*, II, p. 933-934) est introduite lors de sa comparaison de la réussite des *Nourritures terrestres*, qui « restent près de moi », et des *Nouvelles nourritures*, « de tous mes livres, le plus inégal, le moins bon »:

> [...] autant ces dernières pages, beaucoup plus récentes, se sont écartées de moi, au point que, si je ne les avais signées, je douterais qu'elles soient vraiment de moi (mises à part quelques « rencontres » et certaines chansons que j'ai reprises dans *Perséphone*).

Et comment, d'ailleurs, se fait-il que Gide ait pu établir une collaboration avec Stravinsky pour *Perséphone*, qu'il ne commente pas dans le *Journal* ? *Perséphone*, mélodrame en trois scènes pour ténor, chœur mixte, chœur d'enfants et orchestre, est donnée pour la première fois à l'Opéra de Paris le 30 avril 1934 avec les Ballets d'Ida Rubinstein, et à Londres, lors des noces du duc de Kent en version scénique[25].

24 *Greek Studies*, Londres, Macmillan, 1885, p. 129 (13 août 1922) ; *Journal*, I, p. 1186.

25 Stravinsky la préfère en version de concert, à l'encontre de Wagner, qui concevait l'opéra avant tout comme une œuvre dramaturgique en dénonçant ce qu'il nomme une « erreur fondamentale », qui « consiste en ce que l'*on a fait d'un moyen d'expression (la Musique) le but et réciproquement du but de l'expression (le Drame), le Moyen* » (Richard Wagner, *Opéra et Drame*. Trad. J. G. Prod'homme, Éditions d'aujourd'hui, les Introuvables, p. 60. Souligné dans le texte.), bien qu'il ait contredit souvent dans sa musique ses propres théories. Selon Stravinsky, « la mise en scène requiert l'intervention de trop de gens (scénographes,

Suite aux difficultés rencontrées dans la collaboration avec Gide, Stravinsky écrit lui-même un article, avec l'aide de l'écrivain suisse Charles-Albert Cingria, « Igor Stravinsky nous parle de *Perséphone* » (*Excelsior*, 1er mai 1934), l'un des trois textes qu'il consacre à ses propres œuvres au cours de sa carrière européenne[26]. La pierre d'achoppement était la vieille question, « *prima la musica* » que défendait Stravinsky, la primauté accordée à la musique, et « *prima le parole* » de Gide. Stravinsky insiste sur la primauté du traitement musical de la syllabe :

> Un mot qui contient tout un programme : « syllabe » et ensuite le verbe « syllaber ». Là réside ma préoccupation principale. [...] Or le mot, plutôt qu'il ne l'aide, constitue pour le musicien un intermédiaire encombrant. Car la musique n'est pas la pensée. On dit *crescendo*, on dit *diminuendo :* la musique vraiment musique n'enfle ni ne décroît selon les températures de l'action. Je n'extériorise pas. J'entends tout autrement qu'on ne le pense le rôle de la musique. Elle nous est donnée uniquement pour mettre de l'ordre dans les choses : passer d'un état anarchique et individualiste à un état réglé, parfaitement conscient et pourvu de garanties de vitalité et de durée. [...]
>
> Je crois devoir avertir le public que j'ai en horreur les effets orchestraux comme moyen d'embellissement et qu'il ne faut pas s'attendre à être ébloui par des sonorités séduisantes. J'ai depuis longtemps abandonné la futilité du brio. J'ai horreur de courtiser le public – cela me gêne. [...] La foule exige que l'artiste fasse sortir et exhibe ses entrailles. C'est cela que l'on prend pour la plus noble expression de l'art, la nommant personnalité, individualité, tempérament et autres titres du même acabit. [...] Toute chose sentie et vraie est susceptible de donner des projections énormes. Ce ne sont pas des caprices de

régisseurs, chorégraphes, etc.), ce qui déplace le centre d'intérêt et brouille les idées. Si j'en avais le temps, je ferais tout moi-même, ainsi verrais-je seulement réaliser mes intentions ? » (Igor Stravinsky, « Un musicien parle de lui-même. Igor Stravinsky et son esthétique », *Il Piccolo* (Rome), 27 mai 1935, dans *Confidences sur la musique, Propos recueillis (1912-1939)*, textes et entretiens choisis, édités et annotés par Valérie Dufour, Paris, Actes Sud, 2013, p. 282).

26 L'article sur *Perséphone* est un cas exemplaire de collaboration avérée avec un coauteur, qui permet au compositeur de formuler sa pensée (les « coauteurs » de Stravinsky, en fait, sont légion). Ce texte doit beaucoup à l'écrivain suisse Charles-Albert Cingria (1883-1954). Dans une lettre à Stravinsky du 30 avril 1934, il écrit : « J'ai fait acheter *Excelsior* et j'ai vu l'usage qu'on a fait du petit texte établi *entre nous* » (lettre de Cingria à Stravinsky, 30 avril 1934, dans : Ch.-A. Cingria, *Correspondance avec Igor Stravinsky*, introduction et notes de Pierre-Olivier Walzer, Lausanne, L'Âge d'Homme, 2001, p. 37). Pour ce qui est de la genèse de l'article, ni les archives de Stravinsky à Bâle, ni celles de Cingria à Lausanne ne présentent de traces de brouillons ou d'esquisses qui nous éclairent sur l'apport respectif ou sur le mode de travail des auteurs (voir aussi Valérie Dufour, *Stravinsky et ses exégètes*, Bruxelles, Éditions de l'Université de Bruxelles, 2006, p. 177-196) (Igor Stravinsky, *Confidences sur la musique, Propos recueillis (1912-1939)*, *op. cit.*, p. 352).

> ma nature. Je suis sur un très sûr chemin. Ce n'est ni à discuter ni à critiquer. L'on ne critique pas quelqu'un ou quelque chose en état de fonction. Le nez n'est pas fabriqué : le nez *est*. Ainsi mon art[27].

Ainsi la brouille entre «*prima la musica*» de Stravinsky et «*prima le parole*» de Gide rappelle-t-elle la *tension* (*Spannung*) cruciale qui établit et relance le « mouvement pendulaire » de l'histoire de l'opéra (Bourgeois), mouvement dont l'oscillation permanente du genre le porte tantôt du côté de la prééminence de la parole, du texte, tantôt du côté de la suprématie de la musique. Ces deux modalités extrêmes de la relation *parole-musique* semblent se concentrer autour de la question du « plaisir » et de la « jouissance » (Poizat) qui refuse sa maîtrise. Le point de vue de Gide sur l'opéra rappelle la querelle ancienne des Piccinistes et des Gluckistes, née au sujet de *L'Orfeo* de Gluck dans les années 1774[28], qui rappelle à son tour la *Querelle des Bouffons* surgie quelques vingt ans auparavant, car il s'articule autour une opposition entre le *plaisir* dont la règle d'or est la modération (Marmontel, La Harpe refusent le « plaisir musical » dans le bouleversement émotif), l'existence d'une limite à l'intensité sensible, et l'autre, la *jouissance*, dans le sillage de l'esthétique de Diderot et de l'Encyclopédie, une émotion musicale qui est « une sorte de *crise* », au sens presque médical du terme, agissant par son paroxysme même (notamment par les *arias*, qui « soulagent » les passions en leur donnant libre cours).

27 Il mentionne Gide : « Je ne voulais pour *Perséphone* que des syllabes, de belles, fortes syllabes, et puis une action. Dans ce désir, je me félicite d'avoir rencontré Gide, dont le texte, hautement poétique, mais libre de sursauts, devait me fournir une structure syllabique excellente. [...] Ce qui est le propre de mon émotion consciente ne peut, pour les autres et même pour moi, être réfléchi à l'état de règle. Dès l'instant où l'on prend conscience de l'émotion, elle est déjà froide : elle est comme la lave, elle devient un formalisme et l'on en fait des broches que l'on vend au pied du Vésuve. [...] J'ai usé de l'orchestre normal, de chœurs mixtes, d'un chœur d'enfants. Comme solistes, il n'y a qu'une voix chantante, qui est celle d'Eumolpe, maître de cérémonie du culte de Déméter à Éleusis. C'est lui qui expose l'action et dirige le drame. Le rôle de Perséphone est mimé, parlé et dansé. Il est remarquable de voir combien ce *parakataloghè* délicat s'accorde avec l'ensemble. Cette partition telle qu'elle a été décrite, telle qu'elle doit rester dans les activités musicales de l'époque, fait un tout indissoluble avec les tendances affirmées à plusieurs reprises dans mes œuvres précédentes. Elle fait suite à *Œdipus Rex*, à la *Symphonie de psaumes*, au *Cappricio*, au *Concerto pour violon* et au *Duo concertant*, bref à tout un acheminement où l'abstention de spectacle ne diminue en rien la vie autonome de l'œuvre. *Perséphone*, [...], est la forme actuelle de cet acheminement. » (Igor Stravinsky, *Confidences sur la musique, Propos recueillis (1912-1939)*, Paris, Actes Sud, 2013, p. 76-78).

28 Voir F. Azouvi, article de la revue *Avant-scène Opéra*, consacrée à *Orphée et Eurydice* de Gluck (sept.-oct. 1979), dans Poizat, 2001, p. 17-21.

Gide semble se ranger, en matière d'opéra, au « coin du Roi », sous l'emblème masculin, qui défend la musique française au primat de la parole, en inaugurant une musique de forme « régulière », « périodique » (selon Gluck, son détracteur), qui permettrait la maîtrise de la musique par la parole, le contrôle de la visée de la jouissance et sa règle à se maintenir en deçà de la limite, à savoir le récitatif, plus précisément, le récitatif à la française tel que Rameau l'a développé. Il refuse le camp de Gluck, qui assume pleinement l'ébranlement des sens et les secousses émotives dues à une musique que l'autre bord associe au cri, à la criaillerie (rappelons-nous l'ancien intervalle interdit « *diabolus in musica* », celui de triton, quatre augmentée, p.e. fa-si), au déchirement, reconnaissant dans l'*aria* son lieu privilégié. Gide est ainsi non seulement un « instrumentaliste » avéré, mais en opéra, il suit la tradition des compositeurs français depuis la monarchie absolue (de Lully à Rameau) et bien au-delà (même pendant la période romantique avec Berlioz, et à l'époque contemporaine, le *Saint-François d'Assise* d'Olivier Messiaen), qui sont tous attachés à une esthétique assurant la prééminence du texte[29]. Il n'admet ni la contestation ni la destruction de la parole par la musique, ni la fusion ni la confusion de la parole-musique. L'entente parfaite de Gide et de Stravinsky pouvait se mettre en scène sur des fondements d'une certaine *discipline*, car les deux refusent le *brio*, le « spectaculaire », cette prégnance du visuel, cette récréation illusoire d'un espace architectural, et vivent un plaisir musical qui ne veut pas inaugurer la « jouissance lyrique[30] ».

L'auteur refuse d'admettre l'opéra comme l'étrange « monstre » issu de l'accouplement de la Parole et de la Musique, comme l'œuvre qui ferait voir la jouissance d'oublier (ou de dénier) l'homme comme sujet parlant, que rappelle Claude Lévi-Strauss dans *L'Homme nu*, en professant que « la musique, c'est le langage moins le sens ».

Tout en écrivant *Perséphone*, l'histoire du désir refoulé et l'abandon à ce désir, la culpabilité et le sacrifice qui en ressortent, Gide semble ne

29 Sous la loge de la Reine, sous l'emblème féminin, les partisans de la musique italienne sont voués à l'échappée lyrique, et figurent la rencontre du « féminin » et du « hors-sens » (Poizat) dans son opposition à la domination du Verbe. Rousseau, qui est du Coin de la Reine, se livre à une critique ravageuse de Rameau, plus précisément, de son versant « harmonique ». Chez Rousseau, la tension entre la jouissance transgressive et la limite (« *prima la musica* » / « *prima le parole* ») devient l'opposition entre la mélodie et la harmonie.

30 Terme introduit par Michel Poizat, *L'Opéra ou le cri de l'ange, Essai sur la jouissance de l'amateur d'opéra*, Paris, Métailié, 1986/2001, p. II.

pas admettre la jouissance dans l'opéra comme l'histoire d'un « ravissement », de l'irruption des larmes de l'amateur, ravi au sens littéral du mot. En dépit de sa connaissance intime et précoce du frisson (les *Schaudern* gidiens) et de la joie[31], qui est cruciale pour son Chopin, il n'acquiesce pas à cette « prise » de l'opéra – ce saisissement, cette sidération, ce sentiment de la folie, de la capture, du dessaisissement de soi, la jouissance de l'objet perdu (?) où l'auditeur tend à s'abolir, se perdre, se diluer dans cette voix, tout comme l'interprète tend à s'abolir comme sujet pour devenir, pour la jouissance du mélomane, pure voix, pur objet-voix (Poizat, 2001, p. 16).

La raison de la mésentente de Stravinsky et de Gide, fondamentale, sur le statut de la Parole et de la Musique concerne l'instrument primordial de l'opéra, la voix, et son intelligibilité. Car, ce n'est pas dans l'inintelligibilité en soi que réside le ressort de la jouissance lyrique mais dans la dissolution progressive du sens sous l'effet d'une logique de l'écriture musicale qui échappe alors à celle de la parole que Gide refuse d'accepter. Gide n'admet pas que, dans l'opéra, la voix ne soit pas l'expression d'un texte (et que le théâtre est là pour cela), mais que c'est le texte qui soit l'expression de la voix. Il refuse la prééminence du hors-sens, du lyrisme, et l'excès – un excès sur le sens, dans le sens de ce qui « excède », de ce qui « est au-delà », mais aussi, dans l'autre sens, de ce qui « exaspère » le sens, ce qui le met à mal, dans la logique de leur antagonisme supposé. D'où le refus catégorial de Wagner[32], la haine de la musique romantique, et la brouille avec Stravinsky.

31 Nietzsche va la dire, tout comme Wagner, qui va conférer à Beethoven la position cruciale dans sa construction théorique. La 9ᵉ *Symphonie* devient le modèle wagnérien du rapport « poète/musicien » (joie). Ce dernier met en place la métaphore fondamentale de « La Musique est Femme » (Richard Wagner, *Opéra et Drame.* Trad. J. G. Prod'homme. Éditions d'aujourd'hui, les Introuvables, p. 192) et le poète doit la venir féconder. Car le grand projet wagnérien réside dans la refonte radicale des rapports poète/musicien, en fait, dans leur fusion. La prééminence du drame représenté va entraîner la mise au point d'une forme musicale (qui porte à ses limites la tentative de Gluck) : il n'y a plus aucune discontinuité entre air et récitatif, il n'y a plus ni récitatif ni *aria* – c'est la « mélodie continue », le continu (l'exemple du prélude orchestral de *L'Or du Rhin* où un seul accord tenu aux contrebasses pendant cent trente-sept mesures, évoque le silence originaire des temps mythiques) et le cri.

32 « *Tristan* donc fait explicitement apparaître, malgré, souvenez-vous, le projet conscient et particulièrement affirmé de Wagner dans *Opéra et Drame*, ce travail de sape sur le langage même que nous avons assigné à la vocalité. Dans *Tristan*, la musique, le désir qui s'y déploie ne se contente pas de subvertir, de dissoudre la signification d'un langage

En fait, le *Journal* ne fait que confirmer ce qui s'est cristallisé dans les *Notes sur Chopin*, le refus de l'*effet-Wagner*, et de l'effet tout court, sa suspension temporelle, ce moyen radical d'abolir tendanciellement l'effet de signification, que Nietzsche décèle probablement le premier en indiquant que chez Wagner, « on ressent parfois combien la musique agit sur nous en l'absence de la mesure ». Wagner devient, dans ce sens, le musicien de la dé-mesure, non par son « gigantisme » (sens commun du mot), mais par référence à cette fonction de la limite de la mesure qui, lorsqu'elle est a-battue entraîne le jeu du contre-temps (Poizat, 2001, p. 225). Les trouvailles wagnériennes, la dé-temporalisation et la délocalisation spatiale de la sonorité – son chromatisme « exacerbé » – détruisent les repères et les limites harmoniques et incarnent, à jamais, l'antithèse de tout ce que Gide ressent en et pour la musique.

Tout en démontrant sa conviction que « sans la musique, la vie serait une erreur » (Nietzsche, *Crépuscule des idoles)*, tout en inaugurant l'Amateur, et non pas le virtuose, comme le seul qui puisse penser la musique qui ne serait pas condamnée à l'*affect*, dans sa conception de l'opéra dans le *Journal*, mais aussi dans son *Fragment d'un opéra*, Gide fait voir non seulement que le parfait écrivain devrait être musicien, pour paraphraser Barthes, mais surtout qu'il demeure un écrivain qui se veut Amateur, et non pas écrivain-musicien.

En instrumentaliste qu'il est, face à l'opéra, Gide devient le porte-parole d'un *plaisir* qui tient encore de près à la définition aristotélicienne (Azouvi), plus proche du repos que du mouvement, définissant un mouvement modéré qui ne modifie pas un état donné, et se rapproche de la conception moderne de l'homéostasie, signal du retour à l'équilibre précédemment déstabilisé par une tension. Gide refuse l'opéra comme le lieu du bouleversement émotif, comme le *locus* de la *jouissance* produite par le dispositif de la voix né de cet accouplement torturé et torturant qui produit le chant. Il refuse, tout comme Nietzsche, de nager, de planer et de se dissoudre dans la mer wagnérienne. Pour lui, la beauté de l'opéra ne se réduit pas au « cri de l'ange » rilkéen – « *Ein jeder Engel ist schrecklich* », dit la *Première élégie de Duino.* Il préfère marcher et danser,

---

qui serait par ailleurs conforme aux lois qui le régissent, elle inscrit son empreinte sur la langue elle-même en la tordant au gré de son propre mouvement. Ce rapport très particulier du *texte* à la musique et non pas de la musique au texte, est sans doute l'une des premières manifestations "émergées" de cette tension tellurique fondamentale qui travaille le genre-opéra. » (Poizat, 2001, p. 223-224).

et sa conception de l'opéra, tout comme son Chopin et son *Journal*, le démontre. Chez Gide, la musique, bien que pratique d'une écriture et exercice d'une pratique, demeure toujours tout d'abord un *concept*, un *analogon* de la littérature et le symbole de la *poiesis.*

Maja VUKUŠIĆ ZORICA
Université de Zagreb

BIBLIOGRAPHIE

ADORNO, Theodor W., *Écrits musicaux : tome 2, Quasi una fantasia*, Paris, Gallimard, 1982.

ADORNO, Theodor W., *Essai sur Wagner*, Paris, Gallimard, 1966.

BAUDELAIRE, Charles, *Œuvres complètes*, Claude Pichois (éd.), Paris, Gallimard, « Bibliothèque de la Pléiade », 1976, tome 2.

BENJAMIN, Walter, *Le Concept de critique esthétique dans le romantisme allemand*, trad. P. L-L et A-M Lang, Paris, Flammarion, 1986.

BENJAMIN, Walter, *L'Origine du drame baroque allemand*, trad. S. Mullet et A. Hirt, Paris, Flammarion, 1985.

BOURGEOIS, Jacques, *L'Opéra des origines à demain*, Paris, Julliard, 1983.

CORRE, Christian, *Un lieu de mémoire :* La Revue musicale, *1920-1940*, Paris, La Part commune, « L'étranger familier », 2002.

DELAY, Jean, *La Jeunesse d'André Gide, D'André Walter à André Gide, 1890-1895*, tome II, Paris, Gallimard, « Vocations, VII », 1957.

DERMONCOURT, Bertrand, *Igor Stravinsky*, Paris, Actes Sud, « Classica », 2013.

DERRIDA, Jacques, *Éperons. Les styles de Nietzsche*, Paris, Flammarion, 1978/2010.

DUCHESNEAU, Michel, « *La Revue musicale* (1920-1940) and the founding of a modern music », dans CARON, Sylvain, de MEDICIS, François, DUCHESNEAU, Michel (dir.), *Musique et modernité en France*, Presses de l'Université de Montréal, 2006.

GIDE, André, *Journal*, Paris, Gallimard, « Bibliothèque de la Pléiade », tome I (1996) et tome II (1997).

GIDE, André, *Notes sur Chopin*, Paris, L'Arche, 1949 / Gallimard, « Blanche », 2010.

GIDE, André, *Perséphone*, Paris, Gallimard, 1934.

GIDE, André, *Un fragment d'opéra*, s. l. 1946.

GREGOR-DELLIN, Martin, *Richard Wagner*, Paris, Fayard, 1981.

HEIDEGGER, Martin, *Nietzsche I*, traduit par Pierre Klossowski, Paris, Gallimard, « NRF », 1971.

JANKÉLÉVITCH, Vladimir, *La Musique et l'Ineffable*, Paris, Seuil, 1983.

LACOUE-LABARTHE, Philippe, *Musica ficta (figures de Wagner)*, Paris, Christian Bourgois, 1991.

KOBBÉ, Gustave, *Tout l'opéra, de Monteverdi à nos jours*, Paris, Robert Laffont, 1999.

MALLARMÉ, Stéphane, *Crayonné au théâtre*, *Œuvres complètes*, Henri MONDOR et G. JEAN-AUBRY (éds), Paris, Gallimard, « Bibliothèque de la Pléiade », 1945.

NIETZSCHE, Friedrich, *Œuvres philosophiques complètes, tome 8 : Le cas Wagner,*

Crépuscule des idoles, L'Antéchrist, Ecce Homo, Nietzsche contre Wagner, Paris, Gallimard, 1974.

POIZAT, Michel, *L'Opéra ou le cri de l'ange, Essai sur la jouissance de l'amateur d'Opéra*, Paris, Métailié, 2001/1986.

ROUSSEAU, Jean-Jacques, *Écrits sur la musique*, Paris, Stock, 1979.

SÈVE, Bernard, *L'Altération musicale : Ou ce que la musique apprend au philosophe*, Paris, Seuil, 2013.

SÈVE, Bernard, *L'Instrument de musique : une étude philosophique*, Paris, Seuil, 2013.

STRAVINSKY, Igor, *Confidences sur la musique, Propos recueillis (1912-1939)*, textes et entretiens choisis, édités et annotés par Valérie Dufour, Paris, Actes Sud, 2013.

SZENDY, Peter, *Écoute, Une histoire de nos oreilles*, précédé de *Ascoltando par Jean-Luc Nancy*, Paris, Éditions de Minuit, 2001.

VUKUSIC ZORICA, Maja, *André Gide : les gestes d'amour – l'amour des gestes*, Paris, Éditions Orizons, collection « Universités », 2013.

VUKUSIC ZORICA, Maja, « Gide et Chopin – le parfait écrivain devrait être musicien », *Bulletin des Amis d'André Gide*, n° 176, octobre 2012, p. 309-352.

VUKUSIC ZORICA, Maja, « Le piano touchant/touché : l'instrument du contretemps chez Gide, le cas du *Journal* et des *Notes sur Chopin* », *SRAZ (Studia romanica et anglica zagrabiensia)*, Facultas philosophica Universitatis Studiorum Zagrebiensis (Presses de la Faculté de philosophie et de lettres de Zagreb), vol. LV, 2010, p. 79-101.

VUKUSIC ZORICA, Maja, « "Bez glazbe, zivot bi bio pogreska" – Chopin kod Gidea, Sartrea, Nietzschea i Barthesa », *Knjizevna smotra*, XLII / 2010, n° 157-158 (3-4), p. 51-60.

WAGNER, Richard, *Beethoven*, Paris, Aubier/Montaigne, 1948.

WAGNER, Richard, *L'Œuvre d'art de l'avenir* [réédition], Plan de la Tour, Éditions d'aujourd'hui, « Les Introuvables », 1982.

WAGNER, Richard, *Opéra et Drame* [rééd.], Plan de la Tour, Éditions d'-aujourd'hui, « Les Introuvables », 1982.

WAGNER, Richard, *Ma vie*, Paris, Buchet/Chastel, 1978.

WAGNER, Richard, *Quatre Poèmes d'opéra*, précédé d'une « Lettre sur la musique » [rééd.], Paris, Mercure de France, 1941.

DE LA MUSIQUE AU TEXTE

DE LA MUSIQUE À L'IRONIE, ET RETOUR

Interprétation musicale et interprétation textuelle dans l'œuvre d'André Gide

La portion de la musique dans l'œuvre d'André Gide, pianiste reconnu et amateur exigeant, est paradoxalement congrue : ici, nulle sonate de Vinteuil et, en guise de traité, le lecteur doit se contenter des maigres *Notes sur Chopin.* Et cependant, la réflexion de l'auteur sur la musique et, en particulier, sur l'interprétation musicale remet en jeu, depuis un lieu décalé, sa réflexion sur la communication esthétique et, par conséquent, sa pratique d'écrivain.

Pour camper d'emblée, de manière massive et inévitablement imprécise, la crise de l'interprétation que reflètent les œuvres de Gide, je dirai que cette œuvre se construit sur un double deuil : celui de l'idée d'accéder au *bon point de vue*, et donc de produire un discours de vérité, non relatif, sur le monde et celui d'une communication idéale, d'âme à âme et libérée de l'approximation des mots, dont témoigne le rêve de sa première œuvre : « Je voudrais écrire *en musique*[1]. » Écrire, c'est alors assumer cette double déficience, en faire l'objet ironisé, c'est-à-dire à la fois désirable et illusoire, de la fiction, et tenter de repenser la communication esthétique en général, littéraire en particulier, sans base théorique stable et à travers des expérimentations fictionnelles. Les fictions gidiennes, de ce fait, mettent en scène cette crise, et malgré tout cette nécessité de l'interprétation, et tentent d'anticiper leur propre lecture dans ce contexte.

La lecture, telle que la réfléchit l'œuvre de Gide, correspond à plusieurs modèles non strictement superposables, qui tentent de supporter, plutôt que de régler cette crise : le modèle d'une collaboration du lecteur ; le modèle paradoxal de la prévision de l'imprévisible, que

1 André Gide, *André Walter. Cahiers et poésies*, *Romans, Récits…*, t. 1, *op. cit.*, p. 53.

résume Édouard dans *Les Faux-Monnayeurs* : « Fournir un aliment à des curiosités encore indistinctes, satisfaire à des exigences qui ne sont pas encore précisées[2] » ; le modèle fameux du rejet du livre, sur lequel s'achèvent *Les Nourritures terrestres* et qui explore une véritable sortie de l'interprétation ; mais aussi, l'obsession du maintien d'une figure non faussée de l'auteur à travers l'œuvre.

La réflexion gidienne sur la musique, concentrée autour des *Notes sur Chopin*, ne saurait résoudre ces contradictions ; mais tout au long de la vie d'écrivain d'André Gide, de 1892 ou 1894[3] où est conçu le projet de ce livre jusqu'à sa première publication en décembre 1931, et même ensuite par le jeu des rééditions successives, elle déplace le questionnement sur l'interprétation, notamment parce que la pratique du piano et la réflexion sur cette pratique offrent un modèle nouveau pour la penser : le « récepteur » n'est plus conçu comme auditeur, mais comme exécutant, nécessairement co-créateur de l'œuvre ; l'interprétation échappe à un modèle herméneutique, de recherche d'un sens fixe, caché et transcendant, pour se penser comme une réalisation, dans le jeu comme dans le discours critique, des problèmes esthétiques de l'œuvre ; et une éthique, complexe et instable certes, de la bonne interprétation, s'affirme comme nulle part ailleurs chez Gide.

Je tenterai donc, dans un premier temps, de décrire le type d'interprétation à l'œuvre dans les *Notes sur Chopin* et les déplacements qu'il implique, en replaçant le texte dans le débat sur l'interprétation musicale autour de 1930 et dans la série des « cas », non musicaux, où Gide pose le problème de l'interprétation. Dès lors, c'est la question de l'influence possible de ce type particulier d'interprétation exécutante sur l'écriture gidienne, en tant que cette écriture anticipe des interprétations, qui devra être posée. L'enjeu sera de saisir les rapports entre deux modèles d'une lecture à la fois ouverte et guidée, l'interprétation exécutante, ou musicale, et l'interprétation critique, ou ironique.

2 *Les Faux-Monnayeurs*, *Romans, Récits…*, t. 2, *op. cit.*, p. 244.

3 Pierre Masson, dans « *Les Notes sur Chopin* ou le livre impossible d'André Gide », dans *BAAG*, nº 166, avril 2010, p. 162, retient la date de 1894 comme *terminus ante quem* pour la formation du projet, qu'André Gide fait, lui, remonter à 1892.

LE CAS CHOPIN ET LA QUESTION DE L'INTERPRÉTATION MUSICALE
Gide entre Cœur et Valéry

Dès l'ouverture des *Notes sur Chopin*, Gide écrit :

> Par un étrange destin que ne connut nul autre, Chopin est d'autant plus méconnu que ses exécutants s'attachent d'autant plus à le faire connaître. On peut interpréter plus ou moins bien Bach, Scarlatti, Beethoven, Schumann, Liszt ou Fauré. On ne fausse point leur signification en gauchissant un peu leur allure. Il n'y a que Chopin qu'on trahisse, qu'on puisse profondément, intimement, totalement dénaturer[4].

L'œuvre de Chopin est donc pour lui l'objet esthétique par excellence, où se laisse saisir le pouvoir absolu, fût-il nuisible, de l'interprète, et le basculement de la production du sens du camp de l'auteur vers celui du récepteur ; et simultanément, cette prise de conscience vécue sur le mode de l'extrême violence (trahir, dénaturer) conduit à revalider l'idée d'intention, que ce soit celle de l'œuvre ou de l'auteur, et à s'interroger sur la possibilité d'une interprétation fidèle. Le statut du « cas Chopin », hésitant entre un phénomène exceptionnel et unique et la forme extrême d'un problème général, nécessite d'être précisé, et de ce fait replacé dans un débat plus vaste sur l'interprétation, en cours dans le champ littéraire comme musical. Il me semble alors que les articles de Boris de Schlœzer publiés dans *La NRF* et *La Revue musicale* permettent de définir la position prise tacitement par Gide dans ce débat, de mieux saisir les limites de la nouveauté de cette position (les thèses de Gide sont extrêmement proches de celles que Schlœzer développe dans les mêmes années), mais aussi de situer Gide dans un double écart, par rapport à deux approches théoriques, l'une radicalement relativiste, celle d'un Paul Valéry, et l'autre, engagée dans la quête objectiviste d'une réalité musicale et d'une interprétation historique, qui caractérise Schlœzer.

4 *Notes sur Chopin* [1931], Paris, Gallimard, « NRF », 2010, p. 39-40.

CONTRE LES VIRTUOSES ET LES AMATEURS

Le premier avantage des articles de Boris de Schlœzer est donc de restituer les grandes lignes d'un débat général sur l'interprétation, confrontant musique et littérature. Celui-ci, en effet, engagé dans la recherche d'un fondement objectif à l'interprétation musicale, adapté à la spécificité du langage musical, ne cesse de confronter son raisonnement aux positions développées dans d'autres arts. Dans « À la recherche de la réalité musicale », par exemple, texte presque contemporain des *Notes sur Chopin*, il écrit, prenant au sérieux la perspective relativiste :

> Si nous admettons avec M. Paul Valéry (qui ne parle que de la poésie, mais la musique est dans le même cas), M. Landry et d'autres encore, qu'une œuvre musicale (ou poétique) n'existe pas en dehors de l'exécution, que son texte n'est qu'une virtualité, alors il faut en effet reconnaître qu'il y a autant de *Cathédrale engloutie* ou de *Fugue en do majeur* (*Le Clavier bien tempéré*) qu'il y a d'interprètes ou plutôt, comme la plupart des interprètes ne jouent pas toujours de la même façon, autant qu'il y a d'exécutions de ces œuvres de par le monde. Et alors il est absurde de se demander laquelle est la vraie : elles le sont toutes ; ou plutôt la vérité n'a rien à voir avec la musique[5].

S'il n'y a pas de vérité de l'œuvre, s'il n'y a que des virtualités et des interprétations qui se valent, l'auteur est alors littéralement volé et l'œuvre a disparu (« La réalité musicale n'existe donc plus. L'œuvre que le compositeur croyait avoir créée s'est évanouie[6] »). De même, chez Gide, à la différence d'un Liszt, « Chopin tout entier échappe [au virtuose] et si subtilement que, même, le public ne s'en doute pas[7] » ; tout concert est donc, ainsi défini, un larcin parfait, car invisible, un tour de prestidigitation dont le virtuose, sans s'en rendre compte, est coupable : tirant l'œuvre à lui, il croit sortir gagnant d'avoir rapetissé l'auteur, le réduisant, chez Gide, au statut de « fournisseur de brillants morceaux à effets[8] » dont il se fait le détaillant et, chez Schlœzer, à un « barman d'un genre spécial, particulièrement habile et savant en l'art d'agir sur les humains, de les enivrer[9] », auquel se substituerait avantageusement un

5 Boris de Schlœzer, « À la recherche de la réalité musicale », dans *La Revue musicale*, janvier 1928, p. 214-228, *Ibid.*, *op. cit.*, p. 66.

6 *Ibid.*, p. 68.

7 *Notes sur Chopin*, *op. cit.*, p. 40.

8 *Ibid.*, p. 43.

9 Boris de Schlœzer, *op. cit.*, p. 71.

bon chimiste. Dès lors, chez les deux auteurs, il n'y a réception esthétique que si l'interprète accepte de se destituer de sa toute puissance et de se réduire au statut de troisième terme d'une communication mettant en jeu un auteur, une œuvre et lui-même (et, enfin, un auditoire). Toute communication esthétique relève non plus de la transitivité parfaite ni de la liberté relativiste, mais de la « participation », souhaitée par Gide chez l'interprète comme chez le lecteur, et de la participation critique. Car cette participation est d'abord d'ordre intellectuel, selon l'opposition, chez Gide, entre « comprendre » et « ahurir », telle que formulée dans le *Journal* en novembre 1949 :

> Mais les virtuoses n'invitent nullement l'auditeur à participer à la composition du morceau ; ils n'invitent nullement à le comprendre ; la perfection même de leur interprétation écarte l'œuvre de nous. Est-ce là vraiment ce que souhaitait Chopin : ahuris[10] ?

C'est encore cette même opposition qu'on retrouve constamment chez Schloezer dans ses articles contemporains des *Notes sur Chopin*, mais plus nettement formulée, et en termes quasi gidiens, en 1959 :

> Comprendre la musique, c'est reconstituer en son unité l'acte constitué par le compositeur... Guidé, soutenu par l'exécutant qui rend l'œuvre audible, l'auditeur compréhensif est un co-exécutant. Soulignons-le, c'est bien de participation qu'il s'agit... et de participation dynamique, nullement affective[11].

Reste à définir ce qu'il faut *comprendre* dans l'œuvre pour pouvoir bien l'interpréter. Assurément, chez Schlœzer, cela ne relève pas de la vérité biographique ni même de l'intention, qu'elle soit auctoriale ou lectoriale. L'analyse qu'il propose, en 1928, de la « petite phrase » de Vinteuil lui permet de se situer dans la lignée de Proust, puisqu'il découvre chez ce dernier l'idée d'une existence autonome de la petite phrase, indépendante et de la sensibilité de Swann et de celle de Vinteuil, qui correspond à sa recherche d'une « réalité musicale » objective, dont demeurent à établir les conditions de dégagement, mais qui pourra garantir une exécution véritable. La position de Gide est cependant moins nette ; s'il signale son intérêt relatif pour la vie de Chopin et son refus de la biographie,

10 *Journal*, t. II, *op. cit.*, novembre 1949, p. 1086.

11 Boris de Schlœzer et Marina Scriabine, *Problèmes de la musique moderne*, Paris, Minuit, 1959, p. 61.

il n'en produit pas moins une véritable prosopopée du compositeur confirmant outre-tombe l'interprétation gidienne, procédé inhabituel chez Gide. Il déclare en effet :

> Je détesterais [Chopin] si je n'avais su l'interroger moi-même, s'il n'avait su me dire à voix basse : « Ne les écoutez pas, à travers eux vous ne pouvez plus rien dire. Et je souffre bien plus que vous de ce qu'ils ont fait de moi. Plutôt être ignoré, que pris pour ce que je ne suis pas[12]. »

Se maintient donc, chez Gide, le problème de la *vraie figure* de Chopin, qui excède celle de la réalité musicale de ses œuvres. À vrai dire, et dans un premier temps, cette différence massive n'empêche pas une certaine concordance des démarches, le Gide des *Notes* demeurant plus proche d'un Schlœzer que d'un biographe musical. L'étude qu'il a menée pose, en effet, la question de l'intention d'auteur d'abord comme « problème d'art[13] », donc en termes d'intention esthétique et non de secret biographique : à propos du *Prélude en la mineur*, « Il semble que [Chopin] se soit posé, comme souvent, un problème : qu'arriverait-il si[14]... ? »

L'étude, ensuite, des critères de validation de ces interprétations compréhensives et fidèles, c'est-à-dire fondées soit sur la réalité musicale, soit sur l'intention esthétique, fait apparaître à nouveau une concordance partielle entre les deux auteurs. L'approche philologique gidienne, considérant qu'une édition conforme aux indications de Chopin, et non des éditeurs ou des exécutants, confirmerait son interprétation, n'est pas sans évoquer l'historicisme de Schlœzer défendu dans ses entretiens avec Wanda Landowska, dans *La NRF* en 1930 et dans *La Revue musicale* en 1933[15]. À l'édition philologique doit alors s'allier la restitution d'une tradition historique du jeu, appuyée sur les instruments d'époque et la pratique musicale de la période concernée. L'esthétique historique vient fournir, de façon bien plus cohérente que chez Gide, un garant à l'honnêteté et à la véracité toujours problématique de l'interprétation.

12 *Notes sur Chopin*, *op. cit.*, p. 43.

13 *Ibid.*, p. 106 et 107 : « Certaines des œuvres les plus courtes de Chopin ont cette beauté nécessaire et pure de la résolution d'un problème. En art, bien poser un problème, c'est le résoudre. »

14 *Ibid.*, p. 55.

15 Boris de Schlœzer, « Chronique musicale », dans *La NRF*, n° 200, avril 1930, p. 772-775 et « Réflexions sur la musique : *De l'interprétation*, dialogue avec Wanda Landowska », dans *La Revue musicale*, n° 133, février 1933, p. 144-148. Ces articles sont repris dans *Comprendre la musique*, *op. cit.*, p. 158-160 et 153-158.

Ici apparaît donc un premier écart majeur entre Schlœzer et Gide : la philologie gidienne demeure une série d'hypothèses non vérifiées, elle relève de l'essai et de l'intuition, laquelle prime sur la véracité. La vérité de l'œuvre, chez Gide, n'est pas exactement fonction de son histoire, elle ne peut être fixée, ni reproductible par différents exécutants. Elle est, malgré tout, la rencontre de deux subjectivités.

DISCOURS SUBJECTIF ET SUBJECTIVITÉ AUCTORIALE : LA BELLE INCOHÉRENCE GIDIENNE

C'est enfin sur le plan du discours métaphorique, et de ce fait subjectif, que Gide et Schlœzer diffèrent vraiment, ce qui permet de situer l'originalité gidienne. Si le second loue le premier pour sa retenue[16], il n'en reste pas moins, cela a été bien souvent noté[17], que les interprétations métaphoriques et les transcriptions visuelles sont fréquentes chez Gide, faisant tendre le texte vers la catégorie condamnée par Schlœzer des ouvrages de littérateurs sur la musique, qui visent par l'écriture à reproduire sur le lecteur l'effet que la musique a produit sur eux, si bien que la « réalité musicale », dans ce jeu de transposition et de transfert d'émotions personnelles, est perdue. Certes, Schlœzer ne dément pas cette puissance de suggestion de la musique, mais la réduit au statut de variable personnelle de la communication musicale et l'exclut du discours musicologique. Gide, à vrai dire, n'est pas loin d'adopter la même position lorsqu'il écrit :

> Je n'éprouve nul besoin, pour goûter la musique, de la faire passer par la littérature ou la peinture, et me préoccupe fort peu de la « signification » d'un morceau. Elle le rétrécit et me gêne… Pourtant, si tels préludes (en *sol majeur* et en *fa mineur*) n'évoquent aucun paysage précis (pour moi, du moins), j'assimile irrésistiblement le murmure de la basse dans l'un, de la haute dans l'autre, au ruissellement discret d'une rivière[18].

16 Boris de Schlœzer, « Sur le *Chopin* d'André Gide », dans *La NRF*, n° 221, février 1932, p. 315-316. Si « Chopin partage en effet avec Beethoven et quelques autres le privilège de servir trop souvent de tremplin à des exercices littéraires extrêmement agaçants », Schlœzer s'empresse de rapprocher Gide de sa propre position : « Gide aime Chopin et le comprend […] comme quelqu'un pour qui la musique est une réalité possédant sa vie, sa valeur, sa signification propres. »

17 Voir par exemple Bernard Métayer, « Gide et Chopin », dans *BAAG*, n° 85, janvier 1990, p. 65-89, les p. 87-89 en particulier.

18 *Notes sur Chopin*, *op. cit.*, p. 64.

Ce type de discours est donc maintenu une fois reconnu son caractère subjectif et esthétiquement non pertinent : Gide se constitue bien en amateur, mais après s'être distingué, par un discours proche de celui de Schloezer, de tous les autres amateurs. Pourquoi, cependant, ce basculement du discours, en flagrante contradiction avec ce qui précède ? Y a-t-il là simplement subjectivisme mal refoulé, ou souci pédagogique de donner au lecteur une représentation, même approximative, du morceau ? Je voudrais proposer une réponse un peu plus complexe : ce discours subjectif et métaphorique apparaît comme un des lieux d'élaboration de l'image du *vrai Chopin* selon Gide. En effet, face au faux Chopin des virtuoses qui assènent la musique comme un bloc, Gide confère une grande importance à une indication de jeu de Chopin, le *sfogato*, décisive pour lui parce qu'elle permet d'associer discours philologique (c'est une indication de la main de Chopin) et discours artiste sur la musique (cette indication est une métaphore) :

> Avant Debussy et certains Russes, je ne pense pas que la musique ait déjà été aussi pénétrée de jets de lumière, de murmures d'eau, de vent, de feuillages. *Sfogato*, inscrit-il ; aucun autre musicien a-t-il jamais usé de ce mot, eut-il jamais le désir, le besoin, d'indiquer cette aération, cette bouffée de brise, qui vient, interrompant le rythme, inespérément rafraîchir et parfumer le milieu de sa barcarolle[19] ?

Le *sfogato*, coup de vent et aération, me semble être ce qui vient définir *le propre de Chopin*, non seulement parce que cette notation exceptionnelle sépare Chopin de tous les autres musiciens, mais aussi parce qu'elle ressaisit deux de ses particularités formelles selon Gide : d'abord, le problème de ses *Préludes*, qui sont des « préludes à quoi[20] ? » (des préludes sans suite imaginable, dont la suite est comme emportée au vent) ensuite, ce qui fait la proximité de Baudelaire et de Chopin : l'art « de la surprise et des extraordinaires raccourcis qui l'obtiennent[21] ». Cette analyse esthétique, au lieu de se déployer sur un mode technique, va prendre forme en exploitant la force métaphorique du *sfogato*. La presque totalité des métaphores naturelles est ici caractérisée par le même mouvement, celui d'un paysage qui se dresse, et qui se défait, se dissout, est *soufflé* : ainsi Chopin « laisse-t-il tomber un *si* bémol

19 *Ibid.*, p. 46.
20 *Ibid.*, p. 47.
21 *Ibid.*, p. 44.

profond qui *modifie subitement* le paysage comme le coup de baguette d'un enchanteur[22] », ou crée-t-il cette « plainte déchirante, reprise spasmodiquement la seconde fois dans un rythme faussé, cahoté et comme sanglotant ; puis *balayée* par l'implacable trait final[23] » dans le *Prélude en ré mineur.* Se dessine ici comme une respiration du compositeur, à la fois tendre aération et violente ou magique disparition, que tous les choix d'interprétation (lenteur, effet d'improvisation, jeu modéré pour donner par contraste du relief aux accidents) doivent défendre. Or, ce discours du *propre de Chopin*, ce n'est sans doute pas un hasard si Gide choisit de le développer à travers le type de discours qui rompt le plus avec l'objectivisme de Schlœzer. Il y a là, après s'être appuyé sur des positions semblables à celles du critique musical pour rétablir l'interprétation comme dialogue intellectuel et participatif et imposer une éthique de l'honnêteté à l'exécutant, une revendication du statut intime et subjectif de ce qui demeure l'essentiel de l'interprétation : son souffle, sa vie. Ce refus très clair, mais comme retardé, de toute consistance théorique conduit à tenter de définir ce *bon usage de la subjectivité* dont Gide tente ici d'esquisser la formule en fonction des dynamiques proprement gidiennes de l'interprétation.

DYNAMIQUES DE L'INTERPRÉTATION GIDIENNE : DE LA MUSIQUE À LA LITTÉRATURE

Il y a plusieurs discours critiques gidiens concomitants, plusieurs façons de contourner l'interprétation dogmatique ou idéaliste. C'est donc un déplacement récurrent que je tente de décrire, à travers des procédures qu'on retrouve dans des « cas » d'interprétation musicale, théâtrale ou littéraire. Je voudrais rapprocher les *Notes sur Chopin* de certains autres de ces cas, pour mieux saisir le point où l'interprétation pose problème, et ce que Gide fait pour la déplacer, et la maintenir.

Si l'on part des *Notes*, la première caractéristique de la lecture ou de l'exécution gidienne est donc d'éviter de se figer en une doctrine : l'interprétation appelle la réinterprétation et non la fermeture du sens, jouer Chopin conduisant en fin de compte à rejouer Chopin. La seconde caractéristique est l'hétérodoxie : une interprétation ne vaut d'être faite ou dite que si elle prend le contre-pied des lectures communes, celles

22 *Ibid.*, p. 44. Je souligne.
23 *Ibid.*, p. 60. Je souligne.

des virtuoses ou des jeunes filles[24] pour Chopin. Mais cette hétérodoxie n'a pas de valeur en soi, sinon toute interprétation hétérodoxe serait valable, et nous retomberions dans une position relativiste, bien qu'un peu particulière. Le critère de valeur est, me semble-t-il, l'élégance de l'interprétation : produire un déplacement maximal du sens du texte par les moyens les plus ténus et les plus discrets. Il y a un vertige à tout changer sans presque rien changer, que Gide pousse ici à l'extrême en prétendant que son interprétation *n'en est pas une* : elle serait tellement ténue qu'elle s'abolirait et s'évaporerait, dans un mouvement exactement inverse à celui des virtuoses qui escamotaient l'œuvre au public et trahissaient le compositeur, en sorte que l'exécutant ayant renoncé à *interpréter* semble se rêver comme à la fois auteur et récepteur. Si Gide ne parvient pas à jouer en public, c'est peut-être aussi du fait de ce fantasme d'une interprétation magique, dont la perfection même est de s'anéantir. Seulement, si l'on rapproche les *Notes sur Chopin* de cas interprétatifs proches, on se rend bien compte que ce fantasme ne correspond pas à la pratique gidienne réelle de l'interprétation : s'il est stimulant, c'est qu'il est la forme extrême d'une interprétation très particulière qui transforme considérablement le texte, et le transforme d'autant plus qu'elle a moins l'air d'y toucher[25]. Ce mouvement de transformation invisible passe par trois étapes : la philologie, la litote et ce que j'appellerai la littérarité créatrice.

La démarche philologique articulée au rêve de la rencontre d'une voix authentique n'est pas une démarche spécifique aux *Notes sur Chopin*. Comme le montrait Pierre Masson[26] dans son article de 2010, « Les *Notes*

24 *Ibid.*, p. 45 : « Ah ! Qu'il est donc difficile de lutter contre une fausse image ! En plus du Chopin des virtuoses, il y a celui des jeunes filles. »

25 *La Symphonie pastorale*, à travers l'échec du pasteur porteur du modèle philologique du *Christianisme contre le Christ*, propose une critique de ce modèle interprétatif appliqué à la Bible, Gide prenant, dans sa fiction, le contre-pied de son essai (voir François Bompaire, « Lire et écrire sans Paul ? L'ironie gidienne à l'épreuve du Nouveau Testament », dans *BAAG*, nº 179/180, juillet-octobre 2013, p. 19-36) ; il n'est peut-être pas interdit d'imaginer que si André Gide avait écrit une fiction du musicien, comme il a fait sa fiction du pasteur, la structure ironique de ses *récits* l'aurait conduit à se dégager du caractère quasi magique, suggestif mais intenable, d'un tel modèle d'interprétation.

26 Pierre Masson, « Les *Notes sur Chopin* ou le livre impossible d'André Gide », dans *BAAG*, nº 166, avril 2010, p. 180. Je me permets d'emprunter à cet article la citation de la *Correspondance André Gide-André Ruyters*, t. II, p. 172, où Gide formule nettement le parallèle : « Il en est des paroles du Christ comme de la musique de Chopin (toute proportion gardée et soit dit sans irrévérence). Les interprétations qu'on en donne le recouvrent, et la méconnaissance qu'on en a est pire que l'inconnaissance. »

sur Chopin ou le livre impossible d'André Gide », elle est également à la base d'un autre traité, analogue aux *Notes* en ce sens que porté tout au long d'une vie sans jamais, lui, avoir été écrit, à savoir *Le Christianisme contre le Christ* : l'argument philologique plus ou moins solide conduit Gide à identifier l'inscription, dans le texte même des Évangiles, de leur interprétation. Dans la mesure où saint Paul, l'*interprète* défini comme falsificateur puisque tendant, pour édifier l'Église à partir d'une parole renversant ordres, hiérarchies et institutions, à normaliser, donc à falsifier et à affaiblir la parole du Christ, est antérieur aux évangélistes, les Évangiles intégreraient dans leur texte même, outre les paroles de Jésus, ces interprétations anti-christiques dont se seraient nourries la totalité des Églises. La philologie, dans les deux cas, n'est que secondairement une garantie méthodologique et scientifique tendant vers l'historicisme ; dans son usage proprement gidien, elle est avant tout l'outil d'un radical décapage. Car, supprimant d'un geste la totalité des interprétations historiques, elle conduit même à couper une partie du texte : pour le Nouveau Testament, ni Paul, ni les éléments supposés pauliniens des Évangiles ; et en musique, ni le Chopin polonais, ni le Chopin des valses, etc. – de sorte qu'il ne reste que les *Préludes*. L'œuvre est réduite, tranchée à vif, mais restituée dans sa nouveauté : arrachée à l'histoire, y compris à sa propre histoire, elle est *à dire* et non à reproduire. C'est le sens profond de la prosopopée de Chopin : « Ne les écoutez pas, à travers eux *vous ne pouvez plus rien dire*[27]. » L'enjeu majeur de l'interprétation, si violente que soit l'opération qu'elle implique, n'est pas de restituer le texte *tel qu'il a été dit*, mais tel qu'il peut nous permettre de *continuer à dire*.

La philologie dessinant un champ restreint de l'interprétation, la bonne interprétation sera déterminée par une esthétique de la litote, qui est bien connue. Dans les *Conseils à une jeune actrice*[28], Gide déploie le même type d'opérations visant à interpréter Racine : le jeu, théâtral ou musical, doit avoir pour caractéristique un refus fondateur de l'effet. Phèdre ne doit pas être tragique dès l'acte I, de même que l'exécutant doit éviter fioritures, effets pathétiques, déséquilibres entre les voix et vitesse extrême – toutes les composantes du jeu du virtuose. La vertu du jeu est, on le sait, de se faire le plus discret possible. Le sens de l'opération semble différer dans les deux cas : chez Racine, cela ne ferait que réaliser les valeurs esthétiques

27 *Notes sur Chopin*, *op. cit.*, p. 43. Je souligne.
28 *Conseils à une jeune actrice*, *Essais critiques*, *op. cit.*, p. 766-789.

de l'auteur – le classicisme – tandis que Chopin, joué ainsi, serait par les opérations les plus légères arraché à son ordre esthétique, le romantisme, et rattaché au classicisme. Le déséquilibre se fait équilibre, la tristesse, joie, et, par contraste, même les dissonances y gagnent, la mélancolie devenant fatalité et désespoir[29]. Mais à l'évidence, ce choix de jeu n'en altère pas moins Racine : arracher la Phèdre du premier acte à l'ordre du tragique, c'est autoriser des effets de sens nouveaux, non prévus par le texte racinien, qui peuvent relever du comique, ou du familier, du bas ; c'est permettre à Gide de *dire* à travers Racine.

Enfin, ces trois cas interprétatifs débouchent, en dépit de leurs différences, sur une même démarche du discours critique, celle d'une littérarité créatrice, qui semble être aimantée par un modèle, celui de l'interprète musical. En effet, les *Notes sur Chopin* comme les *Conseils à une jeune actrice* se caractérisent par la construction d'un discours refusant tout caractère surplombant, non orienté vers le dégagement d'un *sens* qui pourrait résumer l'œuvre et s'y substituer ; ce discours, au contraire, s'en tient, non pas seulement au niveau esthétique, mais même à la réalisation esthétique. Le commentaire tend à se *résorber en jeu.* Cela tient bien sûr à la différence de la musique et du théâtre par rapport à la peinture et à la littérature, puisque, comme le rappelle souvent Gide[30], l'art n'y existe qu'à travers des intermédiaires, des interprétations. Mais il me semble que se joue, ici, la substitution d'un modèle d'interprète (l'exécutant) à un autre (l'herméneute). Gide, en effet, fait précéder les *Notes* d'un préambule significatif dans cette perspective : l'hommage au Père abbé du monastère du Mont-Cassin, qui préfère Chopin aux Pères de l'Église, et réalise des partitions une lecture qui est une interprétation – au sens d'exécution – silencieuse[31]. L'interprétation musicale s'inscrit donc en concurrence directe avec l'herméneutique chrétienne, et s'assimile le champ de la lecture.

---

29 *Notes sur Chopin*, *op. cit.*, p. 60 : « Mais vraiment, dans ces deux préludes [en la mineur et en ré mineur], je ne trouve que le plus sombre désespoir. Oui, désespoir ; le mot "mélancolie" n'a plus que faire ici ; sentiment de l'inexorable. »

30 Par exemple, dans la leçon de piano à Annick Morice figurant dans le documentaire de Marc Allégret, *Avec André Gide*, 1951 (la transcription est empruntée à André Gide, *Notes sur Chopin*, *op. cit.*, p. 148) : « Songez-vous à cette chose extraordinaire : ce que serait la peinture si, de même que pour la musique, on avait besoin pour voir *La Joconde*, ou *Les Disciples d'Emmaüs*, ou *Les Noces de Cana*, ou n'importe quoi, interprétés par quelqu'un. Voyez-vous le programme ? M. Untel à huit heures ce soir interprétera *L'Embarquement pour Cythère.* C'est ahurissant. Il n'y en aurait pas deux pareils. »

31 *Notes sur Chopin*, *op. cit.*, p. 35 : « Lire ainsi la musique silencieusement et l'entendre en imagination, savez-vous que c'est une joie parfaite ? Oui, lorsque je dois rester couché,

INTERPRÉTATION MUSICALE ET INTERPRÉTATION CRITIQUE
Deux herméneutiques ouvertes en concurrence

Ce sont alors les conséquences en littérature et dans l'écriture fictionnelle gidienne de ce déplacement du sens même de ce qu'interpréter veut dire, qu'il faut saisir.

À l'herméneutique comme quête d'une vérité fixe et transcendante, Gide, pour ouvrir l'interprétation et permettre que le texte, lieu d'inépuisables relectures, donne toujours au lecteur quelque chose *à dire*, oppose habituellement une forme d'herméneutique critique, l'ironie. Ce type de lecture relève bien de l'herméneutique, puisqu'il revient à rendre compte d'une contradiction dans tel énoncé par l'identification d'un sens caché derrière le sens apparent. L'ironie gidienne, cependant, n'est pas simple : d'abord, si le texte lu s'avère filtré, faussé par un narrateur non fiable, il ne fournit jamais la clé qui permettrait au lecteur d'en stabiliser le sens (de trouver une intention seconde). L'ironie met donc en crise l'interprétation au sens où elle l'appelle, la démultiplie, mais empêche sa stabilisation : le texte et sa signification ne cessent de se déplacer d'hypothèse en hypothèse. Et par conséquent, si l'ironie ne met plus en jeu de clé ou de système qui transcende le texte, le mouvement interprétatif, organisé comme un aller-retour d'un sens à l'autre, demeure immanent. C'est ainsi que Gide déclare, le 18 avril 1928 :

> Mes écrits sont comparables à la lance d'Achille, dont un second contact guérissait ceux qu'elle avait d'abord navrés : si quelque livre de moi vous déconcerte, relisez-le, sous le venin apparent j'eus soin de cacher l'antidote ; chacun d'eux ne trouble point tant qu'il n'avertit[32].

Il dessine ici un jeu de réinterprétation, mais interne, et qui permet bien de résumer le sens de l'œuvre, mais deux fois, en thèse et en antithèse, contradictoirement ; ce jeu, poussé à l'extrême, va d'ailleurs jusqu'à s'auto-annuler. Ainsi, dans la *Postface* à *Paludes* :

---

ainsi qu'il m'arrive souvent, ce ne sont pas les Pères de l'Église ou d'autres livres que je me fais apporter, mais des cahiers de musique. »

32 *Journal*, t. II, *op. cit.*, p. 80.

> J'aime aussi que chaque livre porte en lui, mais cachée, sa propre réfutation et ne s'assoie pas sur l'idée, de peur qu'on n'en voie l'autre face. J'aime qu'il porte en lui de quoi se nier, se supprimer lui-même.[33]

L'ironie impose donc bien une démarche herméneutique, mais qui, d'une part, oblige le lecteur à se passer de tout critère de jugement universel et extérieur, et, d'autre part, tend à sa propre paralysie puisque, démultipliée, elle ne fait que déplacer et étendre la contradiction, ou s'annuler elle-même. Elle demeure cependant un régime de lecture extrêmement bruyant, puisque le lecteur est obligé de prendre conscience de chaque geste interprétatif, de le tenter, de le renverser, de le déplacer, de l'annuler, etc.

Or, dans les *Notes sur Chopin*, l'interprétation musicale se saisit des mêmes phénomènes que l'ironie, mais les utilise très différemment : non plus pour une remise en cause, même ouverte et infinie, de la signification de l'œuvre, mais comme un objet esthétique en soi, qui ne doit pas être *interprété*, mais *déployé*, *réalisé*. Le mot ironie n'est bien entendu jamais employé, et il ne s'agit pas à proprement parler d'ironie ici, mais des phénomènes musicaux sont décrits par Gide dans des termes très précisément analogues à ceux qu'il emploie pour décrire l'ironie, et ce rapprochement engage potentiellement un déplacement du sens de ce qu'est une « interprétation ironique ».

Jouer Chopin selon Gide, c'est en effet d'abord identifier ce qui définit l'ironie, le surgissement d'une coexistence de voix contradictoires : « Il lui arrive [...] d'insinuer au cours du morceau une seconde voix passagère comme pour un incertain duo, qui bientôt s'interrompt et se résorbe dans l'ensemble[34] », surgissement passager, instable, qui participe de l'improvisation apparente, et qu'il faut faire entendre sans le forcer. C'est là qu'intervient le choix de jeu gidien : bien interpréter, selon Gide, n'est pas résoudre l'équivoque, mais au contraire l'amplifier. De fait, dans une page supprimée de la publication en revue, Gide insiste sur l'existence, chez Bach et Chopin, d'un objet paradoxal, très labile et très gidien, la « latente mélodie[35] », ce chant caché, dont la beauté

33 *Paludes, Romans, Récits*, t. I, *op. cit.*, p. 326.
34 *Notes sur Chopin*, *op. cit.*, p. 53.
35 *Ibid.*, p. 66, note 3 : « Il semble que [le chant] ne ressortirait pas suffisamment si vous ne le souligniez pas à l'encre rouge, et que votre auditeur ne comprendrait pas que c'est le chant. Loin de le faire ressortir, je veux tout au contraire qu'il ne se dégage qu'à peine de ce que je ne consens pas à considérer comme un simple accompagnement... [Chopin] s'y prend souvent de manière à ce que le chant [...] soit en quelque sorte sous-entendu,

tient à sa non évidence. Le choix de l'interprète est alors décisif, non seulement parce qu'il repérerait qu'il y a contradiction entre deux voix (les virtuoses la repèrent aussi, qui proposent simplement de la résoudre, comme quand on restitue le vrai sens d'une antiphrase ; ils « soulignent à l'encre rouge » la mélodie, pour bien montrer qu'ils ont compris et être sûrs qu'on l'entende). L'essentiel est justement que l'interprétation gidienne consiste à exclure tout renversement, toute restitution : par réaction contre les virtuoses, il accentue l'effacement de la mélodie au profit de ce qu'il se refuse désormais à considérer comme un « accompagnement ». Il en ressort un « chant sous-entendu », objet fuyant et un peu magique, renvoyant à l'idée qu'interpréter l'ironie c'est *ne pas l'interpréter au sens herméneutique* – ne pas chercher à en restituer le sens – mais la *réaliser*. C'est bien le même principe qui s'exprime lorsque Gide écrit à propos du premier *Prélude* : « Ce serait une grave erreur de donner le plus d'importance, le plus d'accent, systématiquement à l'une ou à l'autre de ces deux voix, qui chantent l'une un peu après l'autre à l'unisson[36]. » La musique peut exprimer une discordance, un « désaccord », qui s'apparente proprement à l'ironie et que Gide reformule d'ailleurs pédagogiquement en termes d'ironie cosmique : un « désaccord, disons, si vous voulez, entre l'homme et la fatalité[37] ». Jouer, c'est maintenir et faire entendre ce désaccord, qui constitue le morceau lui-même, l'œuvre étant la formulation d'un problème qu'il faut accepter de renoncer à résoudre.

L'interprétation musicale pousse donc plus loin que l'interprétation ironique la rupture avec l'herméneutique ; non pas qu'elle écarte la question de la signification ; simplement, elle ne cherche pas à la résoudre, mais à la déployer dans sa complexité. Interpréter l'ironie selon ce modèle tient alors de l'exercice et de la performance : non plus déployer une profusion d'interprétations insatisfaisantes, mais tenir ensemble, dans un même geste, tous les aspects d'un problème, non pour les juger mais pour incarner leur solidarité.

---

comme dans le premier *Prélude* de Bach, qui n'attend qu'un Gounod pour le faire valoir. Combien de pianistes croient rendre à Chopin ce service que Gounod rendit ici à Bach, en dégageant une latente mélodie (ah ! combien n'est-il pas plus habile de la laisser seulement entrevoir !). »

36 *Ibid.*, p. 52.

37 *Ibid.*, p. 56, à propos du *Prélude en la mineur.*

DEUX LECTURES ENTRE MUSIQUE ET IRONIE

Comment, dès lors, lire selon cette interprétation musicale ? Comment s'accorde-t-elle avec l'herméneutique critique ? Dans quelle mesure permet-elle de constituer le texte comme *encore à dire* ? Je proposerai une tentative de lecture, à simple titre d'exemple. S'y cristallisent, à mon sens, ces différents problèmes : la représentation d'un échec de l'herméneutique ; la gestion délicate des deux versions de l'ironie – comme herméneutique critique ou comme réalisation par la lecture des contradictions, comme bruyante et comme silencieuse ; l'hésitation entre une ouverture du sens (donner à dire) et un épuisement, une quasi renonciation au sens. Il s'agit d'une relecture de *La Symphonie pastorale*, centrée sur la question des silences. Ce n'est pas surprenant quand on veut parler de musique chez Gide, et de tension entre ironie et musique – puisque la scène du ruisseau de Beethoven y est reprise sinistrement par le suicide de Gertrude dans la rivière – mais je souhaiterais étudier ce texte sans me concentrer strictement sur la thématique musicale.

La Symphonie pastorale décrit presque parallèlement, comme deux voix qui vont « presque à l'unisson » mais avec de légers décalages, un passage du noir à la lumière et un passage du silence à la musique. La scène initiale, la découverte de l'enfant aveugle et apparemment sourde-muette, se déroule en effet dans une atmosphère de silence épais (il est impossible d'arracher « quatre paroles[38] » aux personnages accompagnant le pasteur) et d'« affreuse nuit », réelle (celle d'une mort solitaire et éloignée) et symbolique (celle de l'enfant aveugle et comme privé d'âme). L'accession de Gertrude au langage puis à la musique précède l'accession à la vue, et s'y substitue dans un premier temps, la musique servant temporairement de référent au langage[39], ce qui conduit les deux protagonistes à adopter sur eux-mêmes et sur le monde un point de vue idéalisé[40], sublime et sans péché, mais fragile, parce que s'y dévoile

---

38 *La Symphonie pastorale*, *Romans, Récits*..., t. 2, *op. cit.*, p. 4.

39 Les couleurs sont expliquées par des exemples tirées de l'orchestre jouant Beethoven (voir *Ibid.*, p. 1-19).

40 *Ibid.*, p. 20 : « Je réfléchissais que ces harmonies ineffables peignaient, non point le monde tel qu'il était, mais bien tel qu'il aurait pu être, qu'il pourrait être sans le mal et sans le péché. »

l'impossible unisson entre musique et vue : « J'expérimentais sans cesse à travers [Gertrude] combien le monde visuel diffère du monde des sons et à quel point toute comparaison qu'on cherche à tirer de l'un pour l'autre est boiteuse[41]. » L'opération rendant la vue à l'aveugle, coordonnée avec la fin de l'aveuglement du pasteur sur son amour, renverse ce système temporaire de valeurs : le réel, la déception et le péché font retour, si bien que le récit construit une circulation de la nuit à la nuit et d'un silence initial à un silence final – je parle de ce « silence immense des cieux[42] » dans la prière d'adoration exaltée du pasteur précédant le retour de Gertrude, là où tout aurait dû le porter à chanter la musique céleste, et je parle également du silence des dernières lignes du roman, qui est celui du croyant mais aussi de Dieu :

> Je me suis agenouillé près d'Amélie, lui demandant de prier pour moi, car j'avais besoin d'aide. Elle a simplement récité « *Notre Père...* » mais en mettant entre les versets de longs silences qu'emplissait notre imploration. J'aurais voulu prier, mais je sentais mon cœur plus aride que le désert[43].

Se dessine alors un parallèle entre deux autres types de séquences, qui rythment le livre. D'une part, la série des prières et méditations du pasteur, tendant à envahir son journal. Avant le silence final, elles fonctionnent sur un modèle herméneutique, certes hétérodoxe, puisque la thèse à quoi toutes les situations sont rapportées est que les Évangiles sont une « *méthode pour arriver à la vie bienheureuse*[44] », sans défense ni commandement, mais qui n'en continue pas moins de rapporter tout objet à un texte et un système de valeur transcendants. D'autre part, les silences dramatiques qui se multiplient dans ce livre. En effet, très fréquemment, les silences renvoient moins au fait de taire une information qu'à des interruptions concrètes dans la conversation ou à des difficultés de formulation qui trouent ou suspendent la parole, par exemple, lors de la première confrontation avec Jacques : « Mais devant que de lui parler je me sentis le cœur si gonflé et par des sentiments si troubles que je ne savais ou n'osais aborder le sujet qui me tourmentait. Et ce fut lui qui brusquement rompit le silence[45] » ; ou, plus loin : « "Allons nous

41 *Ibid.*, p. 19.
42 *Ibid.*, p. 47.
43 *Ibid.*, p. 53-54.
44 *Ibid.*, p. 39.
45 *Ibid.*, p. 26.

coucher", fis-je enfin, après un assez long silence[46] » ; ou de même dans les confrontations du pasteur avec Amélie ou Gertrude : « Amélie semblant décidée à demeurer silencieuse, je repris[47] » ; et : « "Précisément, s'écria Gertrude : je voudrais être sûre de ne pas ajouter au mal". Longtemps nous continuâmes de marcher très vite, en silence[48]. » Ces silences dans l'action, qui n'ont rien en soi de surprenant dans des scènes romanesques, prennent ici doublement sens, comme failles contrastant avec l'assurance herméneutique du pasteur, mais surtout par rapport à la scène finale, laquelle met en jeu la défaite des méditations de celui-ci, mais dessine aussi comme une « scène latente », simplement esquissée mais à compléter, ce *Notre Père* décliné de verset en verset, et coupé de silences que n'emplissent ni la voix de Dieu, ni les implorations d'un cœur sec. Cette scène latente vient comme rejouer en résumé l'ensemble du livre, cette partition trop bien composée par le pasteur, auteur et interprète de sa propre histoire, pour justifier son amour adultère en niant toute discordance avec le Nouveau Testament, au point qu'il surligne cette seule voix en écrasant les autres. Le pasteur est donc peint en mauvais interprète, où, au milieu des conversations où les voix latentes des objecteurs sont presque écartées, viennent se glisser des silences. Il faut y voir une paralysie de son propre discours, mais aussi, en passant du niveau dramatique au niveau interprétatif, c'est-à-dire de la lecture passive à la lecture critique, des trous où peut se glisser la méditation ironique du lecteur. Ces secondes voix qui échappent au pasteur, le texte marque par les silences les espaces où les retrouver, selon une dialectique entre musique et méditation suggérée dans les *Notes sur Chopin* : ses préludes y étaient en effet définis comme préludes à méditations[49]. Dans *La Symphonie pastorale*, il s'agit plutôt d'une partition coupée de silences, prévoyant l'interprétation critique, l'insérant dans l'exécution de la lecture, mais laissant la méditation critique libre puisque, précisément, le silence remplace l'énoncé d'une vérité.

La scène finale vient d'ailleurs donner comme un cadre, celle d'une table des phrases à l'aune desquelles réinterpréter *La Symphonie pastorale*, les versets du *Notre Père*, dont un grand nombre trouve un écho angoissant ou grinçant au sein du texte, et peuvent être réactivés dans ces silences

46 *Ibid.*, p. 27.
47 *Ibid.*, p. 45-46.
48 *Ibid.*, p. 45.
49 *Notes sur Chopin*, *op. cit.*, p. 47 : « Chacun d'eux prélude à une méditation. »

mêmes (le « délivre-nous du mal » résonne par exemple fortement dans la marche rapide et silencieuse de Gertrude et du pasteur[50]). Mais cette dernière scène semble aussi déplacer la perspective : le silence final de la vérité transcendante et de l'interprète renvoie plutôt à un épuisement de l'herméneutique, fût-elle critique, et de l'effort pour donner sens au texte. L'interprétation se réduit à cela seul qui reste : une exécution lente et interrompue du *Notre Père*.

Le double jeu du modèle musical et critique, dont la tension est comme neutralisée par le jeu des silences, vient donc peut-être, ici, moins constituer un *texte encore à dire* qu'un texte *épuisé dans le silence*. *La Symphonie pastorale*, ainsi lue, mettrait en scène, avec les derniers feux de l'amour du Christ, même contre le christianisme, un abandon de l'herméneutique.

Bien entendu, le choix de cet exemple tend à tirer vers le silence et l'aporie ce qui, ailleurs, maintient et relance le jeu critique : Gide ne saurait assurément être réduit à un pur auteur du silence. Il n'en reste pas moins que, en vue d'effets variables, le modèle musical joue un rôle important dans le déplacement de la question de l'interprétation : la confrontation du discours de Gide sur l'interprétation avec le jeu des virtuoses, et secondairement avec Schloezer et Valéry, renvoie à la conscience d'un trouble de la communication esthétique, puisque ne sont acceptables comme producteurs ou dépositaires du sens ni les auteurs, ni les récepteurs, et qu'aucun discours objectif ne parvient à supprimer totalement l'impression subjective. L'interprétation est devenue une nécessité impossible : l'interprète étant nécessaire, au moins en musique et au théâtre, à la manifestation de l'œuvre, il ne peut être réellement supprimé ; mais dès qu'il s'approprie l'œuvre, il la trahit, la dénature, et la rend inaudible. À cet échec déchirant puisque derrière l'œuvre de Chopin se profile la sienne, André Gide apporte, me semble-t-il, une solution à deux faces, plus expérimentale que théorique. D'un côté, il invente, au piano comme en écrivant, une expérience interprétative paradoxale, à la fois intenable et très forte, où la disparition volontaire de l'interprète restituerait, le temps du jeu, une communication quasi parfaite, le pianiste se faisant pour ainsi dire et auteur et auditeur, en se renonçant comme virtuose. Et de l'autre côté, Gide déplace – partiellement là encore, comme on l'a vu – la question de l'interprétation de

50 *La Symphonie pastorale*, *Romans, Récits…*, t. 2, *op. cit.*, p. 45.

l'herméneutique à l'exécution. Le modèle musical est alors transposable en littérature ; il ne conduit pas à renoncer à la signification au profit de simples jeux sonores ou rythmiques, mais à replacer l'interprétation dans le temps même de la lecture, vouée à réaliser le texte dans toutes ses contradictions : en incarnant la solidarité des significations contradictoires, elle accomplit l'œuvre comme problème[51] bien posé, c'est à dire insoluble.

François BOMPAIRE
Université Paris IV Sorbonne

51 Ainsi s'éclaire un peu différemment peut-être la formule de la préface à *L'Immoraliste* (*Romans, Récits*, t. I, *op. cit.*, p. 591-592) : « À vrai dire, en art, il n'y a pas de problèmes – dont l'œuvre d'art ne soit la suffisante solution. »

ANNEXE

Ainsi soit-il ou Les jeux sont faits

Sextuor pour voix, piano et quatuor à cordes
Pierre Thilloy

André Gide *In memoriam* (op. 159)[1]

1 Cette partition, publiée en 2010, est reproduite avec l'aimable autorisation des Éditions musicales de la Salamandre. La reproduction et la traduction, même partielles, sont interdites.

In memoriam André Gide.

AINSI SOIT-IL
OU
LES JEUX SONT FAITS

Sextuor pour voix, piano et quatuor à cordes

Pierre THILLOY
Opus 159

I. Chitré, 24 juillet 1950.

Allegro tormentoso (♩= 140)

Strappato
Strappato
Strappato
Strappato

3
Pizz. - l.v. sempre
Non vibrato
ff molto tenuto
Non vibrato
ff molto sostenuto
Arco
ff molto sostenuto
ff molto sostenuto
molto sostenuto
ff molto sostenuto

4

5
70
76
82
sff>p
ff
p
p sub.

6

7

106
112
118
Très grande vitesse d'archet
p sub.
ff sub.
ff
fp
Très grande vitesse d'archet

8

Très grande vitesse d'archet
Très grande vitesse d'archet
tenuto
tenuto
tenuto
tenuto

9
142
p
148
ff
154
tenuto

10

11
178
Ord.
ff
fff
sff>
183
sff>p
ff sff>p
190
Strappato
sff>pp sub.

12

Dramatico e lontano
(♩ = 35)
gliss.
Pizz. - l.v. sempre
Ordinario
Je ne sais ce que ça don - ne - ra
j'ai ré - so - lu d'é - crire au ha - sard
En - tre - pri - se dif - fi - cile
la plu - me (c'est un sty - lo) reste en re - tard sur la pen - sée Or
Arco
Pizz. - l.v.
ad lib.

13
214
il im-por-te de ne pas pré-voir ce que l'on va dire.
Mais il en-tre tou-jours u-ne part de co-mé-die là-de-dans.
On fait ef-fort pour a-veu-gler
Arco
legato
mp sub.
219
Accelerando poco a poco
les phares
N'em-pê-che qu'u-ne sor-te de ra-dar in-ti-me a-ver-tis-se.
mff
p sub.
224
accel. poco a poco et sempre crescendo

14
229
accel. poco a poco e sempre crescendo
(♩= 140)
fff
Allegro tormentoso (♩= 140)
233
mf
f
Je viens de bif - fer
qua - tre mots :
p sub.
239
C'est tri - cher.
Ord.
fp
sf≥p
ff

15
Tâ - che - rai de ne pas re - com - men - cer...
Ah!
j'en a - ver - tis aus - si - tôt;
fau - drait voir à ne pas at - ta - cher à ce que je con - signe à pré - sent trop d'im - por - tan - ce;
Sul G.
gliss.
Pizz.
Arco
Secco
p sub.
pp
ff sub.
Strappato
fp
1/2 t+

16

263
ce - la don - ne - rait à Ben - da trop beau jeu. Si j'ai dé - sir de me con - tre - dire,
269
je me con - tre - di - rai sans scru - pule : je ne cher - che - rai pas la "co - hé - rence". Mais n'af - fec -
p sub.
276
te - rai pas l'in - co - hé - ren - ce non plus.
Non vibrato
ff molto tenuto
Non vibrato
ff molto sostenuto
Pizz. - l.v. sempre
Arco
ff molto sostenuto

17
282
Il y a, par la lo - gi - que, u - ne sor - te de psy - cho - lo -
molto sostenuto
ff
ffp sub.
gi - que ca - chée qui m'im - porte. i - ci. da - van - ta - ge J'ai soin de dire : "i - ci",
car je ne puis sup - por - ter l'il - lo - gisme que mo - men - ta - né - ment et par jeu.

18

300
306
Certes, rien de moins hi - la - rant qu'un il - lo - gisme et je pré - tends i - ci m'a - mu - ser.
p
312
Tou - te - fois, sans la ri - gueur du rai - sonne - ment de Des - cartes, je re - con - nais que
sf>p sub.

19

318
rien de so - lide ni de du - ra - ble n'au - tait pu é - tre fon - dé.
ff
324
ff
Ord.
p ff
330
Mais cet - te par - tie ser - rée
se joue sur un tout
p
ff
p sub.

20

336
au - tre plan.
pour l'ins - tant.
ff
sffzp
342
ce n'est pas mon af - faire.
tenuto
348
p sub.
ff sub.
sffz p sub.

21

354
pour l'ins - tant ce n'est pas mon af - faire.
Très grande vitesse d'archet
fp
fff
tenuto
sffz ppp
ppp
366
Et peut - ê - tre que, à mon âge.
Mezza voce
Il est per - mis de se lais - ser al - ler un peu.

22

23
tenuto
sffzp
ff tenuto
p sub.
sfz
pp

24

25
426
Strappato
Strappato
431
Adagio religioso (♩ = 50)
439

26

II. 13 février 1951

27
465
sais quoi. De ra - jou - ter.
471
A Tempo I° (♩ = 48)
Peut - ê - tre. Au der-nier ins-tant de ra - jou - ter en - core quel - que chose. Par son - meil, il est
Senza sordino
477
vrai; mais je n'ai pas en - vie de dor - mir.

28

483
p (mezza voce sempre)
Il me sem-ble que je pour-rais être en-co-re plus fa-ti-gué. Il est je ne sais quelle heure de la nuit
ppp
ppp
ppp
ppp
ppp
489
ou du ma-tin. Ai-je en-co-re quel-que chose à dire ! En-core à dire je ne sais quoi
sempre crescendo
sempre crescendo
sempre crescendo
sempre crescendo
sempre crescendo
495
sempre crescendo
sempre crescendo
sempre crescendo
sempre crescendo
sempre crescendo

29

Ma pro-pre po-si-tion
Accelerando molto e subito
dans le ciel, par rap-port au so-leil, ne doit pas me faire trou-ver l'au-rore moins belle
(♩ = 240) Adagio crepuscolare subito (♩ = 69)

30

31

537
543
ppp
Le do - sage in - suf - fi - sant du gris - bleu du man - teau de Ca - the - rine a é - té mi - ra - cu - leu - se - ment ra - che -
ppppp
549
té. par la sui - te, par l'ap - port i - nat - ten - du de la to - que. Tout ce - la
Con sordina
ppppp

32

555
Legato
d'un goût ex - quis é - vi - dem - ment.
Sur "A"
561
(sur "A")
B.F.
Trémolo
Ordinario
Trémolo
Ordinario
ppp

INDEX

RÉSUMÉS ET PRÉSENTATION DES AUTEURS[1]

Joachim SISTIG, « La topographie esthétique de l'univers musical gidien »

Joachim Sistig a fait des études de musique et de langues romanes à Duisburg, Essen et Paris avec une thèse sur le rôle de la musique dans l'œuvre d'André Gide. Il est professeur de lycée à Duisburg et chargé de cours à l'université Heinrich Heine à Düsseldorf et à la Ruhr-Universität à Bochum.

L'approche topographique des principes esthétiques d'André Gide se situe entre la France et l'Allemagne. La pratique musicale pianistique a accompagné l'écrivain pendant toute sa vie. C'est à partir de cette fréquentation des plus grands compositeurs que Gide découvre de nouveaux horizons esthétiques. Son univers artistique se forme autour de ses préférences et réticences musicales. Sa pratique du piano lui permet une connaissance intime et exacte des œuvres de Chopin, Schumann, Mozart, J. S. Bach et tant d'autres.

Mots-clés : Musique, classicisme/romantisme, France/Allemagne, Chopin, Schumann, Wagner, J. S. Bach, Schopenhauer, Nietzsche, principes artistiques

The topographic approach to André Gide's aesthetic ideas is set somewhere between France and Germany. The piano practice accompanied the writer throughout his life. The greatest composers' masterpieces enabled him to understand and to discover new aesthetic horizons. His artistic universe was formed around either his musical preferences or his musical hesitations. The piano practice furthered the intimate and genuine knowledge of the works by such composers as Chopin, Schumann, Mozart, J. S. Bach and many others.

Keywords : Music, classicism/romanticism, France/Germany, Chopin, Schumann, Wagner, J. S. Bach, Schopenhauer, Nietzsche, artistic principles

---

1 Greta Komur-Thilloy et Pierre Thilloy remercient leur collègue et amie Tatiana Musinova (ILLE EA 4363, Université de Haute-Alsace) pour son aide dans la traduction en anglais de certains résumés du présent volume.

Pierre MASSON, « Gide et la musique. De l'impur au pur »

Pierre Masson est professeur émérite de l'université de Nantes et président de l'Association des Amis d'André Gide. Il a publié plusieurs livres consacrés à ce dernier. Il a dirigé les quatre derniers volumes des œuvres de Gide et édité une douzaine de ses correspondances.

Dans l'œuvre de Gide, l'évocation de la musique sert à dénoncer aussi bien ceux qui cultivent sa sensualité que ceux qui la refusent. Pour Gide, Chopin a le mérite de conjuguer sensualité et rigueur, atteignant ainsi classicisme et pureté ; cette dualité qu'il refuse à ses personnages, il fait mérite à son professeur, La Pérouse, de la lui avoir enseignée, et c'est elle qu'il exige des autres interprètes, et de lui-même avant tout.

Mots-clefs : Piano, Chopin, interprétation, *Notes sur Chopin*

In Gide's works, the music evocation was used to denounce both those who shared its sensuality as those who refused it. To Gide's mind, Chopin had combined sensuality and precision, reaching so as much classicism as purity. Gide denied this dualism to his own characters, but granted it to his teacher La Perouse for having taught him. Gide strongly required such a dichotomy of performers, and above all, of himself.

Keywords : Piano, Chopin, rendering, Notes sur Chopin

Peter SCHNYDER, « André Gide et l'harmonie. Comment une catégorie musicale devient une catégorie existentielle »

Peter Schnyder est professeur émérite de l'université de Haute-Alsace et préside la fondation Catherine Gide. Il a publié plusieurs ouvrages sur Gide et des articles sur Gide et la musique. Ses dernières publications sont *De l'écriture et des fragments. Fragmentation et sciences humaines* (Paris, 2016), *André Gide, Maria Van Rysselberghe. Correspondance 1899-1950* (Paris, 2016).

Cet article rappelle quelques étapes de la culture musicale de Gide, la préférence accordée à l'ouïe plutôt qu'à la vue, au rythme plutôt qu'à la couleur, à l'harmonie plutôt qu'à la dissonance. Catégorie esthétique, la notion d'harmonie finit par devenir une catégorie existentielle. Gide ne pourra plus, à partir d'un certain moment, s'en passer. Le monde sera harmonieux ou ne sera pas. L'article tente ainsi de montrer en quoi cette autolimitation valait avant tout pour l'univers musical de l'écrivain.

Mots-clés : Musique et littérature, harmonie, dissonance, modernité, André Gide, Jean-Philippe Rameau, Darius Milhaud

This article aims at tracing a path through Gide's musical culture, highlighting his preference given to hearing over sight, to rhythm over colors, to harmony over dissonance. This chapter dwells upon the concept of harmony which grew from a mere aesthetic category up to an existential one, to such an extent that Gide could not do without it any longer. The world should be a harmony or should not be it at all. This chapter shows how such a self-imposed limitation was primarily referred to Gide's musical universe.

Keywords : Music and literature, harmony, dissonance, modernity, André Gide, Jean-Philippe Rameau, Darius Milhaud

Robert Kopp, « *La Nouvelle Revue française* et les avant-gardes musicales »

Robert Kopp occupe la chaire de littérature française à l'université de Bâle. Ses efforts en faveur de la coopération entre les universités rhénanes lui ont valu d'être nommé docteur *honoris causa* de l'université de Haute-Alsace. Spécialiste de l'histoire des lettres, des idées et des arts aux XIXe et XXe siècles, il a publié récemment *Album Breton* (Paris, 2008) et *Un siècle de Goncourt* (Paris, 2012).

La position de la *NRF* en matière de musique ressemble fortement à celle en littérature. Il faut noter une opposition à l'égard d'une position doctrinale de la part d'écrivains qui étaient de bons musiciens. Seules comptaient les œuvres. Et celles-ci étaient jugées à l'aune de leur nouveauté par rapport à la tradition française, généralement méprisée. Si l'unanimité se fait autour de Debussy, les avis sont partagés quand il s'agit de Stravinsky, de Ravel ou de Poulenc. Gide finit par retourner à Chopin et à Mozart.

Mots-clés : *La Nouvelle Revue française*, avant-gardes, musique

The opinions on about music and that on literature, formed by the NRF, *appeared greatly similar. It should be noted there was an opposition in regards with any doctrinal position expressed by writers who were good musicians. Only the ultimate works were worth their interest. These works were judged in the light of the novelty features in comparison with as much the French tradition, largely despised. While the unanimous opinion on Debussy was made, the points of view on Stravinsky, Ravel and Poulenc were divergent. Gide finally returned to Chopin and Mozart.*

Keywords : La Nouvelle Revue française, avant-garde, *music*

Suzanne LAY, « Roman fugué et fugue humaine. (Re)présentations de Bach chez André Gide et Aldous Huxley »

Suzanne Lay est diplômée en langues, musicologie et droit de la culture. Elle consacre sa thèse aux « Présences de Jean-Sébastien Bach dans le roman du XXe siècle », tout en poursuivant sa pratique de l'orgue, du piano et du chant choral. Collaboratrice régulière des revues *Zibeline* et *Bachtrack*, elle est membre actif du Centre interdisciplinaire d'étude des littératures d'Aix-Marseille et du groupe Transpositions.

Les Faux-Monnayeurs et *Contrepoint* prennent tous deux pour modèle l'écriture fuguée et pour référence la figure du compositeur le plus cité en la matière : Jean-Sébastien Bach. « Ce que je voudrais faire, comprenez-moi, c'est quelque chose qui serait comme *L'Art de la fugue* », affirme Édouard chez André Gide, tandis que le Philip Quarles d'Aldous Huxley plaide pour une « musicalisation du roman » inspirée de l'écriture contrapuntique. Jeu musical, le roman fugué prend, chez les deux auteurs, la forme d'un contrat.
Mots-clés : Gide, Huxley, fugue, mise en abyme, contrepoint, Wagner, Franck, Beethoven, Chopin, tonal, modal, moderniste, symboliste

Les Faux-Monnayeurs *and* Contrepoint *both took the fugal writing as a model, and the figure of the most quoted composer J. S. Bach as a reference. "What I would make, don't get me wrong, this is something that would be like* The Art of Fugue" *said Édouard in Gide's novel. On the opposite, Philip Quarles in Aldous Huxley's novel advocates the "musicalization of novel" inspired by contrapuntal writing. In both novels, the fugal writing, such a music performance before being mirror-like, took the form of an agreement however.*
Keywords : Gide, Huxley, fugue, metatheater, counterpoint, Wagner, Franck, Beethoven, Chopin, tonal, modal, modernist, symbolist

Éric LYSØE, « Darius Milhaud, lecteur de *La Porte étroite* »

Éric Lysøe est professeur de littérature comparée et enseigne à l'université Clermont Auvergne. Spécialiste des littératures de l'imaginaire, il est l'auteur d'articles et ouvrages sur le fantastique, sur Edgar Poe et Rosny aîné. Connaisseur de la littérature belge, il a publié *Les Kermesses de l'étrange* (Paris, 2000) ainsi qu'une anthologie, *Littératures fantastiques. Belgique, terre de l'étrange* (Bruxelles, 2003).

Tout oppose *a priori* André Gide, écrivain de tradition protestante, et Darius Milhaud, compositeur aixois enraciné dans sa foi juive. D'ailleurs, lorsqu'il fait entendre au romancier *Alissa*, le jeune musicien a bien le sentiment de ne guère plaire à celui qu'il considère comme un maître à penser. Cet article

met en évidence toute la finesse de l'interprétation de Darius Milhaud, interprétation qui ne touche pas seulement à des aspects formels du roman, mais également aux structures profondes de l'œuvre de Gide.
Mots-clefs : Gide, Milhaud, *Alissa*, *La Porte étroite*, rythme narratif, musique juive

Everything seems to oppose André Gide, a writer of Protestant tradition, and Darius Milhaud, a composer convinced of Jewish beliefs. Indeed, when he plays to the novelist Alissa, *the young musician has a feeling that his music does not appeal to the man he considers as his mentor. This article highlights how sensitive Darius Milhaud's rendering appears in its finer points.* Alissa *not only relates to the formal aspects of* La Porte étroite, *but also, to the deeper structures of Gide's novel.*
Keywords : Gide, Milhaud, Alissa, La Porte étroite, *narrative rhythm, Jewish music*

Vincenzo Mazza, « Gide face au *Procès*. Le récit kafkaïen au double passage de l'écrivain et de Jean-Louis Barrault pour sa transposition scénique »

Vincenzo Mazza est docteur en études théâtrales des universités de Paris Ouest – Nanterre – La Défense et Roma Tre. Ses recherches visent principalement les rapports entre dramaturges et metteurs en scène en France entre les années 1930 et 1950. Sa thèse explore la collaboration entre Albert Camus et Jean-Louis Barrault pour la création de *L'État de siège, spectacle en trois parties.*

Gide a collaboré avec Jean-Louis Barrault à maintes reprises. Le travail d'adaptation du roman de Kafka représente l'accomplissement de plusieurs désirs et envies des deux collaborateurs. Gide communique à Barrault son affection pour *Le Procès* en 1942, en pleine rédaction de la traduction d'*Hamlet.* L'analyse de l'adaptation du *Procès* s'appuie sur la correspondance Gide-Barrault et sur les notes de mise en scène du spectacle qui a été joué pour la première fois le 11 octobre 1947 au théâtre Marigny.
Mots-clefs : Gide, Kafka, Barrault, théâtre, adaptation, spectacle, *Le Procès*

Gide worked closely with Jean-Louis Barrault on several occasions. Kafka's novel adaptation was all about the fulfillment of Gide's and Barrault's mutual desires and wishes. In 1942, Gide – in full translation of Hamlet *– expressed to Barrault his affection for* Le Procès. *This analysis dealing with* Le Procès *adaptation is based on a Gide's and Barrault's correspondance and the staging notes of the theater performance played on 11th of October 1947 at the Marigny Theater, for the first time.*
Keywords : Gide, Kafka, Barrault, theater, adaptation, performance, Le Procès

Maja Vukušić Zorica, « Des *Notes sur Chopin* à l'opéra. L'angle mort du *Journal* de Gide »

Maja Vukušić Zorica est maître de conférences à l'université de Zagreb. Elle a soutenu sa thèse sur le *Journal* de Gide à l'université Paris-Diderot – Paris 7. Elle a publié *André Gide, les gestes d'amour et l'amour des gestes* (Paris, 2013). Elle donne des cours sur la théorie et la littérature française des XIXe et XXe siècles et s'intéresse à la littérature, la théorie, la philosophie, la musique et à l'érotisme.

Le *Journal* de Gide confirme l'amour de ce pianiste amateur pour *son* Chopin double, romantique et classique, polonais et français, et décidément antiwagnérien. De Wagner, prédominant, à Stravinsky, Gide, en instrumentaliste qu'il est, devient le porte-parole d'un plaisir nietzschéen qui se rapproche de l'homéostasie moderne. Chez lui, la musique, bien que pratique d'une écriture et exercice d'une pratique, demeure toujours un concept, un *analogon* de la littérature et le symbole de la *poïêsis*.

Mots-clés : *Notes sur Chopin*, le Chopin de Gide, anti-Wagner, antiwagnérien, Stravinsky, opéra, *Perséphone*, *Journal*

The Journal *by André Gide was evidence of this amateur pianist's passion for* his *Chopin's dual figure, romantic and classical, Polish and French, but definitely an anti-Wagnerian one. From Wagner to Stravinsky, Gide grew up to the voice of Nietzsche's concept of pleasure which was close to the modern homeostasis. To Gide, the music, either as writing or as a performance, remained not only a literature concept or* analogon *but also a symbol of* poïesis.

Keywords : Notes sur Chopin, *Gide's Chopin, anti-Wagner, anti-Wagnerian, Stravinsky, opera,* Persephone, Journal

François Bompaire, « De la musique à l'ironie et retour. Interprétation musicale et interprétation textuelle dans l'œuvre d'André Gide »

François Bompaire est agrégé de lettres classiques et doctorant en littérature française à l'université Paris-Sorbonne. Il consacre sa thèse aux rapports entre ironie et communication littéraire à partir de l'œuvre fictionnelle d'André Gide.

Dans les *Notes sur Chopin*, Gide formule la possibilité d'un jeu et d'une communication parfaits entre auteur, interprète et public ; ce jeu, apparenté à la lecture, conduit à se demander comment la réflexion menée par l'auteur sur l'interprétation musicale éclaire sa conception de l'interprétation littéraire. Derrière la collaboration du lecteur se profile une forme d'interprétation exécutante. Lire l'ironie dans l'œuvre de Gide, c'est déployer simultanément des lectures concurrentes et contradictoires.

Mots-clés : André Gide, Boris de Schloezer, ironie, interprétation, intention d'auteur, herméneutique, *Notes sur Chopin*, *La Symphonie pastorale*

In the essay Notes sur Chopin, *Gide claims the existence of perfect performance and interaction between author, musician and audience. The correlation between musical rendering and reading activity raises the question about Gide's reflection on musical rendering, highlighting his idea of literary interpretation. According to Gide, behind the lecturer's involvement expected within his writings, emerges through reading, a form of text performance or text realization. Thus, dealing with irony in André Gide's works rhymes with the deployment of coexisting and contradictory manners of reading.*

Keywords : André Gide, Boris de Schloetzer, irony, interpretation, author's intentions, hermeneutics, Notes sur Chopin, La Symphonie pastorale

TABLE DES MATIÈRES

AUTOUR DE LA SCÈNE ET DE L'OPÉRA

DE LA MUSIQUE AU TEXTE